lo

a

to

p. 2-3

Pedro Paulo de Melo Saraiva na frente da turma de alunos da Faculdade de Arquitetura Mackenzie, 1955

p. 4-5

Fábio Penteado, Pedro Paulo de Melo Saraiva, Joana (tradutora do grupo em Moscou), Jon Maitrejean, Paulo Mendes da Rocha e Alfredo Paesani, Praça Vermelha, Moscou, 1962

Pedro Paulo de Melo Saraiva na obra da residência Edmundo Xavier, 1967

p. 8-9

Pedro Paulo de Melo Saraiva acompanha Vilanova Artigas por ocasião de seu retorno como docente da FAU USP, 1979

p. 10-11

Pedro Paulo de Melo Saraiva, Fábio Penteado e Paulo Mendes da Rocha em visita ao Esporte Clube Pinheiros, 2005

p. 12-13

Pedro Paulo de Melo Saraiva no auditório da Esaf, 2015

aB ARQUITETURA BRASILEIRA

Instituto Lina Bo e P. M. Bardi
Romano Guerra Editora

COORDENAÇÃO GERAL
Abilio Guerra
Renato Anelli
Silvana Romano Santos

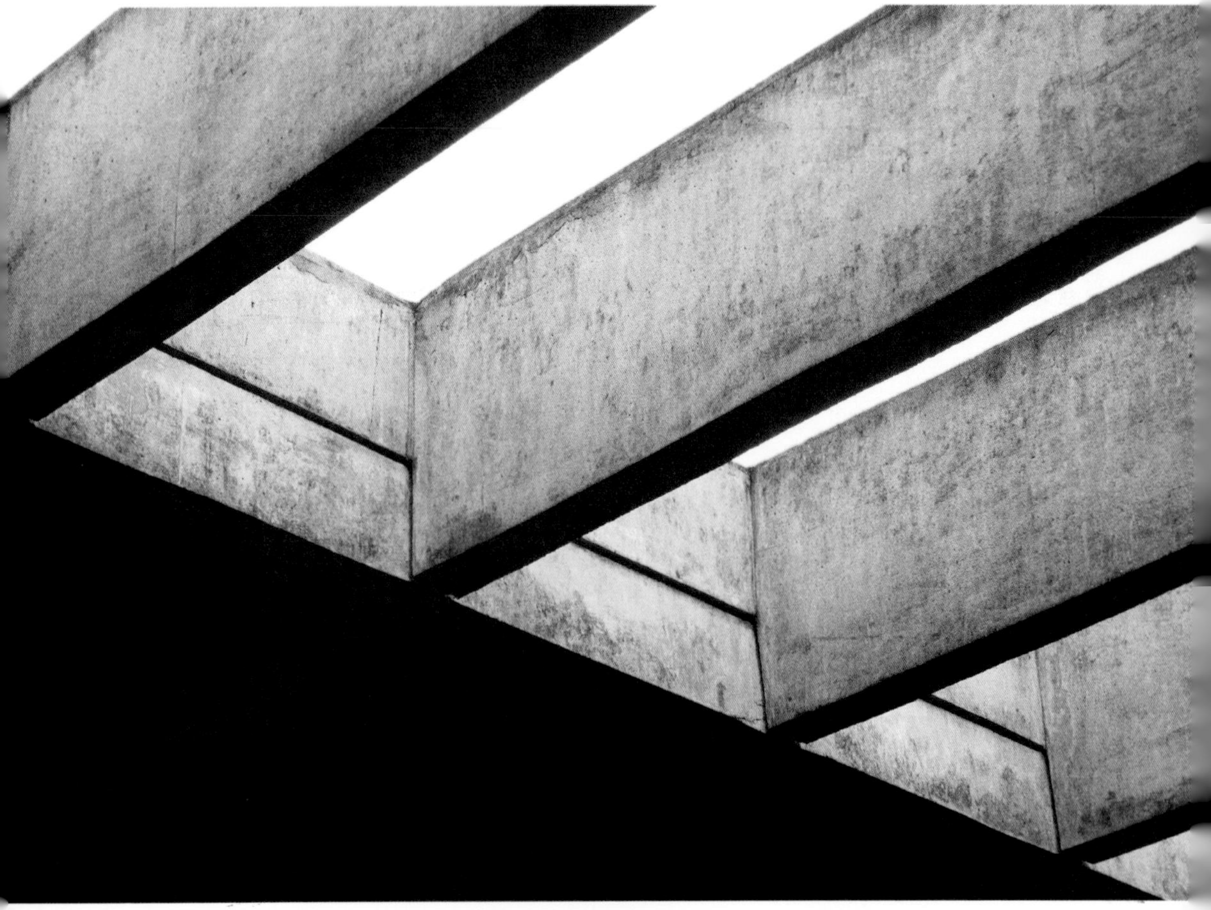

patrocínio

pedro paulo de melo saraiva
arquiteto

LUIS ESPALLARGAS GIMENEZ

Romano Guerra Editora
Instituto Lina Bo e P. M. Bardi
São Paulo, 2016

Um conselho profissional a serviço da sociedade
A missão do Conselho de Arquitetura e Urbanismo é orientar, disciplinar e fiscalizar o exercício profissional, conforme parâmetros éticos, atento à adequada formação acadêmica. Resultado de décadas de reivindicação da categoria, o CAU é uma autarquia federal criada pela lei 12.378, de 2010, sendo dotado de personalidade jurídica de direito público. Tem sua sede em Brasília (CAU/BR), com uma representação em cada unidade da federação (CAU/UFs).

Quase metade dos profissionais ativos no país, aproximadamente 50 mil arquitetos e urbanistas, está radicada em São Paulo, o que amplia o desafio do CAU/SP no trabalho permanente pela regulamentação e aperfeiçoamento da profissão.

A valorização profissional frente às discussões sobre mobilidade e acessibilidade urbanas, atribuições profissionais, campanhas pela habitação social e preservação do patrimônio arquitetônico, sustentabilidade e ética são questões primordiais para o Conselho.

Para isso, o CAU conta com os avanços da tecnologia de informação – que suportam suas ações de fiscalização e a relação direta com os profissionais –, estruturado por sedes regionais de atendimento distribuídas em dez municípios, além da sede na capital paulista.

O patrocínio de eventos e publicações relacionados à arquitetura e urbanismo faz parte das iniciativas do nosso Conselho. Neste caso, a participação na publicação da obra do arquiteto Pedro Paulo de Melo Saraiva se reveste de um momento especial, pois contribuímos para a divulgação de um dos principais nomes da arquitetura paulista e brasileira.

Sua vivência e seu trabalho estão intimamente ligados a uma geração que marcou profundamente nossa produção arquitetônica ao criar uma linguagem conhecida internacionalmente, a "Escola Paulista". Sua obra é um exemplo da riquíssima qualidade desta arquitetura, materializada em um trabalho que fez inúmeros discípulos e que tem desdobramentos até hoje.

Vários de seus trabalhos foram obras marcantes no panorama da arquitetura brasileira, e até mesmo mundial. Em uma linguagem ímpar dentro da produção arquitetônica paulista, registra soluções arquitetônicas, estruturais e construtivas que marcaram uma importante fase de nossa cultura, denotando expressivas pesquisa e inovação em aspectos construtivos, com significativos resultados formais.

Com grande atuação em concursos de arquitetura, Pedro Paulo de Melo Saraiva teve a competência para ganhar vários deles, além de ter sido premiado em tantos outros.

Além disso, sua atuação como professor – na FAU USP, FAU UnB e FAU Mackenzie – contribuiu para a formação de inúmeras gerações de bons profissionais, que incorporaram essa produção, eventualmente reinterpretando-a, mas ainda assim qualificando-a, como continuidade de suas origens.

Vale ainda salientar sua atuação como presidente do Instituto de Arquitetos do Brasil, Departamento de São Paulo – IAB/SP em um dos mais difíceis momentos do país – em plena ditadura – na defesa dos arquitetos e da liberdade democrática.

Com toda essa vivência do arquiteto Pedro Paulo de Melo Saraiva, o CAU/SP não poderia deixar de participar desta publicação. Assim, o CAU/SP colabora para a divulgação de nossa profissão e valoriza o papel de arquitetos e urbanistas na sociedade e na cultura brasileiras.

Conselho de Arquitetura e Urbanismo de São Paulo - CAU/SP
Gilberto S. Domingues de Oliveira Belleza
Arquiteto e urbanista, presidente

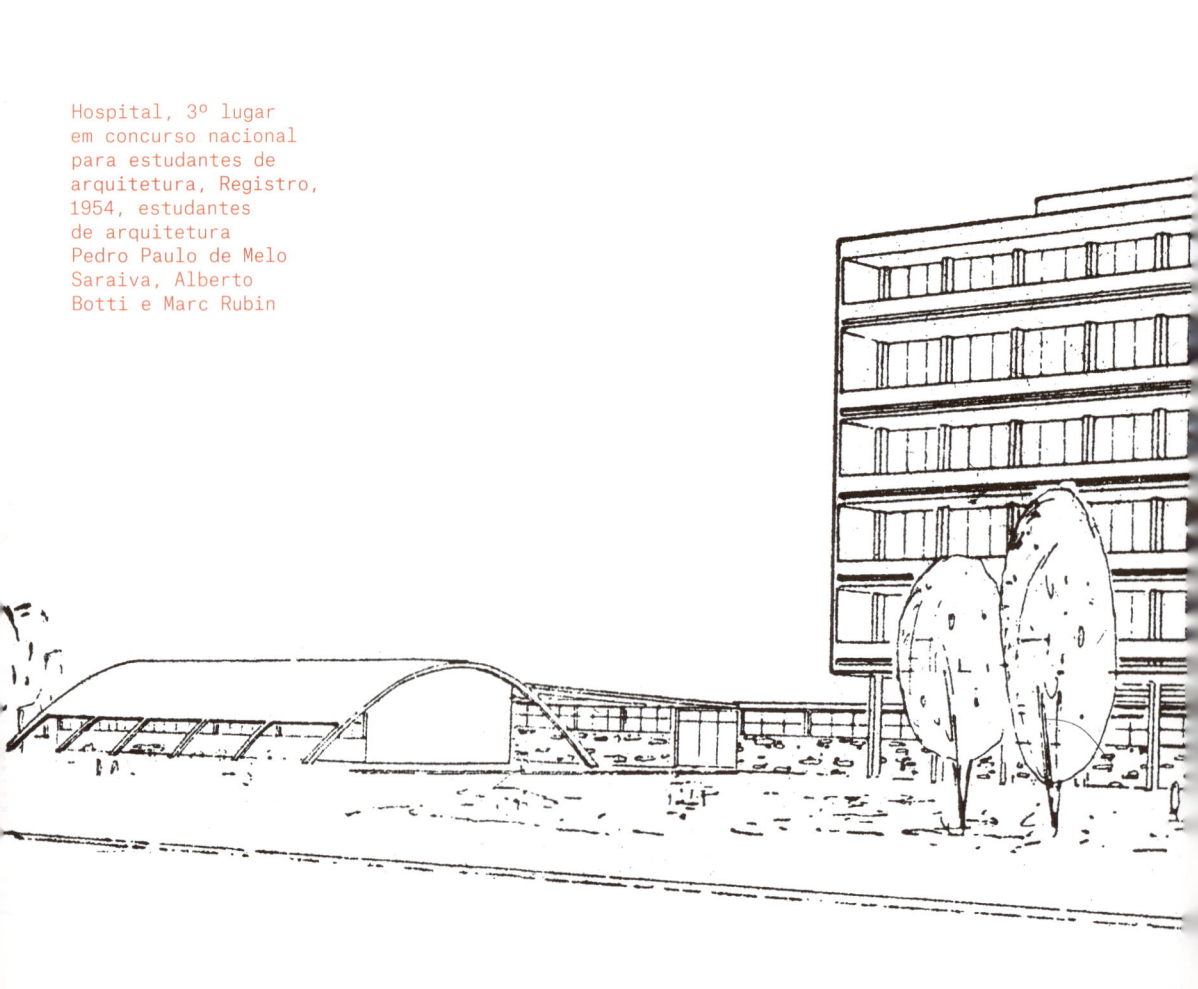

Hospital, 3º lugar em concurso nacional para estudantes de arquitetura, Registro, 1954, estudantes de arquitetura Pedro Paulo de Melo Saraiva, Alberto Botti e Marc Rubin

Eram jovens metidos! Eram petulantes, pretensiosos! 21
O livro e a arquitetura 25
A ordem e a medida 30
O moderno e as escolas 41
O concurso e o prestígio 81
A fachada e a estrutura 129
A forma e a aparência 194

LISTA GERAL DE PROJETOS 252
REFERÊNCIAS BIBLIOGRÁFICAS 260

Júlio Neves, Domingos Teodoro Azevedo Neto, Rubens Paiva, Vilanova Artigas, Pedro Paulo de Melo Saraiva, Jorge Wilheim, Luis Saia, Joaquim Guedes, Luiz Roberto Carvalho Franco e Giancarlo Palanti e outros em visita dos arquitetos paulistas ao sítio do concurso do Plano Piloto de Brasília, 1957

1. Pedro Paulo de Melo Saraiva nasce em Florianópolis em 1933, é casado pela terceira vez. Tem duas filhas do primeiro casamento e duas filhas e um filho caçula do segundo casamento. **2.** Autor de trabalho monográfico sobre o arquiteto: MENDONÇA, Fernando de Magalhães. *Pedro Paulo de Melo Saraiva. 50 anos de arquitetura*. **3.** A destacada trajetória de Pedro Paulo de Melo Saraiva, nos âmbitos ético, profissional e político da profissão, foi reconhecida pelo Instituto de Arquitetos do Brasil, que lhe distinguiu com o Colar de Ouro, comenda máxima da entidade, por ocasião da 5ª Bienal Internacional de Arquitetura de São Paulo, ocorrida em 2003.

Eram jovens metidos! Eram petulantes, pretensiosos!

Quando Pedro Paulo de Melo Saraiva se refere à vontade com que inicia a carreira se lembra do glamour da profissão, se une ao confiante espírito de sua geração e, emocionado com a lembrança das urgências e de seu engajamento, solta um espontâneo e irreverente comentário a respeito de animados arquitetos ansiosos pelos afazeres em um país por transformar. A frase escapa quando tenta explicar porque jovens inexperientes participam do concurso para o Plano Piloto da Nova Capital do Brasil. Jovens costumam ser arrojados e irreverentes, em todo caso, esses podem ser considerados presunçosos e desaforados porque têm certeza de estarem preparados, formados e educados para enfrentar estes desafios.

Na Faculdade de Arquitetura e Urbanismo da Universidade Mackenzie, Saraiva convive com colegas que se tornam arquitetos destacados: Arnaldo Furquim Paoliello, Carlos Barjas Millan (1927-1964), Roberto Aflalo (1926-92), Paulo Mendes da Rocha – com quem desenvolve diversos projetos e participa de cinco concursos de arquitetura no início da carreira –, além de José Maria Gandolfi, Luiz Forte Netto, João Eduardo de Gennaro (1928-2013), Jorge Wilheim (1928-2014), Fábio Penteado (1929-2011), Marc Rubin, Alberto Botti, Júlio Neves, Francisco Petracco, Alfredo Paesani (1931-2010), Maurício Tuck Schneider (1929-2014) e João Kon, entre outros.

Impressiona o número de parcerias e de colegas com que Saraiva propõe e projeta tantas e importantes demandas de arquitetura, uma constância que evidencia sua convicção quanto à consistência alcançada com a soma de experiências, e sugere também muita disposição e facilidade para adaptar-se a companheiros e a suas ideias. Além de muitos grupos e colaborações ao longo da carreira, Saraiva mantém uma sociedade informal com Sami Bussab, de 1964 a 1968 e constitui sociedades profissionais com Sérgio Ficher e Henrique Cambiaghi Filho, de 1973 a 1985, e com seu filho Pedro de Melo Saraiva[1] e Fernando de Magalhães Mendonça,[2] desde 1996.

Tanto ânimo ajuda a encontrar energia para atuar em muitos lugares do Brasil, produzir uma obra de arquitetura invejável, ocupar cargos de estatura como o da presidência do Instituto de Arquitetos do Brasil, Departamento São Paulo – IAB-SP na gestão de 1970-1971 e manter ininterrupta atividade docente ao longo de tantos anos.[3]

à esquerda

Pedro Paulo de Melo Saraiva e Jon Maitrejean no Lago Sevan, Armênia, 1962

Pedro Paulo de Melo Saraiva e Júlio Neves na Faculdade de Arquitetura e Urbanismo do Mackenzie, 1955

Paulo Mendes da Rocha, Ari de Queiroz Barros e Pedro Paulo de Melo Saraiva em evento homenageando Vilanova Artigas, IAB-SP, década de 1970

à direita

Lucio Gomes Machado, Marcelo Toni, Sadalla Domingos, Armando Marcondes Machado, Almino Affonso, não identificado, Domingos Theodoro de Azevedo Neto, Pedro Paulo de Melo Saraiva, Joaquim Guedes, Sérgio Zaratin, diretores, assessores e conselheiros da Emplasa, anos 1980

Eurico Prado Lopes, Eduardo Kneese de Mello, Oswaldo Bratke, Pedro Paulo de Melo Saraiva, Paulo Mendes da Rocha, Oswaldo Corrêa Gonçalves, Benno Perelmutter, Alberto Botti, Júlio Neves, Roberto Cerqueira César e Ícaro de Castro Mello, ex-presidentes do IAB-SP, anos 1980

O livro e a arquitetura

Reunir a obra de Pedro Paulo de Melo Saraiva não intenciona rever ou reafirmar nomes que representem a profissão, nem pretende especular sobre aspectos despercebidos da arquitetura moderna brasileira, já que Saraiva é um arquiteto ilustre, publicado e reconhecido. Tampouco quer ampliar ou diversificar a lista com exemplos de arquitetura moderna brasileira, pois seus projetos já a integram. Assim, a compilação de sua obra não deve ser vista com o ensejo de afirmar, ou confirmar, hipótese historiográfica ou alternativa teórica, nem de ilustrar recônditos ou matizes dessa arte no meio paulista. Serve, na verdade, como um agradável pretexto para expor e narrar caminho e trabalho de um personagem influente e presente em tantos acontecimentos decisivos da arquitetura moderna brasileira.

   Saraiva se rende a uma publicação abrangente de seus projetos porque sempre é cobrado para que assim o faça, para que se apresente e divulgue sua obra. Não há nada de obrigatório, ou justo, nisso, apenas a oportunidade de pensar e organizar uma panorâmica com projetos consistentes e conduzidos por sólidas convicções a respeito da forma e da concepção de arquitetura.

   Faz sentido que um livro esteja fora das prioridades de arquitetos obsessivos e enredados com a árdua e demorada tarefa de conceber, integrar, detalhar e dirigir arquitetura; ansiosos por estímulos, concursos e partidos incontestáveis. Arquitetos com essa mentalidade e estatura são reféns do ofício, estão imersos na condução do projeto. Existe, nesses profissionais, uma compreensível inapetência por assuntos marginais, secundários, já que diante de infindáveis e enganchadas decisões e compatibilizações preservam a identidade e a integridade de configurações sérias e originais. Portanto, são homens preocupados e absorvidos pela interminável concatenação e sucessão de imprevistos que ameaçam a construção do objeto, e dispensam de interesse, ou disposição, para questões paralelas à profissão, como é o caso de uma publicação que exige reunir e preparar material gráfico, fotografias e documentos diversos dos de um currículo ou dos desenhos técnicos com as etapas, referências, especificações, compatibilizações e revisões. Homens com vida diversa da do artista inspirado que apenas aguarda impulsos criativos.

   Por dever de ofício, os arquitetos preservam originais do projeto, e, assim, a classificação de desenhos e a manutenção de arquivos mortos em tubos ou

Sede Social do Clube XV de Santos, 1º lugar em concurso público, perspectiva, Santos, 1963, arquitetos Pedro Paulo de Melo Saraiva e Francisco Petracco

4. Chama a atenção como os livros de arquitetura têm mudado do ponto de vista editorial em conformidade com a ideia e papel da arquitetura de cada tempo. A segunda metade do século 20 expõe um deslocamento notável na forma e conteúdo dos livros de arquitetura. Nos quinze anos de hegemonia da arquitetura moderna desde o segundo pós-guerra, que coincidem, inclusive, com o período de formação de Saraiva na Universidade Mackenzie, os livros de arquitetura de autores como Jürgen Joedicke (1925-2015), Konrad Gatz, Henry-Russell Hitchcok (1903-1987), Arthur Drexler (1925-1987), Paul Gerhard Wieschemann (1926-2006), Esther McCoy (1904-1989), entre outros, prestam um importante papel para a formação de jovens arquitetos. Os clássicos de história da arquitetura e da cidade já haviam sido publicados, com grande quantidade de títulos dedicados à apresentação da obra de arquitetos destacados, ao estado da arquitetura moderna nos países e à estrutura de concreto, detalhes construtivos e panos de vidro. Apresentação explícita com desenhos técnicos escalados, com excelentes e ampliadas fotos em branco e preto, mas sem datas, endereços, explicações paralelas ou considerações que extrapolassem a descrição mais sintética do programa de atividades e de algum aspecto procedente. Em todo caso, material considerado necessário e suficiente para divulgar projetos numa época em que a produção de arquitetura estava bem amparada na prática profissional e o formalismo moderno não precisava de explicações teóricas, nem históricas, para ser compreendido, acatado e reproduzido. Muito diferente do posterior boom editorial com livros de acadêmicos que reproduzem teses e teorias, ou assuntos considerados necessários para orientar a profissão, livros que abolem o material gráfico típico dos projetos porque se referem pouco a eles.

mapotecas já faziam parte da rotina dos escritórios muito antes do advento da memória virtual, dos programas de computador, da digitalização e dos arquivos eletrônicos. Uma diligência distinta do recente e difundido hábito entre profissionais e, até mesmo, entre estudantes de guardar croquis, fotos, imagens, anotações e guardanapos para montar portfólios ou ilustrar a fase formativa da hipotética e futura publicação de uma obra por construir.

A bem-educada e meritória geração de Saraiva está empenhada em assegurar o sentido e a coerência do projeto, apesar de tantas circunstâncias e ingerências que ocorrem desde a concepção até a completa construção do edifício. Para a maioria desses arquitetos, o trabalho coletivo na cidade parece ser interminável, anônimo, e os edifícios são o verdadeiro e definitivo legado – construções com valores reverenciados por observadores versados.

Numa situação como essa, um livro serve, é útil e faz sentido, para dar lições de arquitetura a interessados e ensinar aos mais jovens – aos que julguem necessário aprender – soluções de projeto. No entanto, livros desse tipo, práticos, se tornam anacrônicos[4] numa época de ininterruptas transformações e de impositiva superação; quando a maioria das publicações de arquitetura afiança hipóteses acadêmicas, divulga teorias, opiniões e atualidades, ao mesmo tempo em que acrescenta pouco, ou nada, a jovens inovadores e inconformados com a experiência, com o conhecido e comprovado; jovens instados a duvidar e a começar sempre de novo, do zero e, portanto, do raso. Profissionais seduzidos pela coragem, pelo desconhecido e pela novidade. É importante apontar essa imprudência, esse atrevimento profissional, para mencionar a sensação de incompreensão que Saraiva deixa transparecer quando enfrentado com a condição contemporânea. Um desassossego que parece abalar a certeza e o escrúpulo com que toma decisões, suas sólidas convicções e a constância de sua metódica concepção. Na contramão da história – da história entendida como a aquisição de experiência seletiva –, há uma descontinuidade que impede aos mais jovens subir nos ombros dos arquitetos experientes e respeitados para ascender ao patamar mais alto que a profissão pode oferecer para a sociedade e fazer pelas cidades.

Se em Saraiva transparece alguma dúvida quanto à pertinência de um livro é porque, provavelmente, sente alguma inquietude sobre sua finalidade, sobre o rumo que a arquitetura tem tomado. Incerteza procedente em tempos de difusão gráfica, com programas domésticos e generalização editorial que

5. "Um dia, todos terão direito a quinze minutos de fama", a máxima sobre a celebridade instantânea de Andy Warhol (1928-1987), artista plástico, é profética quando considerada a velocidade de informação e a concomitante substituição e reposição de assuntos para girar a roda, para alimentar a extraordinária voracidade da internet e da permanente concorrência de tantas mídias. Num mundo em que os valores são relativizados torna-se improvável que a fama se sustente e, mesmo despropositado, parece plausível pensar que todos a experimentarão e que uma multidão poderá tornar-se famosa. É possível defender que a disponibilidade de notícia e informação imponha um fluxo gigantesco de texto e imagem que extrapole a capacidade humana de retenção e reflexão.

propiciam miríade de inserções virtuais e páginas fáceis, desvinculadas de critérios e seleção editorial para escoar a imagem rápida e interessante – imagem que, mesmo isenta do esforço do juízo, despertaria atenção e sugeriria importância ou destaque, sobreviveria a um minuto de atenção. Como a exposição é uma estratégia de marketing profissional, a arquitetura é bombardeada com imagens provocativas para estimular a retina e vagar na memória. Trata-se de coagir relevância profissional com operação publicitária insistente. Se, por um lado, a tecnologia disponibiliza recurso midiático mais agressivo daquele que ajuda a promover Brasília, por outro, reproduz idêntico mecanismo para a promoção pessoal – agora com frenética renovação de atores[5] ou temas e descontrolada variedade, que resulta da ação simultânea de incontáveis divulgadores.

Se fosse possível estabelecer uma distinção entre arquitetos que aspiram à fama e arquitetos que conquistam importância para a profissão com atitudes responsáveis, admiráveis e exemplares, pareceria óbvio anotar Saraiva na segunda lista.

O escrúpulo de Saraiva coloca em dúvida se arquitetos deveriam tornar-se celebridades; faz pensar como é adequado que o prestígio resulte do apreço dos pares e, assim, desdenhe a fama, uma modalidade de admiração emotiva mais adequada à atores, cantores e esportistas. Apesar disso, sequiosa de notícias e matérias para reciclar-se, a mídia pode fabricar arquitetos destacados e popularizar estilos, mesmo sem serem a arquitetura e o urbanismo atividades propícias para astros, uma vez que seu assunto não atrai amplo interesse público: seu trabalho é especializado e abstrato ao interferir em cidades – negligenciadas – cuja realidade é doméstica, prosaica e, por isso, apenas admite solução universal, coletiva. Todos sabem que a arquitetura apenas é notícia se sua imagem for sedutora. Edifícios oportunos e corretos não são notícia e, na cidade, tendem à discrição e mimetismo, são alheios ao desinformado homem comum, mas, assim mesmo, podem encerrar e revelar a sensibilidade e inteligência de um arquiteto capaz, e deleitar os que sabem identificar a arte.

O espanto de Saraiva parece acentuar-se com o tempo, na contínua mutação que, desde sua graduação em 1955, lentamente age sobre a arquitetura e amplia o distanciamento entre sua postura insistente, admiravelmente resistente, e a transformação que altera – mina – objetivo e sensibilidade. Saraiva é

6. MINDLIN, Henrique. *Modern Architecture in Brazil*. Uma coletânea irretocável de excelente arquitetura moderna e brasileira, cuja seleção e publicação expõem a fértil e adequada noção de modernismo que antecede o impacto causado em todo o ambiente artístico brasileiro pelo concurso nacional do Plano Piloto da Nova Capital do Brasil vencido, em 1957, por Lúcio Costa, e a perturbação com o consequente deslumbramento midiático com a obra de Oscar Niemeyer. Consideradas as datas, o livro pode ser apontado como emblema do ideal moderno com que a turma de Pedro Paulo de Melo Saraiva aprende arquitetura. **7.** Em 1956, no CIAM X de Dubrovnik, antiga Iugoslávia, surge Team 10, o grupo emblemático da contestação que se aprofunda na década de 1950 e pode ser responsabilizado pela desestabilização dos Congressos Internacionais de Arquitetura Moderna, os CIAM's, dominados pelas gerações mais velhas de arquitetos, e por sua dissolução no último CIAM '59 – nome dado ao que deveria ser CIAM 11 –, em Otterlo, Holanda. Seu núcleo é formado por um punhado de arquitetos: Peter Smithson, Alison Smithson, Jaap Bakema, Aldo van Eyck, Giancarlo De Carlo, Georges Candilis e Shadrach Woods. **8.** SABBAG, Haifa Yazigi. A estrutura como expressão da arquitetura, p. 24-27.

um profissional educado nos tempos dourados e fecundos[6] da produção moderna brasileira, para atuar segundo o exemplo dos anos mais aplaudidos da arquitetura moderna, por volta dos anos 1950. Sua participação no concurso de ideias da capital e a aparência das propostas em seus primeiros concursos comprovam que absorve com naturalidade e entusiasmo a perturbação implícita no fenômeno brasiliense, que acata a confiante expectativa na profissão e que atualiza sua maneira de expressar arquitetura, ao mesmo tempo em que utiliza inabaláveis lições modernas. Deve ser por esse motivo que ele, como tantos outros, não vê contradição alguma em exagerar o edifício ou em complicar a residência e vislumbra um cenário mais auspicioso para o arquiteto brasileiro. A ulterior acepção do moderno e brasileiro pressupõe prazer dionisíaco, purga como a tragédia grega, descarta o sereno e o apropriado para reafirmar o áulico, entusiástico e proclamado.

A mesma receptividade e acomodação podem ser identificadas na importante, ainda que subestimada, repercussão das revisões e do direito a arbitrariedades dos realismos artísticos reivindicados e impostos no final da década de 1950 por jovens arquitetos europeus representados pelo grupo Team 10,[7] cansados dos mestres, descrentes dos CIAM's, da orientação oficial do selo moderno; profissionais descontentes com o International Style, projeto consolidado pela arquitetura do pós-guerra e rejeitado como deturpação da suposta tarefa moderna por favorecer o cliente corporativo, a arquitetura dita comercial, a cidade vertical, os grandes escritórios de projeto, enfim, o interesse capitalista. Certamente, do caldo produzido por esse desentendimento emerge o radical brutalismo paulistano, em alguma medida, paramentado pela influência de um convertido Le Corbusier no pós-guerra e justificado por um moralismo manufatureiro que camufla indisfarçável aversão industrial, destacado pelo argumento ideológico e político que enseja e pelo gênio artístico que brinda. Como seria de se esperar, a expressão estrutural[8] e o concreto armado são abraçados por Saraiva como estímulos e, certamente, submetidos às suas regras inseparáveis.

Por esses motivos, e para ser fiel ao arquiteto, uma apresentação da obra de Saraiva tem como premissa defender que o profissional sério e compenetrado, um verdadeiro artista, sempre obtém diferentes resultados por intermédio dos mesmos princípios porque, ao contrário do que afirmam os adeptos da inventividade – da noção artística mais imediata e ingênua –, a arte também é sistemática, se faz com regras. Compreender Saraiva é reconhecer que um arquiteto responsável opera com soluções bem-sucedidas e familiares, está convencido do processo com que ordena a construção formal e material e que dá a seu trabalho uma importância proporcional à espessura da experiência atenta e sedimentada. Nesse caso, é desnecessário verificar se o arquiteto engana para causar sensação, pois, se a arquitetura surge de um nexo entre tantos possíveis para resolver uma demanda, isso não quer dizer que seja mais uma solução na variedade que legitima a diversidade e o ecletismo promovidos pela inocência, que enfraquece com indistinção quando prega novidade e exceção. Diferentes dos designers e provedores de sonhos, os autênticos arquitetos sabem que na solução subjazem ordem e configuração adequadas, a disposição reconhecida pelo sentido visual e pela subjetividade transcendente que aproxima todos os observadores sensíveis, e que, juntos, permitem considerar a universalidade.

É improdutivo descrever um arquiteto formado nos anos 1950, convicto da vantagem moderna, com o ceticismo contemporâneo da crítica arquitetônica mais liberal ou relativista para apenas diagnosticar dogmatismo e insuficiência. Há de se entender Saraiva no marco teórico em que ele se move, além de considerar as interferências que sofre ao longo de tantos anos de intrometidas pseudoteorias que infestam a arquitetura desde os anos 1960. Ora teorias disfarçadas de aperfeiçoamento e redirecionamento modernos, ora teorias antípodas ou descrentes da tradição moderna, ora elixires infalíveis e definitivos. Todas, sem exceção, a partir da década de 1950, responsáveis pelo desmanche do protocolo moderno de arquitetura ou do sistema que Saraiva respeita, e que o faz demonstrar certo desconforto diante das licenças que a profissão tolera e promove.

A ordem e a medida

No contato com o arquiteto, os traços de seu perfil profissional se revelam aos poucos. Dono de uma memória prodigiosa, Saraiva é capaz de lembrar-se de todos os nomes em infindáveis episódios vividos ou narrados. Descreve com detalhe todos os projetos: neles, mostra ter estado entretido e, sobre eles, tem uma história para contar, uma opinião, uma observação pertinente, um ponto de vista lúcido. Faz críticas, mas também faz muitos elogios. Saraiva constrói seus argumentos com opiniões firmes, como quem observa atentamente projetos de arquitetura para construir um modo de pensar e proceder; por isso se interessa tanto pelo que fazem os colegas, porque com eles aprende, reconhece qualidades e evita as hesitações e contradições que possa identificar.

Em todo caso, chama a atenção no arquiteto, sua maneira direta e franca de destacar e explicar os aspectos conformadores de arquitetura – uma aproximação diferente se comparada com o discurso contemporâneo e típico de arquitetos, em que o destaque se faz com a retórica e as metáforas convenientes, com a exaltação do partido imprevisto, das invenções, da necessidade de produzir novidade e excepcionalidade para cumprir com o sucesso.

Saraiva começa a descrever os projetos por suas medidas, com números, com informação física, com dados que a maioria costuma desprezar por considerá-los ordinários, irrelevantes para alcançar a façanha artística. Essas dimensões referem-se à modulação, aos vãos, ao tipo configurador e ao sistema estrutural. Dados que têm papel decisivo na ordenação de sua arquitetura.

Preocupado com a posição dos pilares num estacionamento de carros, especula sobre a melhor medida entre seus eixos. Pondera que recuados entre as vagas atrapalham a abertura das portas, mas concorda que os pilares no limite das vias com as vagas são obstáculos perigosos quando há manobra. Ele está, constantemente, ocupado com definir soluções típicas, recorrentes, as melhores, as inquestionáveis; elabora mentalmente uma espécie de tratado com tipologias, soluções e esquemas que permitam decidir com segurança. É um construtor que entende e respeita os problemas técnicos e que sempre pondera sobre o comportamento das estruturas; mas, além disso, é senhor da conformação, da estrutura formal, responsável por avaliar as oportunidades de ordenar problemas construtivos segundo intuições, segundo os sentidos que a forma estabeleça e que a aptidão estética reconheça, segundo aquilo que é domínio dos arquitetos, que a razão construtiva não alcança. Preocupa-se com a técnica porque não duvida que a arquitetura seja concebida para ser construída e, portanto, que sua conformação deva estar em sincronia com sua constituição material. Sabe que no bom edifício a técnica não socorre, nem se ajeita, e, por isso, o bom projeto antevê as escolhas técnicas e os materiais para estabelecer congruência construtiva e conceptiva, para conciliar tipo e realidade material, para validar a configuração. Intui que o sentido da forma, da decisão estética, mesmo sem ser racional, é confirmado a posteriori pela razão. Entende que a imaginação em arquitetura, antes de abusar da liberdade e da fantasia, deve ser submetida à inteligência e à experiência, ao que ele já conhece e com o que pode contar. Saraiva joga em seu campo, e joga bem. Teme o experimentalismo e toma todo o cuidado porque sabe que o bom arquiteto nunca pode errar.

Para isso também servem os números. Escolhido o tipo, a matemática também ordena elementos e formas, estabelece relações, proporções, ritmos, múltiplos e sequências. O número divide e posiciona, atua como um princípio abstrato e formativo que, reconhecido, dimensiona e relaciona a estrutura material da construção, ao mesmo tempo em que ordena a estrutura abstrata, as partes iguais, a distribuição, as divisões, a disposição no terreno. É assim desde o tratado clássico que estabelece nexo e medida entre as ordens e a fábrica correspondente. O número sugere o primeiro jogo de medidas entre os componentes e ajuda a verificar a sequência de respostas ao lugar, ao programa e à construção. Por isso a descrição de Saraiva sobre configurações, ou partidos, é iniciada com a medida referida ao sistema construtivo: porque está na origem da concepção e da ordem, porque é uma condição da perfeição. Tal maneira de descrever faz descaso à técnica discursiva com que se costuma inflar a relevância da arquitetura. A matemática cara a Saraiva anda em desuso, porque a modulação é hoje um o anticlímax e porque, pese a numerologia, os números naturais não emitem significados.

Definir as medidas e estabelecer sequências – módulos – é conceber com rigor, clareza e sistematicidade que atendam a construção e mostrem habilidade estética, não porque haja verdade ou determinação material, mas

9. Podem ser apontados muitos projetos de arquitetura enrijecidos pela modulação entendida como disciplina implacável do objeto. Porém os que teimam com inspiração e criatividade, os que desprezam as regras, devem prestar atenção aos projetos modulados de Mies van der Rohe (1886-1969) para perceber que, além da modulação construtiva e elementar das residências, as decisões espaciais, os fechamentos e compartimentações têm encaminhamento sensível e diferente. Desde a Vila Tugendhat, de 1928-1930, em Brno, República Tcheca, a precisa pauta estrutural e a disposição correspondem a operações relacionadas, porém autônomas, produzidas com planos deslocados e formas diferentes. Uma obra paulista, a Residência Butantã, em 1964, de Paulo Mendes da Rocha é exemplo apreciável em que há uma modulação estrita e, em contrapartida, os critérios configuradores do programa expõem sensibilidade e independência com esquemas distributivos baseados na circulação, no andar em círculos. **10.** SANTOS, Alexandre dos. *Resgate da obra residencial de Pedro Paulo Melo Saraiva: estrutura formal e tectonicidade*. O autor reúne pequeno, porém excelente, material: quatro residências inegavelmente modernas e notáveis, com o que explicita um juízo formal preciso e surpreendente, embora tenha tornado esse valor duvidoso quando apresenta essa arquitetura em um seminário dedicado ao brutalismo, num cenário avesso a sua virtude. A explicação possível está no período de 1955-1975, definido pelos organizadores do encontro, e na concomitante confusão de críticos, historiadores e teóricos que, além de entender o brutalismo como continuidade da arquitetura moderna – como uma produção moderna –, querem especular com conexões, e nos âmbitos mais variados, para ampliar a relevância desse conjunto de obras personalistas, arbitrárias e realistas. A impossibilidade de conceituar as bases de sua produção e explicitar a constância de suas características admite um número cada vez maior de associações. Se Saraiva flerta com o brutalismo, essas quatro residências nada informam. **11.** SARAIVA, Pedro Paulo de Melo. *Residência de praia*, p. 152-153. A coautoria de Maurício Tuck Schneider está omitida no índice e na matéria, onde não aparece autoria sequer de Pedro Paulo de Melo Saraiva.

porque a construção consubstancia o objeto, portanto sua previsão e adequação são percebidas e apreciadas. Assim, são os números que estabelecem o primeiro acordo entre a realidade material da arquitetura, a interpretação de dados e sua associação para estabelecer ordem. As diferenças entre os resultados que o arquiteto mostra, possibilitam dizer que a relação entre a forma e a construção está longe de ser determinista, de referir-se à consequência e necessidade, a uma relação de causa e efeito. É comum concordar com diferentes soluções controladas por princípios iguais, pois a arquitetura, entendida como arte, opera no campo do que seja verossímil quando configura. Saraiva sabe que aí estão os limites aceitáveis do projeto, sabe que aí se encontram as mudanças positivas e desejáveis da arquitetura, no intervalo admissível das questões estabelecidas e recorrentes em que se afirma a conformação oportuna. Um procedimento indiferente à busca de novidade – a preocupação com as medidas difere um arquiteto com escrúpulo construtivo de outro com ímpeto criativo.

Saraiva não vê nas medidas limitação, nem no módulo a rigidez, como uma camisa de força que restrinja ou sacrifique o resultado de seus projetos.[9] Ele se posiciona entre os que enxergam a malha das medidas estruturais como o pentagrama que estabelece a sequência das notas musicais com que se escreve infinitas músicas. A densa série de pórticos paralelos do Clube XV faz pensar na pauta em que se ajustam forma e programa.

Quatro residências projetadas pelo jovem arquiteto entre 1953 e 1964[10] chamam a atenção pela apreciável ordem e controle de suas plantas, pela concisão formal e pela clareza construtiva. Não há dúvida que nesse período o autor afirma a arquitetura moderna e universal; é plausível que esses exemplos resultem da acepção moderna que aprende na faculdade. Um formalismo abstrato e alheio à expressão estrutural coincide com versões domésticas referidas ao International Style e difundidas em São Paulo pelo trabalho de diversos arquitetos. É certo que com o tempo a arquitetura de Saraiva vai passar por revisões estilísticas, principalmente se for considerado que as parcerias e os concursos com equipes diversas o submetem a influências.

A Residência Hercílio Pedro da Luz[11] é publicada como uma casa de praia térrea sobre terreno em desnível, com data de projeto de 1956, ano diferente do indicado nos arquivos do arquiteto, em que consta ser de 1953. Saraiva, ainda estudante de arquitetura, concorre e vence com este projeto

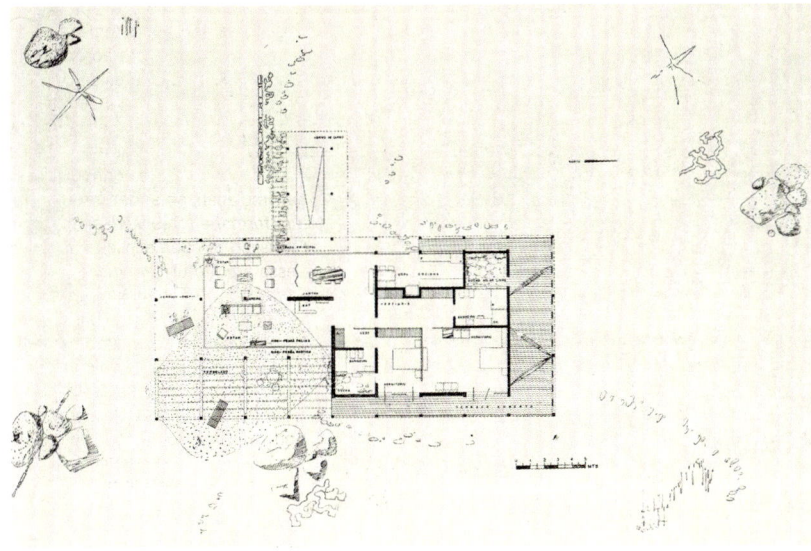

Residência Hercílio
P. da Luz, planta
e perspectiva,
Praia da Joatinga
Florianópolis, 1953

o 1º prêmio do Dafam, do Diretório Acadêmico da Faculdade de Arquitetura Mackenzie, em 1954. A residência com planta retangular adota uma malha regular de pilares e vigas que indicam os hexaedros que compõem o paralelepípedo. Muito semelhante ao formalismo moderno como o característico de Oswaldo Bratke (1907-1997) em projetos residenciais como, por exemplo, a famosa Residência Maria Luisa e Oscar Americano, de 1952. Uma malha com quatro eixos horizontais e dez eixos verticais, ou módulos retangulares de 3,2m x 4,8m, com exceção de um abrigo para carro justaposto ao corpo principal. A perspectiva da residência deixa claro que a estrutura perimetral é responsável pela unidade e regularidade do projeto, já que matiza eventos do programa e circunstâncias variadas, como as varandas, alpendres e pergolados ao redor da construção fechada. A leveza e a integridade

12. SCHNEIDER, Maurício Tuck; SARAIVA, Pedro Paulo de Melo. Projeto de uma residência, p. 503. **13.** SCHNEIDER, Maurício Tuck; SARAIVA, Pedro Paulo de Melo. Residência no Brooklin, p. 166-167. A referência a Pedro Paulo de Melo Saraiva está omitida no índice da revista, mas presente na matéria. **14.** SCHNEIDER, Maurício Tuck; SARAIVA, Pedro Paulo de Melo. Residência no Itaim, p. 231-233. O sobrenome "Mello" está grafado incorretamente na revista.

Residência Edgar Steinberg, 1ª versão não construída, perspectiva e planta, São Paulo, 1958, arquitetos Pedro Paulo de Melo Saraiva e Maurício Tuck Schneider

Residência Edgar Steinberg, 2ª versão construída, plantas térreo e superior, Brooklin, São Paulo, 1960, arquitetos Pedro Paulo de Melo Saraiva e Maurício Tuck Schneider

formal são confirmadas com a elevação sobre uma base recuada, que assim acerta o desnível do terreno. Alguns entrepanos da estrutura externa são preenchidos com elementos vazados para filtrar a luz do sol.

Outros três projetos residenciais dos primeiros anos de profissão, em parceria com Maurício Tuck Schneider, são as Residências Edgar Steinberg – versão não construída de 1958[12] e versão construída de 1960[13] –, e Carlos de Toledo Abreu de 1962,[14] todas em São Paulo. Na primeira, a Residência Mendel Aronis, projeto não construído, temos uma construção térrea com dois dormitórios que compartilham o fundo de um lote em esquina com edícula e abrigo de veículos. Os ambientes sociais são frontais. Na segunda, com terreno em aclive, sobre uma garage que abre para a rua, os dois dormitórios frontais com esquadrias e terraço contínuos são separados por uma faixa transversal de sanitários paralela a outra faixa, com halls de acesso, cozinha e copa, para atender estar, jantar e escritório no lado oposto, abertos para o fundo do terreno. E, finalmente, a Residência Carlos de Toledo Abreu, em dois pavimentos com volume e empenas cegas, tem escada social transversal e escada de serviço – ambas conectadas à galeria superior de acesso a dois dormitórios conjugados com sanitário –, suíte que ocupa uma parte frontal da planta e uma área de serviço isolada com lavanderia e dependências de empregada. No térreo, a estrutura de pórticos do paralelepípedo principal é preservada com a garagem na parte frontal do terreno e as salas distribuídas no fundo: a estrutura formal da residência rememora a do Edifício 5ª Avenida.

O que as quatro residências têm em comum é sua concepção a partir de volumes puros que repousam bases, com desenho de esquadrias ajustadas e ordenadas segundo esquemas distributivos simples e eficientes. São residências admiráveis em que os arquitetos mostram sensibilidade formal e convocam o necessário: a estrutura e a técnica suficientes e ajustadas aos pequenos programas.

Propor arquitetura mais extremada com soluções inovadoras e, talvez, mais difíceis no caso de programas econômicos e domésticos da cidade, como habitação de interesse social, parece repetir-se em muitas oportunidades. A arquitetura prestigiosa quer distinguir-se e exige muitos recursos. É um preconceito frequente nos casos das residências unifamiliares que se costumam construir à margem de técnicas simples, suficientes e

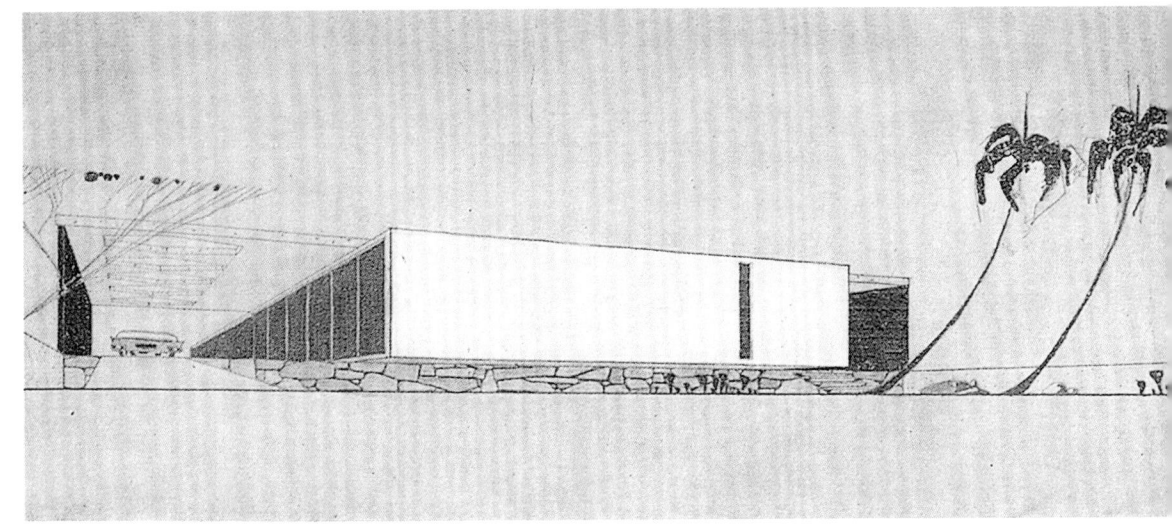

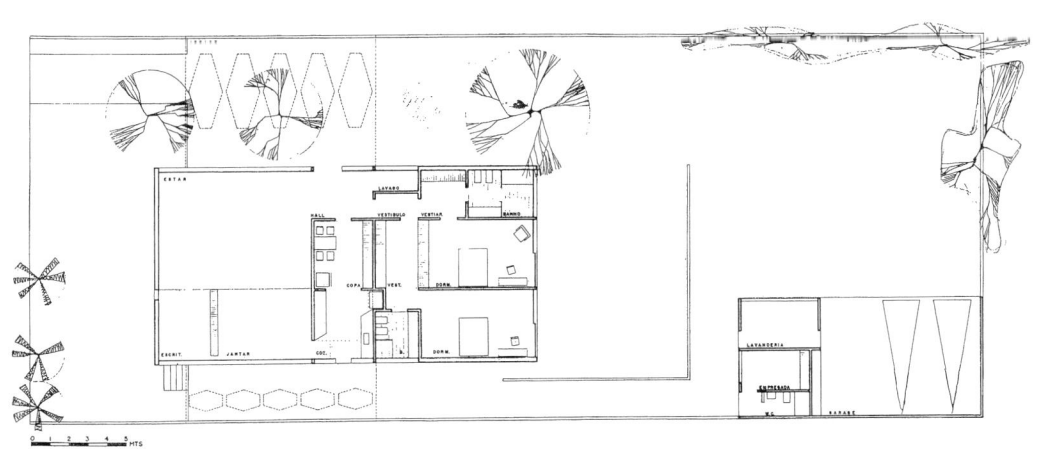

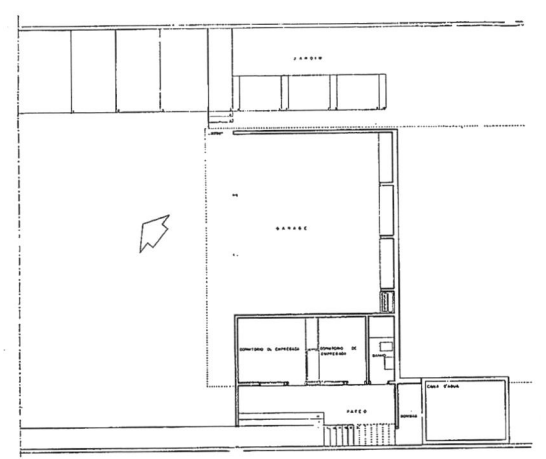
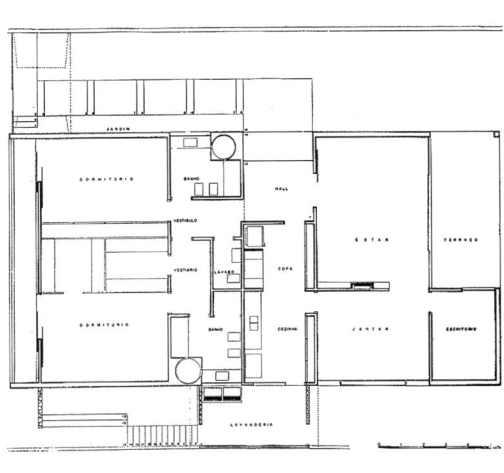

15. Heliópolis: proposta para construção industrializada, p. 16-22.

adequadas para pequenos programas. No caso do projeto de Heliópolis[15] pode acontecer algo semelhante. Saraiva, Antônio Sérgio Bergamin e Arnaldo Martino, assessorados por Valfrido Del Carlo, são contratados pela Companhia Metropolitana de Habitação de São Paulo – Cohab, em 1970, para fazer um importante anteprojeto com uso misto e habitação intensiva, com 5.652 unidades numa área de 72 hectares. É lógico que, com uso da industrialização, se proponha construir na metrópole do século 20 um esquema habitacional remanescente das melhores experiências brasileiras. Com dois acessos opostos, o sistema viário distribui e parcela setores habitacionais variados com bolsões de estacionamento independentes e deixa isolar as divisas com um cinturão verde. O conjunto incorpora áreas centrais e estruturadoras com equipamentos comunitários que dão alguma autonomia e vida a um bairro de moradias segundo o ideal das unidades de vizinhança, ao mesmo tempo em que as séries estabelecidas entre os blocos orientados para leste e oeste definem espaços e usos coletivos. No entanto, é provável que as unidades perfeitamente moduladas para sistematizar componentes estejam submetidas a demasiados temas de arquitetura. Grupos dispersos com duas unidades de habitação em "L" e o dispendioso esquema distributivo de Le Corbusier são adaptados a um espaço interno do tipo *split-level* junto com a previsão de edifícios de nove pavimentos, situação que dificulta a solução pré-moldada econômica e eficiente. As transições com pilotis e as escadas externas de concreto armado aparente das perspectivas parecem confirmar o que a arquitetura paulistana mais entusiástica deseja para a cidade.

Residência Carlos de Toledo Abreu, plantas de paisagismo, térreo e superior, Itaim, São Paulo, 1962, arquitetos Pedro Paulo de Melo Saraiva e Maurício Tuck Schneider, paisagista Rosa Kliass, demolida

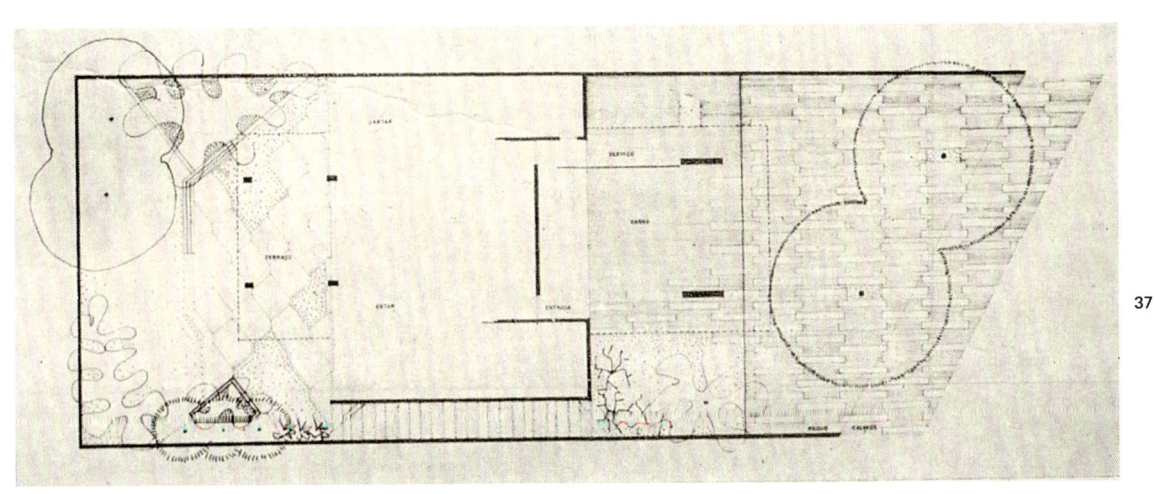

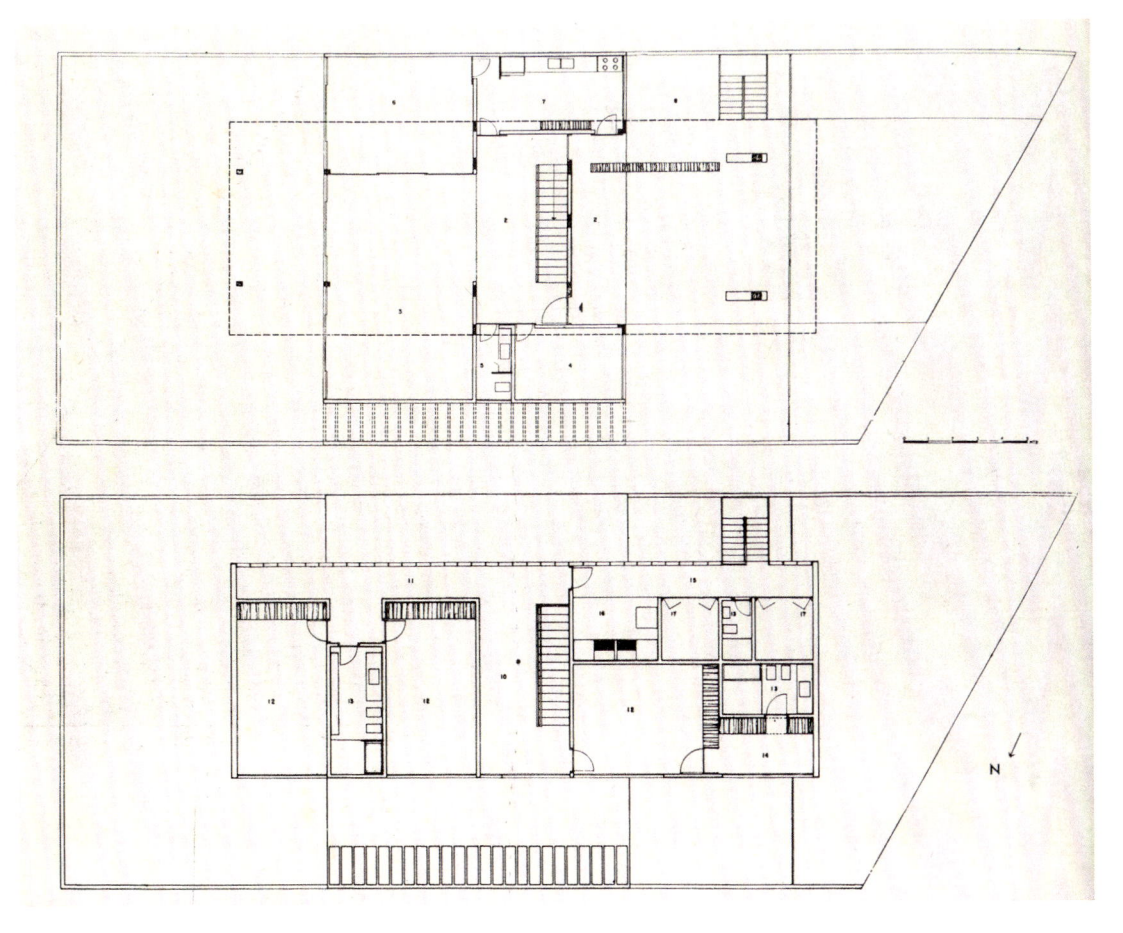

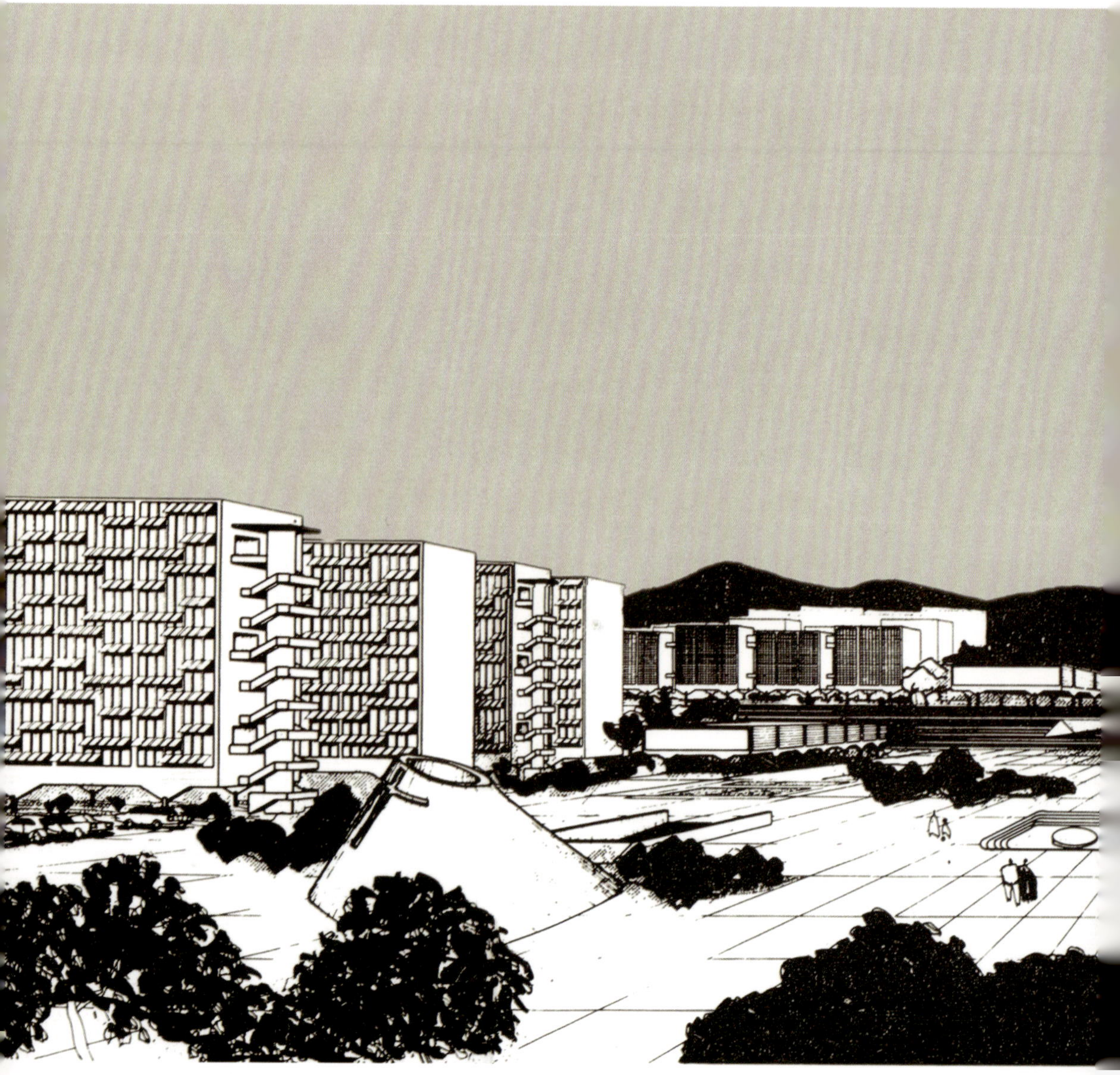

Conjunto Habitacional de Heliópolis, perspectiva, São Paulo, 1970, arquitetos Pedro Paulo de Melo Saraiva, Antônio Sérgio Bergamin e Arnaldo Martino

A Capital no caldeirão da urbanização

Por Paulo Barros

...rianópolis caminha para ser uma nova ..., por fazer parte do grande caldeirão ...meno da urbanização no Brasil. Esta é ...ão do ex-Presidente do Instituto dos ...tos do Brasil e atual Sub-Gerente do ... São Paulo. Catarinense, apesar de ...irido formação profissional em esco... ...istas, Paulo Saraiva foi autor do pro... ...ponte Colombo Salles e dos edifícios ...unal de Justiça e da Assembléia Legis-... ...urante a Semana Universitária sobre ...nas Urbanísticos, promovida pela ...Paulo Saraiva criticou a nova rodoviá-... ...ter sido construída sem se dar obe-... ...ao plano anterior, que preconizava ...ações, numa no Continente e outra na

...TADO — ...tre Arqui...
...raiva — O ...rma supe-...rofissão de ...oxidade de ...nto maior ...os fatores ...rbanismo in... ...rso, toda a ...em socie-...a hoque diz ...ação do es-...quitetura o ...e a respon-...or qualquer ...Nós pode-...uito ruim, ...itual, e o ...o repercute ...as direta-...os futuros ...passo que ...sujeita ...de uma ca-...or. Tanto ...armos de es-...or. A ...verdade é

...tá o Urba-...no Brasil? ...anismo é o ...e aprendi-...

cialmente urbana. Naquela época 70% da população vivia no campo e 30% nas cidades, e atualmente 70% vivem nas cidades e 30% no campo. O encargo que esta migração, que este êxodo rural produz, recai integralmente nos municípios que ficam na dependência dos órgãos federais, para dotar nossas cidades de infraestrutura.

OE — O Sr. participou do Concurso Público do Projeto do Plano Piloto de Brasília e acompanhou sua construção. Então poderia nos falar o que representou Brasília para o País em termos políticos, econômicos, sociais e urbanísticos. Em suma, Brasília valeu a pena?

Saraiva — Eu acho que sim. Brasília antes de mais nada foi uma tomada de consciência de ocupação espacial do imenso território além da Serra do Mar. Além desta faixa continua, espremida entre o Litoral e a Serra, que era o Brasil dos anos 50. Eu tenho a impressão de que a construção de Brasília, da rodovia Belém-Brasília, enfim, de todo um sistema viário que se estendeu pelo interior do Brasil, representou um enorme avanço em relação à situação que existia na época. Sob o aspecto geopolítico, sob o aspecto da nossa

que eram presos, ou privados de trabalharem.

OE — O Sr. também foi perseguido?

Saraiva — Não. Eu posso dizer que apesar de toda esta minha constante participação na assistência a colegas, não sofri nenhum tipo de constran...

OE — Este processo de abertura significa que existe liberdade?

Saraiva — Não. Significa que

blica, quando não existe liberdade? Ou pelo menos quando não existia. Hoje estamos num processo de abertura, não se pode negar.

Saraiva — Era necessário que houvesse um Ministério de Desenvolvimento Urbano, de habitação. Mas não é possível cobrar de um órgão financeiro, uma postura de tipo social. Aí é que reside o equívoco. Acho que o flanco, se ele é bem ou mal administrado, é o problema de um diretor, de outro. En...

...ção, ou da cidade, o terreno é o que menos custa. Entretanto é o direito de propriedade deste terreno que impede o pleno desenvolvimento das cidades brasileiras. Nós temos aproximadamente 50% da área urbana ociosa, o que onera os custos das cidades, dos impostos, etc.

acabou se pulverizando numa rede urbana extremamente espalhada e desorganizada. Foi um indicador de que existe uma tensão urbana latente e extremamente perigosa, extremamente explosiva, que nos obriga a tomar algumas medidas antes que alguma tragédia ocorra

de forma alguma serem ...zados.

Aqui o problema de de propriedade também ... existe um terreno em f... Caixa Econômica, do lado da Praça, que está

16. É emocionante o relato de Jon Maitrejean no documentário *Vilanova Artigas: o arquiteto e a luz*, de Laura Artigas e Pedro Gorski, 2015, em homenagem ao centenário de nascimento de Artigas, quando lembra que o professor da FAU USP convida dois jovens arquitetos do Mackenzie como assistentes seus, Paulo Mendes da Rocha em 1961 e Pedro Paulo de Melo Saraiva em 1962, no Departamento de Projetos, em que é professor até o ano de 1975. **17.** BRUAND, Yves. *Arquitetura contemporânea no Brasil*. Ver capítulo Os discípulos de Vilanova Artigas, p. 305-319. **18.** A profunda relação do arquiteto Pedro Paulo de Melo Saraiva com a nova capital – participante do concurso do Plano Piloto, autor da sede da CNI com Paulo Mendes da Rocha, professor da UnB e coordenador do Ceplan lhe valeu, em 1999, por ocasião do evento "Memória do Arquiteto de Brasília", o diploma do IAB/DF em reconhecimento pela importante atuação no processo de implantação e consolidação da Capital. **19.** Além de participar do consórcio para execução da nova ponte entre a ilha e o continente, Saraiva também está envolvido no Plano de Desenvolvimento da Área Metropolitana de Florianópolis desenvolvido pelo Escritório Catarinense de Planejamento Integrado – Esplan, que acata a metodologia do Serviço Federal de Habitação e Urbanismo – Serfhau, do Ministério do Interior, e adota uma estrutura de coordenação temática na qual Saraiva é responsável pela coordenação do plano físico. A condição de contratação de Saraiva para participar das duas equipes leva em consideração sua convicção de quanto a localização da ponte, das avenidas e das ligações influenciam o Plano Diretor. São vários os projetos institucionais de Pedro Paulo de Melo Saraiva para a cidade de Florianópolis SC. Dentre os não construídos, destaque para o Paço Municipal da Prefeitura de Florianópolis, projeto vencedor de concurso público nacional, em parceria com Sérgio Ficher e Henrique Cambiaghi, com colaboração do arquiteto Carlos Henrique Vieira, da paisagista Rosa Kliass e dos engenheiros Mário Franco e Júlio Kassoy, com perspectivas de Valandro Keating. Recebeu em 1977 o Troféu "O Barriga-Verde" como "destaque de arquitetura", prêmio de reconhecimento aos catarinenses que se distinguiram e dignificaram o Estado além fronteiras.

O moderno e as escolas

Além da vocação para a construção e para a arquitetura e do reconhecido talento para projetar, devem também ser consideradas as perturbações da arquitetura, as características dominantes da profissão na década de 1950, período crucial da formação de Saraiva. É pertinente considerar que os poderosos e sensatos consensos formados em torno da arquitetura moderna, principalmente do segundo pós-guerra, tenham marcado as convicções com que o arquiteto pauta tantos anos de produção; é possível que esse período decisivo da arquitetura moderna brasileira, explícito na obra coletiva de tantos profissionais de diversas regiões do país, constitua a base estável, o ponto de equilíbrio, com que conceber arquitetura e que, com sua coerência e exigência de ordem, tenha se sustentado com obra notável ao longo de tantos anos. Surpreende que apesar de acompanhar mudanças de rumo imediatamente posteriores e as infindáveis polêmicas históricas que rodeiam, influenciam, os rumos profissionais na segunda metade do século 20, Saraiva siga impassível.

Destacado mackenzista de muitos concursos é convidado para dar aula na FAU USP em 1962 como assistente de João Baptista Vilanova Artigas (1915-1985), um ano depois de seu colega Paulo Mendes da Rocha,[16] portanto, passa a integrar o grupo próximo ao mestre paulista, junta-se aos discípulos.[17] No ano de 1968, vai para Brasília fazer pós-graduação e dar aula na Faculdade de Arquitetura e Urbanismo da UnB, quando substitui o arquiteto João Filgueiras Lima, Lelé (1932-2014), no cargo de coordenador do Centro de Planejamento da Universidade de Brasília – Ceplan e onde se relaciona com arquitetos próximos a Niemeyer e a suas ideias.[18] Vai retornar a Florianópolis em 1970 para participar, junto com os escritórios Croce, Aflalo & Gasperini e Figueiredo Ferraz, do consórcio contratado pela empresa de planejamento urbano Esplan no projeto da ponte Colombo Salles e, também, coordenar o plano físico – os usos no aterro da ilha, do Planejamento Integrado da Grande Florianópolis.[19] Curiosa coincidência essa da autoria dos mesmos programas executados no Capitólio de Chandigardh e construídos, em épocas e eventos diferentes, numa área semelhante no aterro das pontes Colombo Salles e Pedro Ivo Campos, onde se concentra um centro administrativo do estado de Santa Catarina.

"A Capital no caldeirão da urbanização", *O Estado*, Florianopolis, 20/08/1981

Ponte Colombo Salles
"O projeto original contemplava dois tabuleiros, com três faixas em cada um, mas foi construído em um só tabuleiro com quatro faixas. O traçado da estrutura previa, na ilha, o acesso direto a um túnel proposto à época". PPMS

Ponte Colombo Salles, vista aérea e modelo físico, Florianópolis, 1971, arquiteto Pedro Paulo de Melo Saraiva em consórcio com Escritório Técnico J.C. Figueiredo Ferraz e Croce, Aflalo & Gasperini Arquitetos

44

Ponte Colombo Salles, perspectivas e implantação, Florianópolis, 1971, arquiteto Pedro Paulo de Melo Saraiva em consórcio com Escritório Técnico J.C. Figueiredo Ferraz e Croce, Aflalo & Gasperini Arquitetos

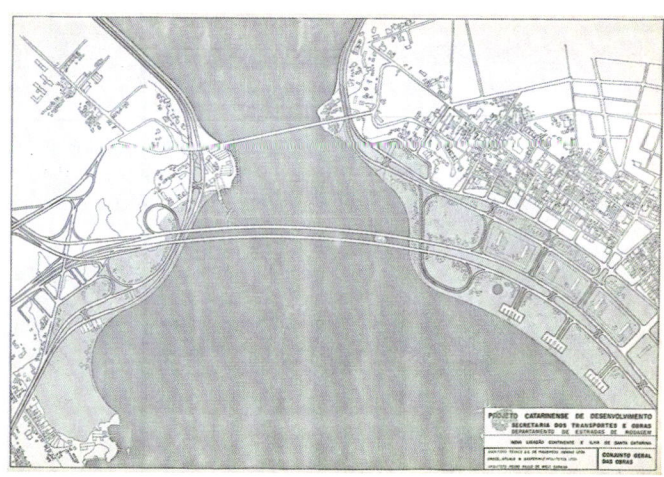

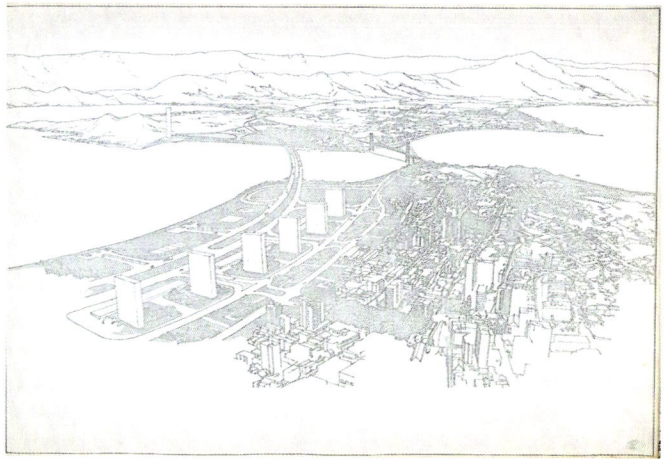

20. Essa hipótese está apontada no verbete "Escola carioca" da Enciclopedia Itaú Cultural <http://enciclopedia.itaucultural.org.br/termo8816/escola-carioca>. Afirma Mário de Andrade: "A primeira manifestação da arquitetura moderna no Brasil, como a das outras artes, também se deu em São Paulo. Foi uma casa do arquiteto Warchavchik, muito comentada pelas nossas revistas de então. Mas o moderno em arquitetura teve que ceder aqui. A primeira escola, o que se pode legitimamente chamar de 'escola' de arquitetura moderna no Brasil, foi a do Rio, com Lúcio Costa à frente, e ainda inigualado até hoje". ANDRADE, Mário. Brazil Builds.
21. FERRAZ, Geraldo. Falta o depoimento de Lucio Costa. O autor reivindica a origem da arquitetura moderna para o ambiente paulista. Credita a Gregori Warchavchik e a Flávio de Carvalho a prioridade histórica do feito moderno. Lúcio Costa responde em "Carta depoimento", datada de 20 de fevereiro de 1948 e publicada n'*O Jornal* em 14 de março de 1948, uma réplica que ironiza a reprodução literal do receituário moderno europeu e valoriza a interpretação moderna e bem-sucedida alcançada pelos cariocas.
22. Todos reconhecem que Reidy seja, entre os arquitetos da equipe brasileira que desenvolve o projeto do Ministério de Educação e Saúde no Rio de Janeiro, o mais atento à obra de Le Corbusier; no entanto parece eloquente estabelecer a similitude da dinâmica estrutural da Escola Brasil-Paraguai e do MAM do Rio de Janeiro, ambos de 1952, com a escola Júlia Kubitschek, de 1951, em Belo Horizonte e com o Hotel Tijuco em Diamantina, do mesmo ano, ambos projetos de Niemeyer. Reconhecer essa referência pressupõe admitir que o fundamento estrutural do concreto armado bruto e o dinamismo nas fachadas de Reidy, que parecem antecipar o brutalismo paulistano, têm origem em Niemeyer. Nesse sentido, coincide a resposta dada em entrevista de Saraiva à *Projeto Design*, quando, após citar a influência de Le Corbusier, pedem-lhe que fale, um pouco, sobre a diferença entre a arquitetura paulista e a carioca: "Não há grande diferença entre a boa arquitetura do Rio de Janeiro e de São Paulo. Lá, é difícil ver edifícios isolados: os modelos são de quadras geminadas com galeria embaixo. Lá, os edifícios isolados se parecem muito com os que se fazem aqui. O MAM, um prédio notável no Rio, de Reidy, poderia ter sido feito por Artigas, Paulo Mendes ou por mim. A diferença é que houve um período em São Paulo em que se exacerbou o uso do concreto". SERAPIÃO, Fernando. Entrevista: Pedro Paulo de Melo Saraiva, p. 4-6.

A obra de Saraiva desperta um especial interesse para o debate sobre a particularidade e a hegemonia das escolas carioca e paulista. Suas viagens, amizades e contatos pelo país parecem fornecer uma licença para lidar com formalismos, ou maneirismos, e explicar matizes de sua obra em que parecem conviver sensibilidades díspares, referências ou preferências plásticas relacionadas com o estereótipo que se faz de cada região.

Mário de Andrade[20] (1893-1945) parece estar entre os primeiros que se referem à escola carioca de Lúcio Costa (1902-1998) e a afirmar sua supremacia. Há de se lidar com essa primazia no campo da arquitetura, e em tantos campos, como bairrismo típico da rivalidade e, eventualmente, como uma distinção no modo, na preferência de conduzir a exposição da arquitetura. A polêmica é infindável e a altercação mais parece disputa, ou afronta. O bate-boca entre Geraldo Ferraz (1905-1979) e Lúcio Costa é outra conhecida passagem[21] de uma interminável discórdia quanto ao nome dos mestres pioneiros, numa rixa em que a prevalência de uma arte mais extrovertida, artística, abusada e saliente para representar a autêntica brasilidade vai, inequivocamente, favorecer o grupo de Oscar Niemeyer (1907-2012).

Ao mesmo tempo, a arquitetura de Affonso Eduardo Reidy (1909-1964) constrange a historiografia ocupada com as escolas quando são apontadas analogias entre a Escola Brasil-Paraguai, de 1952, o pavilhão do Museu de Arte Moderna do Rio de Janeiro, de 1953-1967, e supostas recorrências da arquitetura de São Paulo. Há quem considere Reidy, com esses dois projetos,[22] mentor do brutalismo paulistano; há os que ao sentir dificuldade em acomodar um gigante como Jorge Machado Moreira (1904-1992) na doutrina esquemática das escolas, omitem-no.

Tantos contatos e coincidências fazem desconfiar que "escolas" sejam classificações mais inexatas, mescladas e diversificadas do que suas simplificações fazem acreditar, baseadas na lista de antagonismos que opõe liberdade plástica a expressão estrutural, gesto a rigor, curva a ângulo reto, exuberância a circunspecção, licença a regra e sensibilidade a raciocínio.

Na verdade, apesar do original reconhecimento feito por Mário de Andrade a Lúcio Costa, a sua "escola carioca", à procedência moderna e, por outro lado, do argumento cronológico sobre pioneiros modernos feita por Ferraz na década de 1940, em que se disputa a originalidade, a primazia moderna brasileira, as concorrentes escolas carioca e paulista vão adquirir reconhecido

23. ACAYABA, Marlene Milan; FICHER, Sylvia. *Arquitetura moderna brasileira*. A estrutura traçada pelas autoras antecipa no tempo e coincide com a hipótese defendida neste texto. Após todo um capítulo dedicado a Brasília, a narração histórica inicia novo capítulo intitulado "Tendências regionais após 1960", em que relaciona a efetiva repercussão de Brasília, entendida como ponto culminante do modernismo brasileiro, em diversos centros do país a partir do que elas defendem ser um processo compreensível, ou uma natural adaptação do moderno a circunstâncias e contingências regionais. Não fazem menção a escolas, ou ao que seria um processo de produção consensual, idealizado e praticado por um grupo de artistas e profissionais em torno de um mestre, todos unidos por convicções ideológicas, políticas e estéticas – segundo mecanismos semelhantes aos das vanguardas artísticas –, elas tampouco mencionam a polaridade Rio-São Paulo e procuram explicar o evidente pluralismo como resultante das condições locais, ajustado a realidades culturais e materiais particulares. No entanto, mesmo o recurso ao regionalismo, que parece ser versátil para adaptar e legalizar peculiaridades, é insuficiente para classificar as obras, ao não dar conta de desencontros entre tantos autores e concepções arbitrárias. Na realidade, parece que o regionalismo, com suas definições, não suporta uma lista preestabelecida com obras e arquitetos notáveis, com obras que escapam de seus conceitos. **24.** BRUAND, Yves. *Arquitetura contemporânea no Brasil*. O pesquisador encerra a pesquisa no ano de 1969 e defende sua tese em Paris, no ano de 1971. O trabalho é publicado em português, dez anos depois.

corpo estilístico nos anos de 1960,[23] já que parecem constituir modelos a partir do impacto de Brasília e do espetacular sucesso de Oscar Niemeyer – o gênio que transtorna o projeto moderno e repudia a previsibilidade da arquitetura do pós-guerra, para impor um novo estatuto artístico para dar maior visibilidade para o trabalho do arquiteto. Essas condições interferem tanto no Rio de Janeiro quanto em São Paulo e interpõem nova e ufanista agenda para uma arquitetura simultaneamente brasileira e moderna, portadora de ambivalência regional e universal. Nas duas regiões a estrutura material passa a ser o pressuposto, em ambas cidades a expressão e a figura artística passam a ser marcantes e transformadoras, e todos os arquitetos parecem comprometidos com a novidade. A revisão fundamental da arquitetura dos anos de 1960 está disseminada e os processos conceptivos – entendidos como partidos – tornam-se realistas, criativos e arbitrários, portanto há um campo maior de experimentação cuja variedade não parece ter adesão regional, mas está propagada, parece influenciar Saraiva e tantos arquitetos paulistas. Talvez a discussão sobre o regionalismo, sobre as escolas, apenas se sustente enquanto se ativer à rivalidade e ao aspecto: ao grupo da aparência racional e ao grupo da aparência plástica, uma avaliação que desconsidera a estrutural formal dos projetos, a configuração ou o modelo.

O enfraquecimento do consenso moderno e coletivo e a consequente difusão de arbitrariedades artísticas constituem o fenômeno que reacende a discussão dos regionalismos na arquitetura brasileira, a explicação do que seja específico e divergente entre os grupos que os críticos e historiadores identificam pelos cantões brasileiros. O mais polêmico antagonismo distingue o âmbito paulista do carioca e considera existir diferenças determinantes no processo de concepção de arquitetura desses centros.

O francês Yves Bruand com sua exaustiva compilação de arquitetura brasileira[24] parece dar início a uma disputa e a uma interminável discussão teórico-acadêmica. Nos títulos dos capítulos da segunda parte, iniciada com a alusão à maturidade da nova arquitetura brasileira, há menção ao triunfo da plástica e ao brutalismo paulista, noções que constituem a distinção, ou, ainda, a unidade e a diversidade, segundo Bruand.

Bruand é formado em paleografia, arquivista especializado em manuscritos da Idade Média, e assume para sua tese a tarefa de compilar tudo que há sobre a arquitetura moderna brasileira até o ano de 1969 e publicar uma meticulosa história da arquitetura brasileira no século 20, repleta de juízos e opiniões que confirmem um renascimento artístico no Brasil. O exaustivo esquema estabelece temas referidos aos estados brasileiros, a regiões, para alocar procedimentos e listar arquitetos locais e, mesmo sem empregar uma só vez o termo escola, na segunda parte do livro referida à "maturidade da nova arquitetura", reconhece a "diversidade" e distribui méritos em suficientes capítulos para abrigar as diferenças que marcam tantos personagens e regiões. Com o "triunfo da plástica" reafirma a supremacia de Niemeyer, enquanto que com a expressão "brutalismo paulistano" introduz a obra de Artigas e cita os "discípulos de Artigas", mas sem mencionar que mestre e discípulos representem uma escola.

Saraiva torna-se arquiteto nessa transmutação que redimensiona alcance e figura da arquitetura no Brasil e experimenta, também, a polarização de seu ambiente. Presencia o momento em que a profissão inventa a expressão renovada de um país inconformado com pobreza, injustiça e subdesenvolvimento. A fotogenia de Brasília convence a todos da transcendência do arquiteto que sugere desenvolvimento e esperança com desenhos auspiciosos.

Para entender como Saraiva absorve a aparência paulista e a brasiliense, as fisionomias regionais em sua obra, é necessário entender a configuração do objeto moderno como uma operação autônoma, com nexo e sentido próprios. Esse é o processo que parece manter-se sempre intacto em Saraiva. A essa operação rudimentar e conceptiva é possível agregar figura, ou elemento plástico, sem que o arcabouço abstrato do objeto, a forma apropriada que lhe dá legalidade, seja comprometida. Na verdade, Saraiva parece aprender com Niemeyer. Raras vezes a obra genial de Brasília é reconhecida ou comentada por sua inegável sistematicidade e rigor para conformar edifícios, pelas entidades entranhadas na aparência que fascina. A expressão artística inovadora e celebrada ofusca e causa desinteresse pela genealogia do objeto, pela persistência moderna e geradora que sobrevive às fases e estilos. Dessa maneira, os palácios do Ibirapuera são o princípio dos palácios de Brasília – são a mesma coisa.

Apesar das interpretações mais amplas da ideia de plástica, para Bruand a plástica brasileira expõe sua característica marcante, e seu sucesso, na propriedade maleável do concreto que maravilha a todos com a extraordinária variedade que, em Niemeyer, se sucedem figuras imprevistas, adornos

25. LAMBERT, Phyllis (Org.). *Mies in America*. No capítulo "Space and Structure", Lambert refere-se ao clear span, edifício sem pilares, e permite levantar a hipótese da separação entre o sistema estrutural que constitui e cobre o edifício e a sensibilidade que compartimenta e estabelece nexos internos, a ordem do programa e a aparência com que se apresenta o edifício. Essa possível divisão não é prerrogativa brasileira, mas pode ser reconhecida no trabalho de Niemeyer e de Artigas. No texto, a foto da impressionante Galeria das Máquinas para a Exposição Universal de Paris em 1889 projetada por Charles Louis Ferdinand Dutert (1845-1906), precede a famosa colagem de Paul Campagna, aluno de Mies van der Rohe no Illinois Institute of Technology – IIT, de Chicago, em 1940-1942, sobre a foto interna da fábrica de aviões Glenn L. Martin Company de Albert Kahn (1869-1942), em Middle River, Maryland de 1937, com a representação do palco de um teatro a partir de planos de cartolina. Permite com isso imaginar a autonomia das operações de arquitetura. Essa é a hipótese de Mies para construir com uma única edificação, primeiro o envoltório, depois o programa. É assim, no concurso para o Teatro Nacional de Mannheim, 1952-1953, no Centro de Convenções de Chicago, 1952-1953, no Ron Bacardi, Santiago de Cuba em 1957-1959 e na Galeria Nacional de Arte de Berlim, 1962-1968.

26. Faz sentido considerar o esquema de níveis desencontrados como um a priori na concepção de Artigas. Desde a Casinha para fins de semana, de 1942, no Brooklin, sempre associada a alguma fase, já aparece o desnível entre acesso, atelier e mezanino. Inclusive em situações inusitadas, como é o caso dos edifícios Louveira de 1946, a escada do núcleo de circulação vertical acusa na fachada seus duplos lances desde o meio nível entre lajes. Sempre que possível Artigas concebe com lajes fraturadas. O critério das fases na produção da obra de Artigas pode estar mais confiado à aparência do artefato e menos à constante estrutura típica com que o configura.

externos e vistosos facilitados por uma ductilidade aderida e encantadora. A noção de plasticidade também pode ser aplicada aos diamantes, aos prismas dinâmicos, lapidados ou modelados.

A superficialidade que costuma informar a classificação estilística, a catalogação do edifício, confere um entendimento artístico descuidado com a noção abstrata de tipo e conformação do artefato. Os planos exógenos determinam a impressão de um aposto, um arranjo que apresenta o edifício com aspecto e independência da construção material e abstrata do palácio, com fachada representativa e destacada, no sentido do que se isola e separa; no sentido do que se distingue, sobressai e adquire relevo e no sentido do que é estranho à constituição interna do objeto.

Se, por um lado, o brutalismo paulistano dos anos 1960 teme o capricho plástico, por outro, aprecia a ornamentação arrazoada, ou mesmo a expressão estrutural, além da essencialidade ancestral, do prazer táctil pelo rude, pelo avesso ao esmerado, polido ou perfeito, até como uma reação ao componente industrial seriado e anódino. Por isso, parece que a arquitetura paulistana esteja alinhada com Niemeyer dos tipos puros, regulares, modulados e autônomos, e que aceita o adensamento estético de fachadas para reforçar o status do artista.

Entendido como um projeto ambivalente, o edifício da FAU USP, de 1961-1969, de João Baptista Vilanova Artigas e Carlos Cascaldi (1918-2010) não parece divergir dos palácios brasilienses; há na FAU USP similitudes com Brasília que a rivalidade regional desaconselha admitir. Mesmo que a distração plástica retenha a atenção, a constituição do palácio de Niemeyer é sistemática, moderna e universal, respeita ao mesmo tempo a estética configuradora e a razão construtiva. Por paradoxal que possa parecer, na FAU USP a excisão entre corpo e fachada, entre esquema espacial e estrutura envolvente do edifício guarda analogia com a operação casada de Niemeyer.[25] O desencontro dos pilares de fachada com as colunas internas que constituem a Faculdade é absorvido pela estrutura para atender duas realidades. A fratura entre as lajes que determinam os meios níveis do interior e reiteram o a priori de Artigas – o *split-level*[26] – é aplainada pelas testeiras extensas e verticais que expressam a vocação do edifício nivelado de lajes contínuas. A ambivalência, ao contrapor esquemas diversos, cobra descontinuidades. A isso, soma-se o adensamento da figura de primeira fila,

27. Emocionante a intervenção do professor, historiador da arte e artista plástico Flávio Motta na memorável banca de 1984, que confere o título de professor titular a Vilanova Artigas, quando desenha com giz o pilar da fachada da FAU USP, escreve para o ponto de apoio uma adaptação com a música de Orfeu, comenta a explicação dada por Fedro a Sócrates sobre os edifícios que cantam no livro *Eupalinos ou o arquiteto* de Paul Valéry (1871-1945) e, finalmente, sugere um movimento ascendente e descendente para fabular a parede que quer ser pilar e o pilar que quer ser parede. **28.** Depois do século 18, quando Immanuel Kant (1724-1804) escreve as três *Críticas* para explicar os modos cognitivos e autônomos da razão pura, da razão prática e da faculdade do juízo estético, torna-se duvidável insistir na associação entre as faculdades da razão, da ética e da estética para vincular as noções do belo, do bem, do bom, do justo e verdadeiro. **29.** A mesma configuração parece servir como tipo para o projeto lapidado do Centro Cívico de Santo André, em 1965-1969, do Escritório de Rino Levi, com o titular formado na Europa e que sempre se manteve à margem de Brasília e do brutalismo paulistano. Sobre o projeto de Levi, ver: ANELLI, Renato; GUERRA, Abilio; KON, Nelson. Rino Levi, arquitetura e cidade.

do pilar lapidado e ambíguo[27] que expressa o diagrama das forças, apreciado como uma ordem clássica, apreciado como intui Niemeyer: como êxito do moderno e brasileiro. A expressão estrutural está vinculada a uma interpretação artística da técnica, a uma operação estética, por isso não há motivo para legalizá-la com a honestidade de seu desenho ou com explicação lógica para relacionar o belo ao justo e verdadeiro.[28]

A reputação de Niemeyer é enorme, e o Ginásio do Clube Atlético Paulistano no concurso vencido por Paulo Mendes da Rocha e João Eduardo de Gennaro, em 1958, supõe linhagem com um fragmento do Congresso de Brasília. A estrutura circular, o disco, agora aberto, pousado sobre o plano horizontal e regular sugere sua genealogia. Muitos vão dizer que a forma plástica, modelada e original dos potes invertidos é subvertida pela estrutura instrutiva e animada pelo movimento das forças, ao gosto da engenharia que vivifica e ampara a arquitetura paulista. No entanto, a esplanada regular, a perfuração da laje e as arquibancadas referidas ao círculo compartilham a mesma composição.[29]

O mesmo argumento pode sustentar a narração do edifício da Escola de Administração Fazendária – Esaf, de 1973, em Brasília, com Sérgio Ficher, com um programa educacional revisado e proposto por Mayumi de Souza Lima (1934-1994) e com a colaboração de Marta Dora Grostein, Bruno Roberto Padovano e Sidney Meleiros Rodrigues. Em um primeiro momento, pode pensar-se que o arquiteto cede para adaptar-se à maneira prestigiada na capital. Esse entendimento ganha crédito se for considerado o projeto anterior, apresentado no concurso do Ginásio do Clube Atlético Paulistano, de 1958, em que Saraiva se classifica em 2º lugar com Júlio Neves.

A combinação de uma viga contínua com formatos arqueados e balanços extremos curvados corresponde à imagem enfática da novíssima arquitetura que envolve um complexo artefato dotado de virtude moderna. A forma que estrutura o edifício é clara e correta; Saraiva deve entender que a conformação e a aparência do objeto constituem duas condições, moderna e brasileira.

Essa proposta confirma a atenção renovada pela sensação com Brasília; a sucessão de pórticos espaçados e travados por vigas prolongadas até o chão homenageia o palácio brasiliense, ou uma maneira brasileira dos anos 1960, ao mesmo tempo em que coincide com o tipo dos pavilhões

Sede Clube Atlético Paulistano, 2º lugar em concurso público, perspectiva, Jardim América, São Paulo, 1958, arquitetos Pedro Paulo de Melo Saraiva e Júlio Neves

Museu de Escultura e Ecologia, atual Museu da Escultura - MuBE, prancha apresentada em concurso fechado, avenida Europa, São Paulo, 1986, arquitetos Pedro Paulo de Melo Saraiva, Miguel Juliano Filho e José Carlos Lodovici

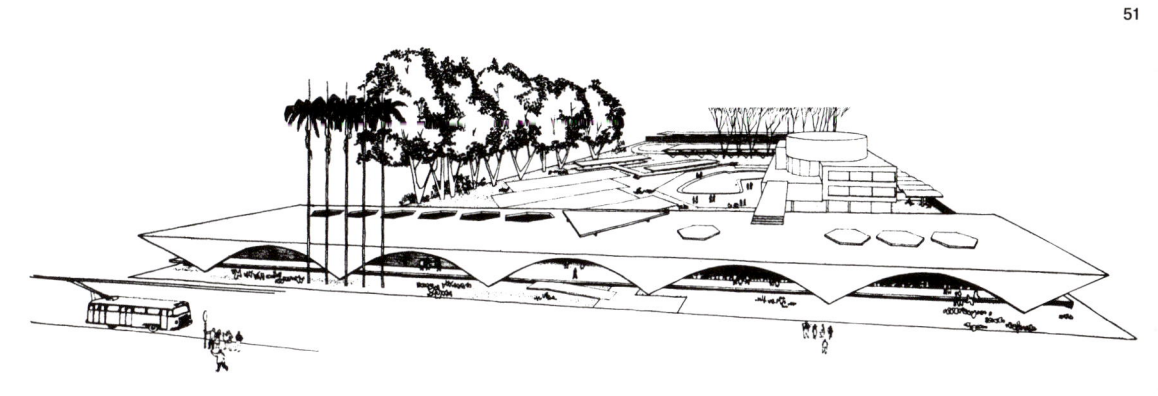

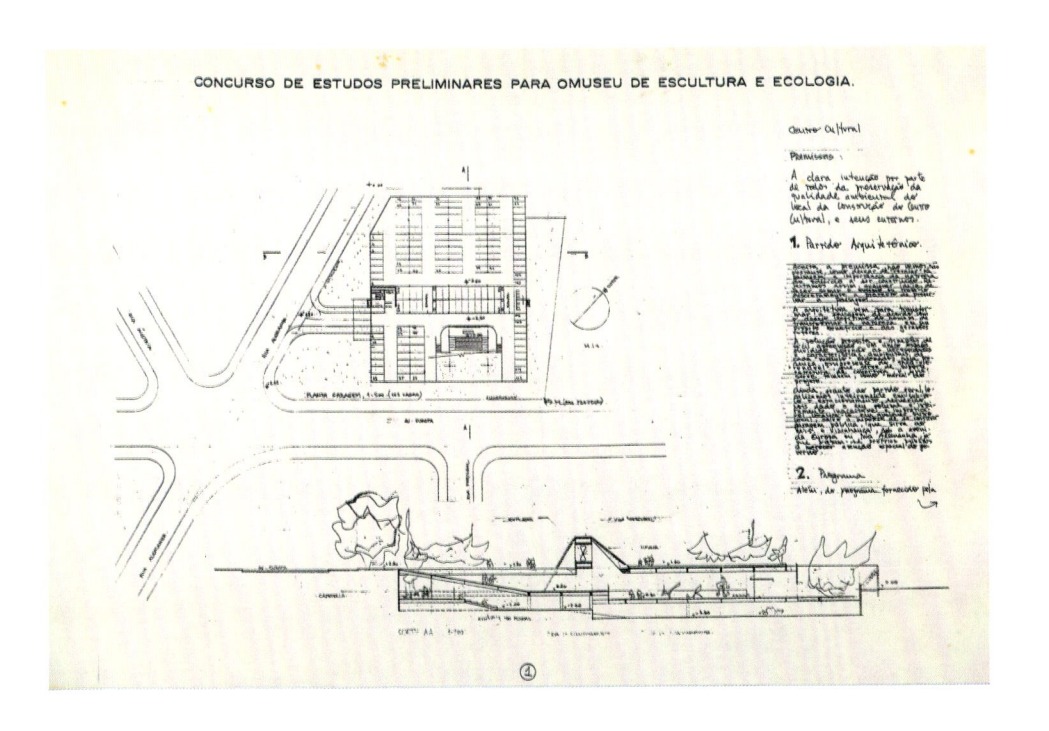

30. Por ocasião do 4º Centenário da Cidade de São Paulo em 1954, e com a concomitante inauguração do Parque do Ibirapuera, alguns pavilhões recebem nome de palácios: Palácio das Indústrias (atual Pavilhão Ciccillo Matarazzo, sede da Fundação Bienal de São Paulo), Palácio dos Estados (atual Pavilhão Engenheiro Armando Arruda Pereira, em reforma), Palácio das Nações (atual Pavilhão Manoel da Nóbrega, sede do Museu Afro Brasil), Palácio da Agricultura (atual Museu de Arte Contemporânea – MAC USP).
31. São colaboradores no projeto: Teru Tamaki, Eduardo de Almeida, Maria Giselda Visconti, Luiz A. Vallandro Keating, José Borelli Neto, Tito Lívio Frascino e Hércules Merigo.

prismáticos[30] do Parque do Ibirapuera em 1954, com os quais Niemeyer inicia experiências com figuras estruturais nas fachadas dos paralelepípedos alpendrados e sombreados em todo perímetro, onde a oposição entre o peso do concreto e os diáfanos panos de vidro contínuos e desníveis no piso com mezaninos estabelecem uma variedade espacial muito grata aos arquitetos da cidade.

O projeto tem, como comprimento, a largura da quadra, uma medida dividida em cinco arcos e seis pontos de apoio nas fachadas longas para sustentar um bloco único, tipo ideal para a arquitetura local. Em certo sentido, corresponde à máxima sistematização expressiva do projeto e dispensa apoios internos.

Na Esaf, a arquitetura apresenta vigas arqueadas e abatidas com 30 metros de amplitude e recebidas por apoios gigantes inclinados de consequente dinamismo, certamente sugeridos pelas figuras dominantes do tempo e do lugar. A maneira de propor estruturas-fachada com pórticos visíveis adquire um discurso local, mas comprometido com o aprendizado dos anos 1950. Entre as experiências paulistanas e as brasilienses vai expressar os valores que orientam os arquitetos.

A Esaf acrescenta possibilidades novas à construção de fachadas; o tipo é a ordem da série infinita de corpos longilíneos entremeados por pátios abertos, como é, também, o edifício de Fábio Penteado[31] para o Hospital Escola Júlio de Mesquita Filho, conhecido também como Hospital Escola da Santa Casa de Misericórdia, de 1968, em São Paulo, depois adaptado a outro uso, aceito pelo esquema versátil. Ambos os edifícios têm seus pavilhões embalados por planos em concreto para definir fachada isenta e perfurada por arcos moldados e abatidos. A adaptação de arcos em séries estruturais convencionais repercute e pode ajudar a entender outras obras como, por exemplo, o Terminal Rodoviário Paulo Egydio Martins, de 1979-1982 em São Carlos, de Benno Perelmutter, em que são coladas placas arqueadas de concreto em uma estrutura reticular de pilares e vigas para aderir a modernidade dos arcos.

Construída pelo consórcio CCBE, Rossi e Servix Engenharia S.A., com cálculo estrutural de José Carlos de Figueiredo Ferraz, a imensa e horizontal Esaf tem nove pórticos e dez apoios em cada lado da estrutura longitudinal. Os arcos da fachada uniformizam uma planta com três setores

Escola de Administração Fazendária – Esaf, 1º lugar em concurso público nacional, perspectiva, Brasília, 1973, arquitetos Pedro Paulo de Melo Saraiva e Sérgio Ficher, consultoria educacional de Mayumi Souza Lima

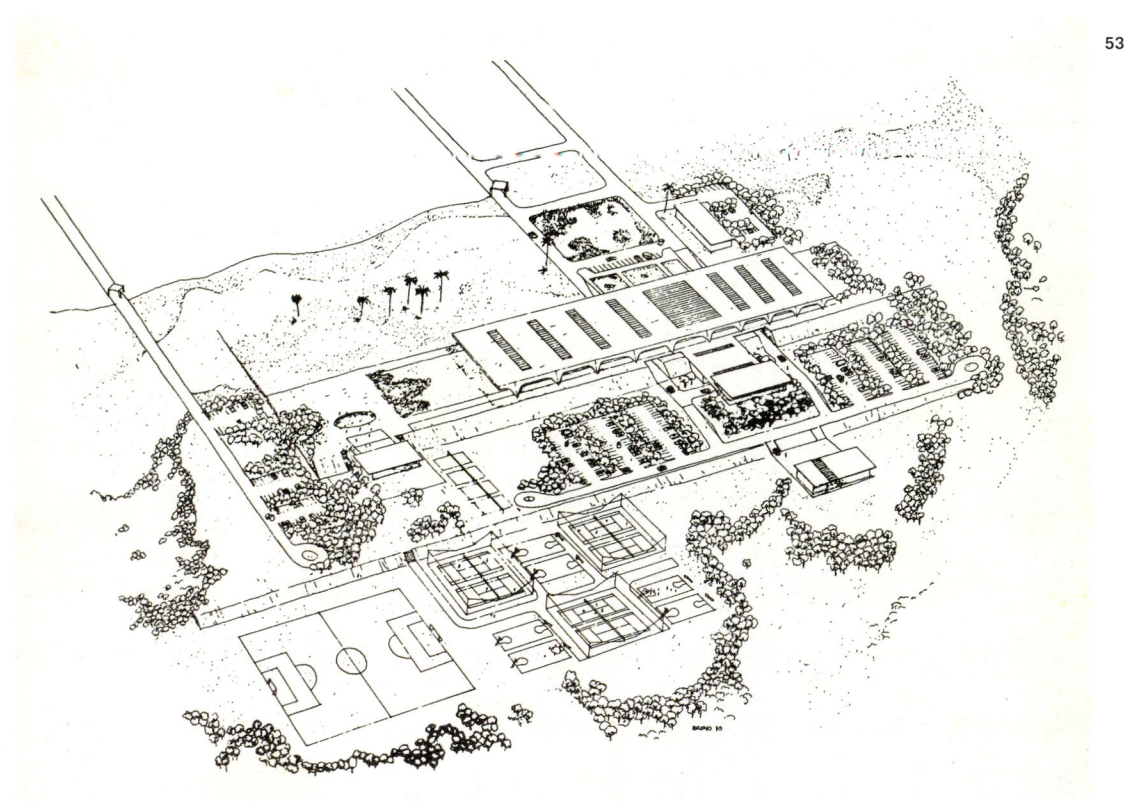

32. O projeto do Chateau de Ville contou com a colaboração do paisagista Benedito Abud. No Edifício Armoni participaram os engenheiros Mário Franco e Júlio Kassoy, a paisagista Rosa Kliass e o arquiteto Carlos Henrique Vieira. **33.** Desenvolvido com Sami Bussab. Também os estudantes Haron Cohen, Eurico Prado Lopes (1940-1985) e Airton Klerman participam da produção do projeto. **34.** "Voltando a 1962, ano de meu ingresso na FAU USP como assistente de Artigas, sendo reitor Ulhôa Cintra e diretor o arquiteto Anhaia Mello, fomos convidados para rever o plano da Cidade Universitária Armando de Salles Oliveira, sob coordenação de Paulo Camargo de Almeida. O grupo original era composto por Vilanova Artigas, Ícaro de Castro Mello, Oswaldo Bratke, Eduardo Kneese de Mello, Roberto Cerqueira César, Eduardo Corona, Carlos Millan, Paulo Mendes da Rocha, Joaquim Guedes, e eu próprio. Para mim foi o maior desafio que já enfrentara, no meio de tantos arquitetos experimentados, projetar além da revisão do plano e edifício da Geologia, Petrografia, Paleontologia e Mineralogia. Minha inibição era uma realidade que, por si só, foi rompida com a apresentação do Artigas para o edifício da FAU USP. Artigas, nesse projeto, exibia com raro brilho toda sua bagagem profissional. Foi um acontecimento para mim, e, creio, para os demais membros da equipe. Até hoje faço referência em minhas aulas à habilidade com que Artigas trabalhou os aspectos estruturais da edificação. O *tromp l'oeil* da fachada, a precisão das soluções estruturais, o agenciamento da planta vis-à-vis, a espacialidade única ficará para sempre na história da arquitetura brasileira, por mais que alguns desafetos lhe neguem a genialidade". SARAIVA, Pedro Paulo de Melo. Depoimento sobre Vilanova Artigas, p. 26. De uma iniciativa em 1961 para dar continuidade à construção de unidades no campus, a Universidade de São Paulo atribui o projeto das faculdades de ciências humanas aos seguintes arquitetos: Vilanova Artigas e Carlos Cascaldi para conceber a Faculdade de Arquitetura e Urbanismo, Eduardo Corona para construir o Departamento de História e Geografia da FFCL USP; Paulo Mendes da Rocha para desenhar a Faculdade de Antropologia e Sociologia; Joaquim Guedes Sobrinho para propor o Instituto de Matemática; Pedro Paulo de Melo Saraiva para projetar o Departamento de Mineralogia, Petrologia, Geologia e Paleontologia da FFCL USP e Carlos Barjas Millan para propor o Departamento de Letras da FFCL USP. Ver em VIGGIANI, Alice; CARVALHO, Amanda; LEAL, André; SABATIER, Estevão; DELEU, Gabriela; PIANCA, Guilherme; TSCHIPTSCHIN, Ilana; NAKEL, Laura; STRAUSS, Luisa; FERNANDES, Maíra; PAIVA, Nídia; ALVES, Taís. *Programa: corredor das humanas – a poesia que poderia ter sido e que não foi.*

distintos e um centro ligeiramente assimétrico, onde está implantado o círculo que constrói o cilindro do auditório principal. A estrutura é clara e efetiva: duas ruas passam sob a cobertura, definem setores, reservam terreno para ampliação e acessam os programas complementares. As lâminas em série são de dois tipos, com larguras diferentes compensadas pela área de paisagismo dos pátios.

O Edifício Chateau de Ville, de 1985-1989 em São Paulo, é exemplar quanto à excisão do plano de fachada e estabelecimento de ordem para configurar o projeto habitacional. É importante ressaltar que se trata da reedição do Edifício Armoni, de 1979, em São Paulo, com o mesmo partido estrutural, o mesmo esquema distributivo, mas com as soluções de fachada aderentes à configuração e à condição construtiva.[32] A segunda planta mantém as qualidades da primeira; é impecável e compacta a maneira como a circulação envolve o núcleo central, está conectada aos elevadores e distribui os ambientes. Salas e áreas de serviço estão voltadas para o leste e, nesse caso, quatro dormitórios com sanitários para a fachada oeste. A essa operação se agrega o terraço frontal, para mediar fachada lapidada e arqueada com desenho atento à aspiração artística prestigiosa.

Idêntico comentário pode ser feito no caso da Residência Paulo Bauer Filho, de 1967, em São Paulo. Plantas ordenadas e sistemáticas, com série de seis pórticos duplos no térreo e seis pórticos simples no nível superior, são apresentados com o formato de cinco abóbadas de canhão executadas em concreto aparente.

Outro projeto com ânimo brasiliense e aparência paulistana é o Departamento de Mineralogia, Petrologia, Geologia e Paleontologia da Faculdade de Filosofia, Ciências e Letras da USP,[33] de 1961-1962,[34] no Corredor das Humanas, Campus da Universidade de São Paulo, em que comparecem os temas e as certezas de um reduzido grupo de arquitetos em torno da FAU USP. A estrutura explicita um complexo e articulado jogo de montar com peças resistentes, dispostas e associadas de forma clara e inteligível convencionada como "didática estrutural", segundo conformação com mísulas que expressam o comportamento estrutural, cargas e equilíbrio. Se as decisões formais são subjetivas, pertencem ao arquiteto que projeta; a completude artística, o ciclo estético, apenas ocorre ou se fecha quando o observador compreende a intenção do autor do objeto e aprecia

35. "El discurso inibe la mirada", uma das máximas mais gratas ao professor e arquiteto Helio Piñón. **36.** GFAU. Plano Piloto para humanas, entrevista Pedro Paulo de Melo Saraiva, p. 12-19.

Edifício Chateau de Ville, Paraíso, São Paulo, 1985

Edifício Tamar, São Paulo, 1964, arquitetos Pedro Paulo de Melo Saraiva e Maurício Tuck Schneider

as decisões, quando o processo configurador e seu sentido são identificados. Mas, para isso, evoca-se um código ético de bondade pedagógica para provocar o desejado reconhecimento. Há imaginação e inteligência na proposta do sistema estrutural, ao mesmo tempo em que é necessária uma adesão moral: porque o discurso descarta o juízo visual,[35] porque há resistência em admitir a forma e a estética.

Em entrevista para o GFAU,[36] Saraiva explica as decisões e os movimentos relacionados com o Plano Diretor para as Humanas no campus da USP em São Paulo. Outra vez, Saraiva começa a descrever o edifício pelas suas medidas, a distância entre pilares e os generosos vãos com balanços duplos. Essa atitude, que despreza a menção ao tradicional partido como chave das razões do projeto de arquitetura, parece reafirmar que o arquiteto faz o de sempre, que a arquitetura moderna não é refém das escolhas e conceitos, mas de procedimentos estáveis que precisam de medida para que possam ser aferidos, compreendidos. As vigas Vierendeel a cada 10 metros indicam a complexidade estrutural e ajudam a entender como enfrentar um vão de 40 metros com balanços de 15 metros. Os pilares, como tubulões rasos e lapidados, sustentam vigas com mísula voltada para os apoios e altura de dois pés-direitos no plano transversal e apresentam-se no térreo com a forma trapezoidal que pontua um impressionante vão. A excentricidade causada com balanços de 15 metros a cada lado desequilibra as cargas das fachadas com momentos compensados pela ação das lajes como tirantes, são tracionadas as áreas onde a estrutura horizontal é mais baixa e delicada. Está certo Saraiva: para descrever a escola basta descrever a estrutura. Suas medidas estruturais e suas salas são a mesma coisa.

Escola de Administração Fazendária - Esaf

"Dois generosos deambulatórios configuram os vários pátios que caracterizam a Esaf. A preocupação com o microclima fica bastante explicitada com a adição do grande lago, guarnecendo a entrada principal da escola". PPMS

Escola de Administração
Fazendária - Esaf,
1º lugar em concurso
público nacional,
Brasília, 1973,
arquitetos Pedro
Paulo de Melo Saraiva
e Sérgio Ficher,
consultoria educacional
de Mayumi Souza Lima

Escola de Administração Fazendária – Esaf, detalhe da estrutura, vista do corredor externo, detalhe da escada e vista interna, Brasília, 1973, arquitetos Pedro Paulo de Melo Saraiva e Sérgio Ficher, consultoria educacional de Mayumi Souza Lima

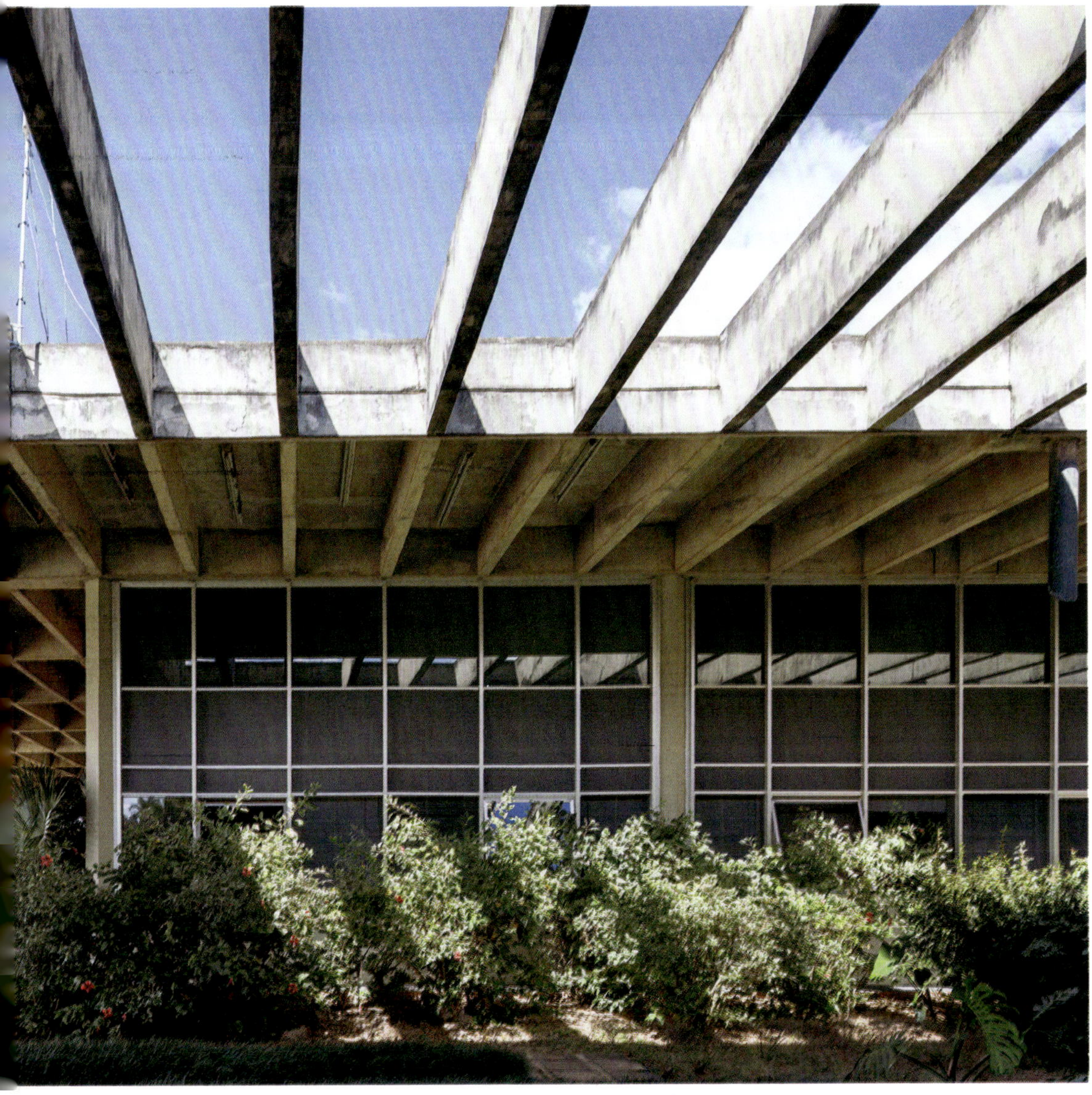

Escola de Administração Fazendária – Esaf, jardins e acesso de veículos para subsolo, Brasília, 1973, arquitetos Pedro Paulo de Melo Saraiva e Sérgio Ficher, consultoria educacional de Mayumi Souza Lima

61

ELEVAÇÃO FRONTAL

PLANTA TÉRREO

LEGENDA
1 – EDIFÍCIO PRINCIPAL
2 – RESTAURANTE E SERVIÇOS
3 – ADMINISTRAÇÃO
4 – ALOJAMENTO DE FUNCIONÁRIOS
5 – SEDE ESPORTIVA

IMPLANTAÇÃO

Escola de Administração Fazendária - Esaf, elevação frontal, planta térreo e implantação, Brasília, 1973, arquitetos Pedro Paulo de Melo Saraiva e Sérgio Ficher, consultoria educacional de Mayumi Souza Lima

64

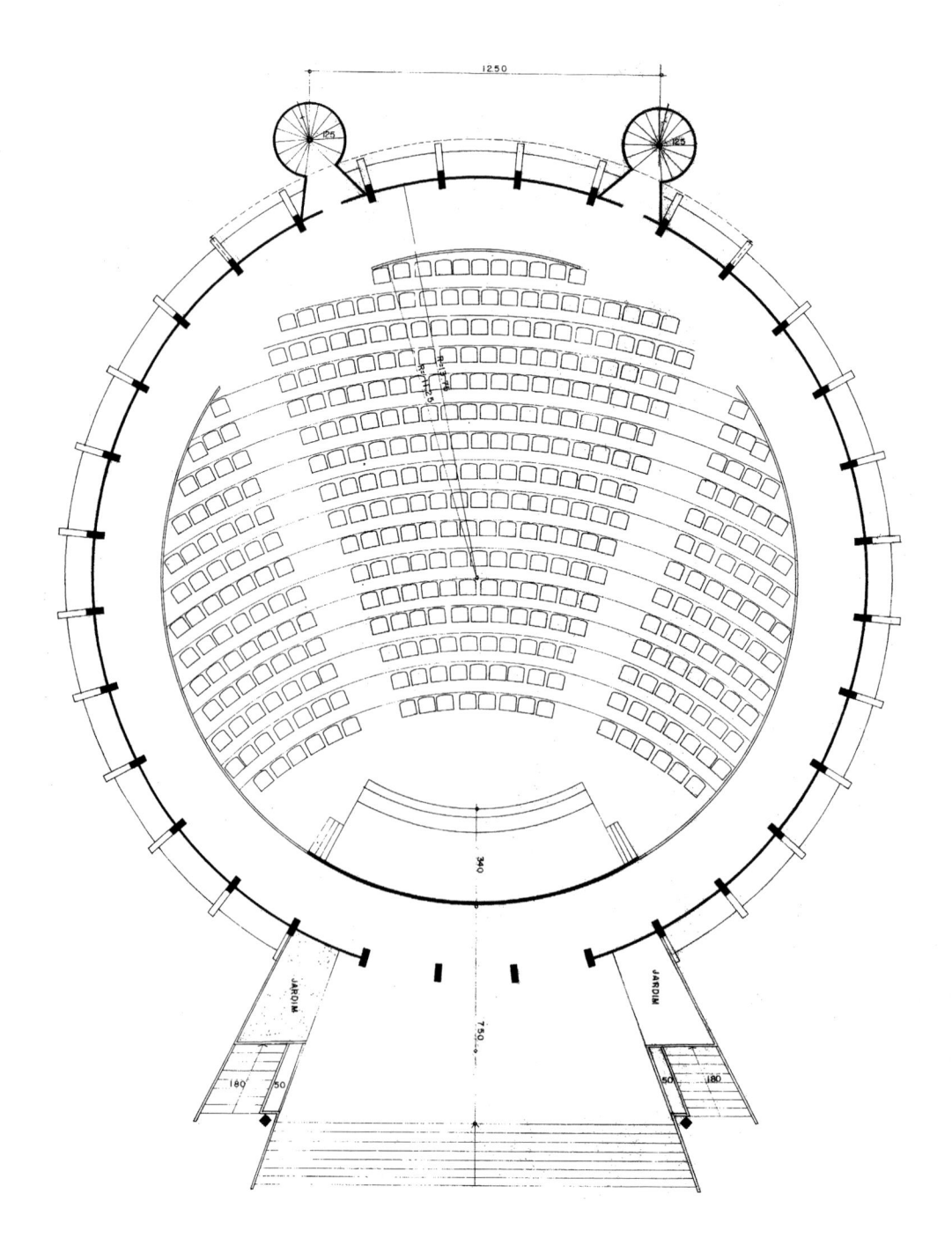

Escola de Administração Fazendária - Esaf, planta e vista do auditório, Brasília, 1973, arquitetos Pedro Paulo de Melo Saraiva e Sérgio Ficher, consultoria educacional de Mayumi Souza Lima

Edifício Chateau de Ville

"A extroversão da trama estrutural confere um aspecto singular ao edifício e, ao mesmo tempo, permite um livre agenciamento das plantas nos vários pavimentos". PPMS

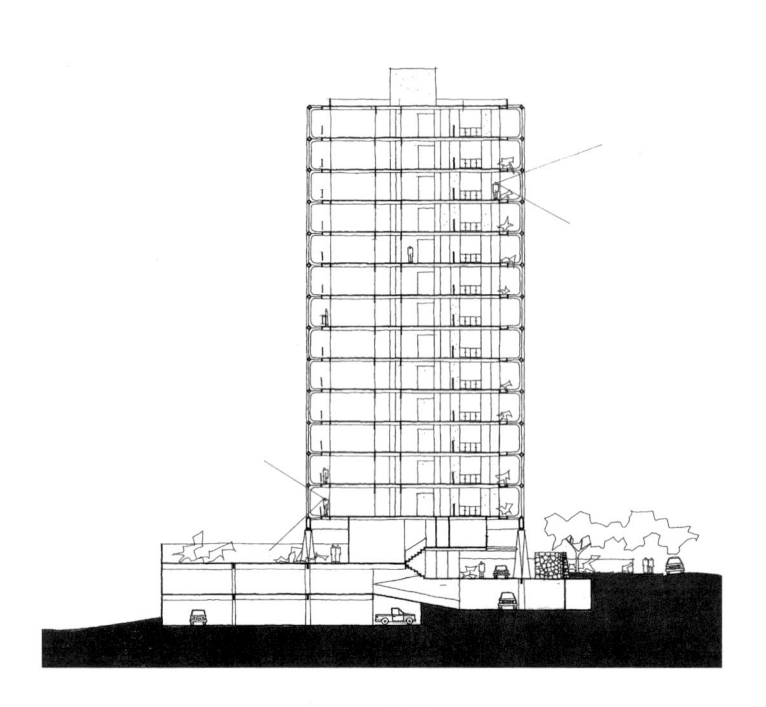

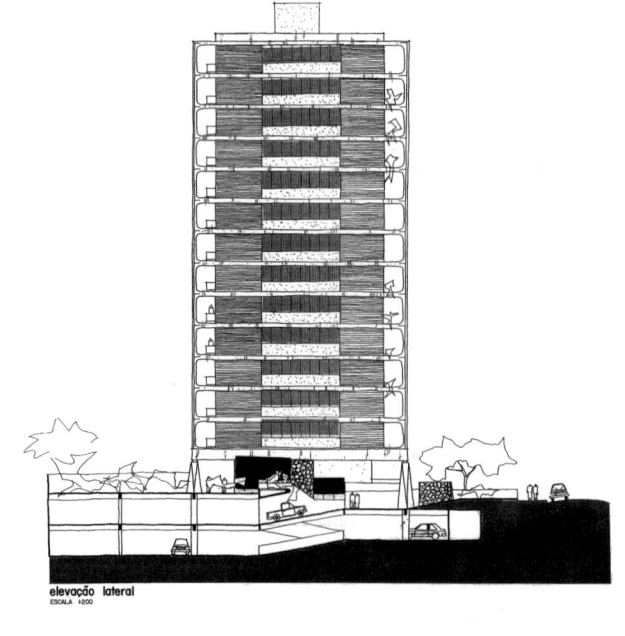

elevação lateral
ESCALA 1:200

elevação principal
ESCALA 1:200

Edifício Chateau de Ville, corte, elevações lateral esquerda e frontal; e plantas tipo, mezanino, térreo, subsolo 1 e subsolo 2, Paraíso, São Paulo, 1985

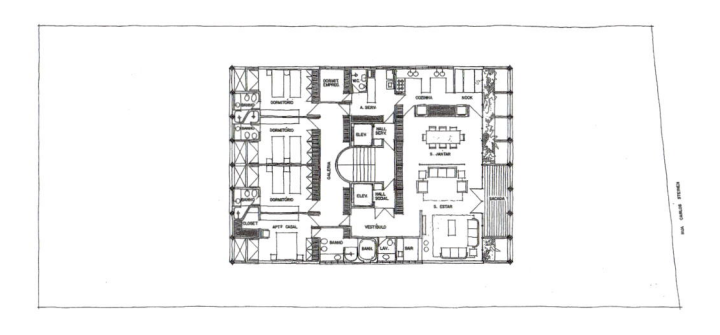

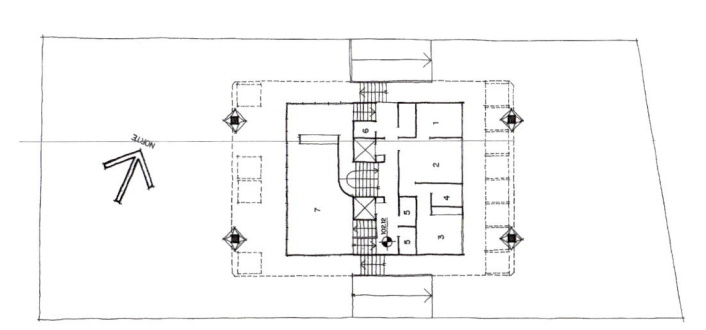

mezanino
ESCALA 1:200
1 COZINHA
2 S. ESTAR
3 DORMITÓRIO
4 BANHO
5 SANITÁRIO
6 DEPÓSITO
7 VAZIO DO SALÃO DE FESTAS

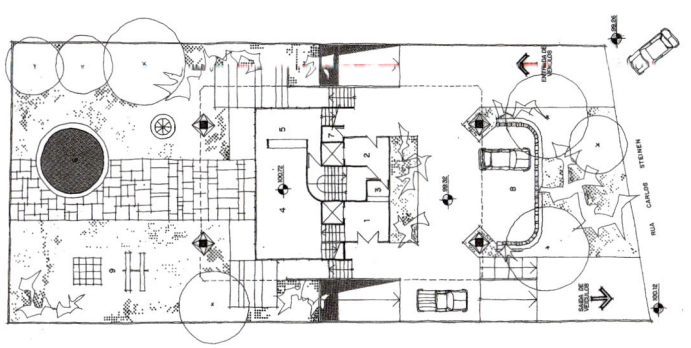

térreo
ESCALA 1:200
1 HALL SOCIAL
2 HALL SERVIÇO
3 PORTARIA
4 S. JOGOS / FESTAS
5 COPA
6 PISCINA
7 LIXO
8 ESTACIONAMENTO EXTERNO
9 PLAY GROUND

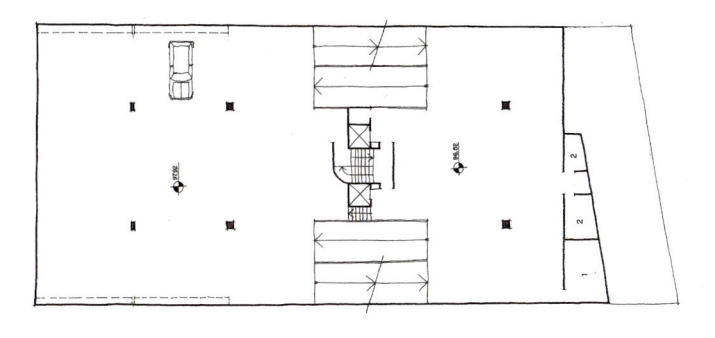

subsolo 1
ESCALA 1:200
GARAGE 22 VAGAS
1 VESTIÁRIO
2 DEPÓSITO

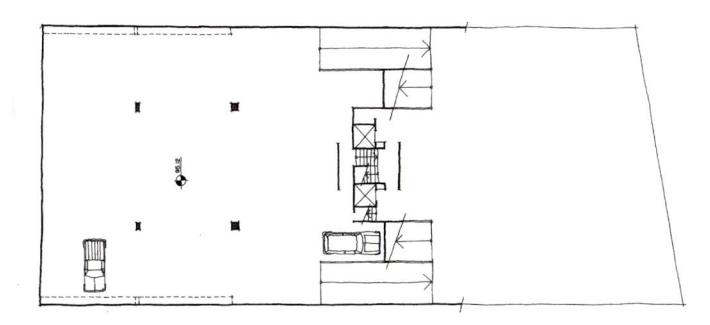

subsolo 2
ESCALA 1:200
GARAGE 17 VAGAS

Edifício Armoni
"Quatro pilares nas fachadas são assimilados pela planta e permitem ampla liberdade na apropriação dos ambientes de estar e dos dormitórios, os maiores espaços dos apartamentos". PPMS

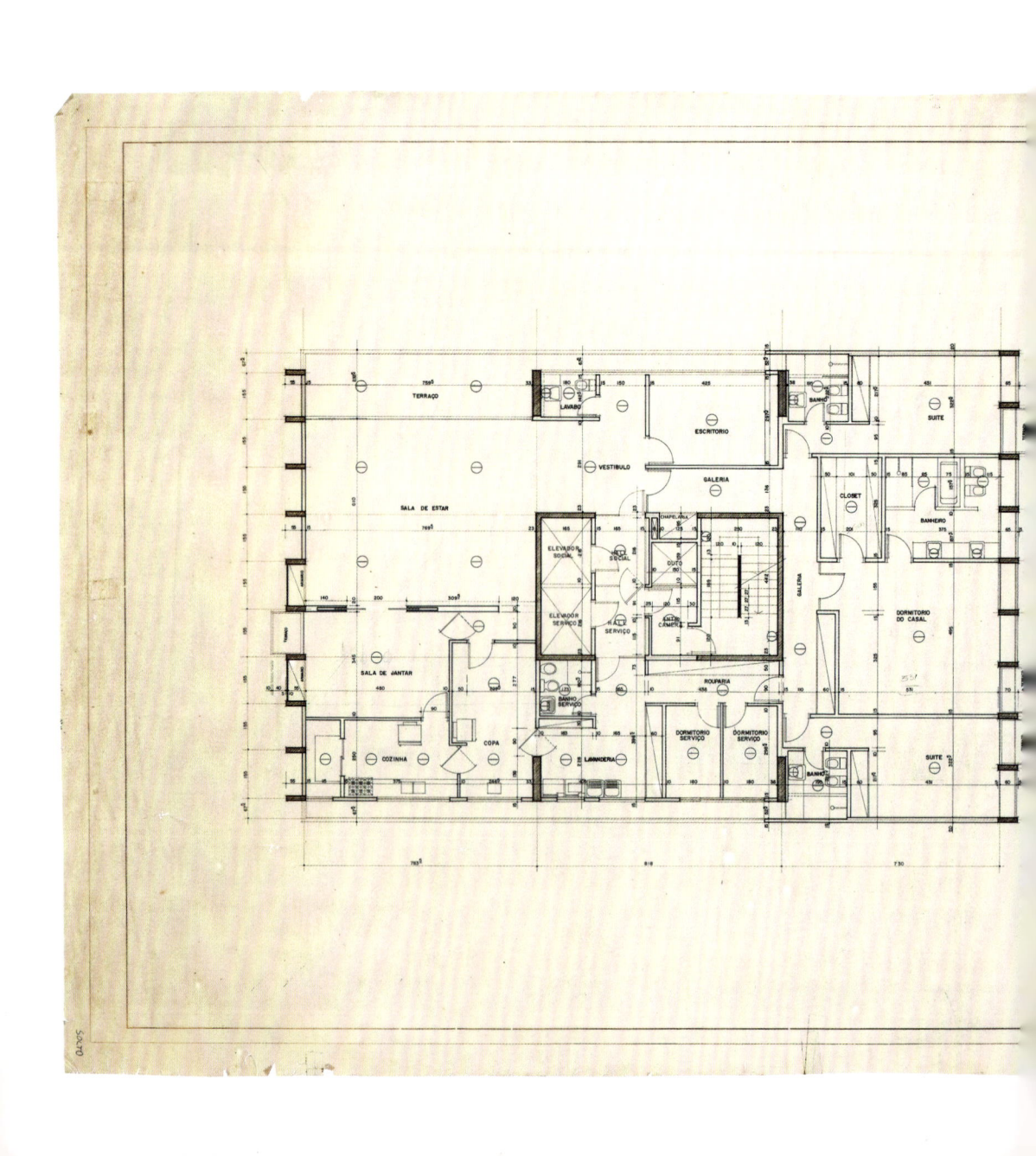

Edifício Armoni, planta pavimento tipo e vista, Cerqueira César, São Paulo, 1979, arquitetos Pedro Paulo de Melo Saraiva, Sérgio Ficher e Henrique Cambiaghi, paisagista Rosa Kliass

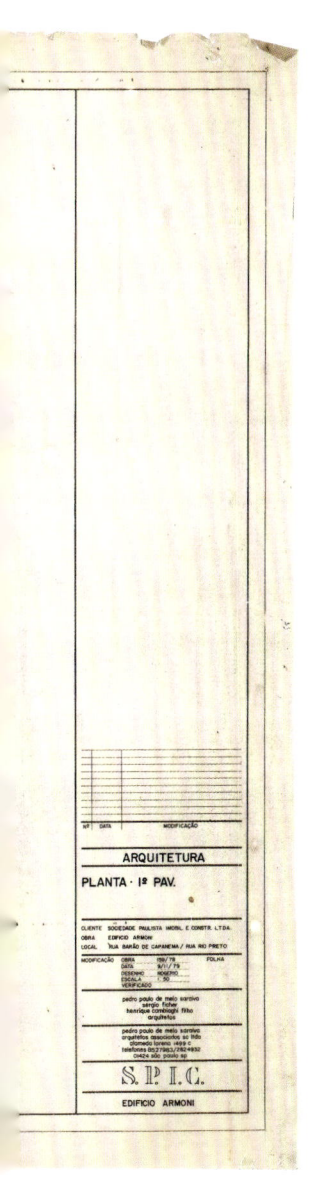

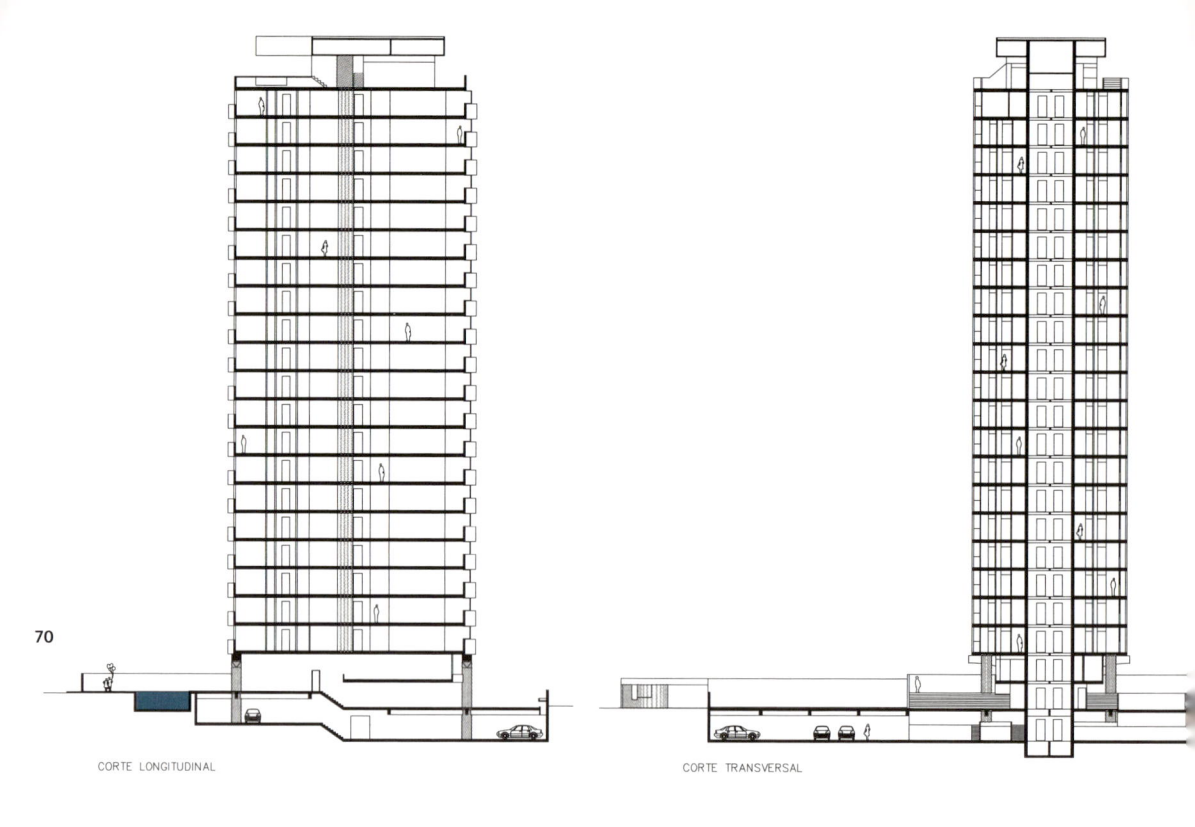

CORTE LONGITUDINAL

CORTE TRANSVERSAL

Edifício Armoni, cortes, elevações, foto da fachada principal e implantação, Cerqueira César, São Paulo, 1979, arquitetos Pedro Paulo de Melo Saraiva, Sérgio Ficher e Henrique Cambiaghi, paisagista Rosa Kliass

ELEVAÇÃO LATERAL

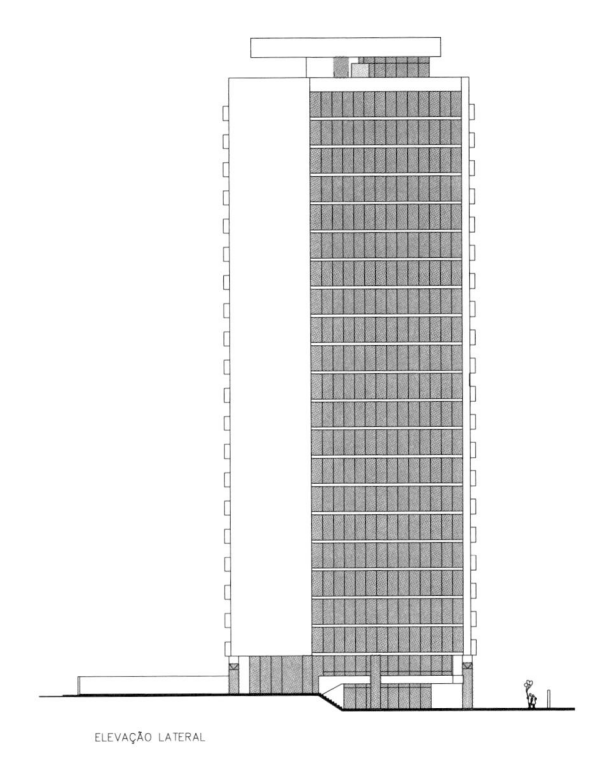

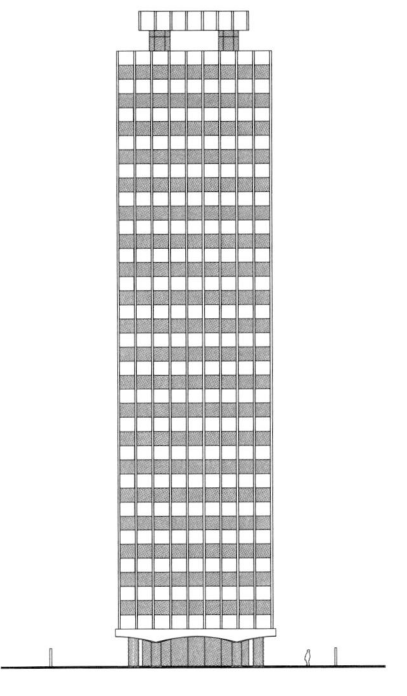

ELEVAÇÃO FRONTAL

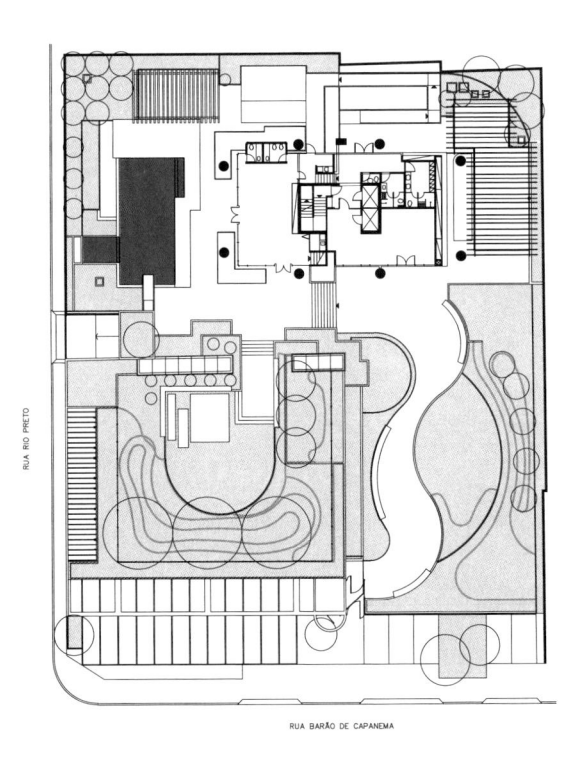

RUA RIO PRETO

RUA BARÃO DE CAPANEMA

PLANTA TÉRREO

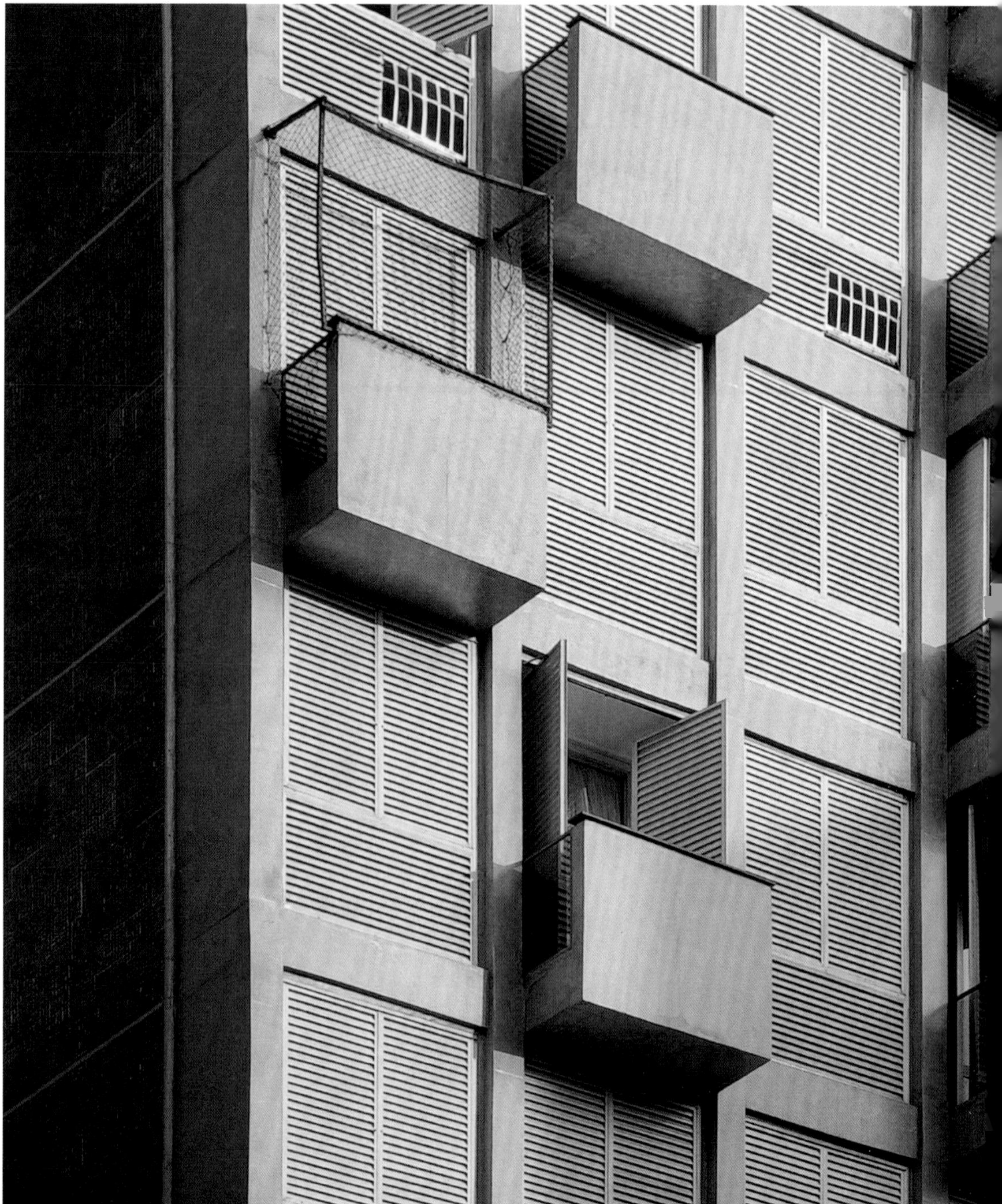

Edifício Armoni, detalhe das sacadas, entrada de veículos e subsolo, Cerqueira César, São Paulo, 1979, arquitetos Pedro Paulo de Melo Saraiva, Sérgio Ficher e Henrique Cambiaghi, paisagista Rosa Kliass

Departamento de Mineralogia, Petrologia, Geologia e Paleontologia da FFCL USP

"Ao revisar sua proposta estrutural inicial baseada no sistema de vigas Vierendeel, a atuação do engenheiro Roberto Zuccolo foi decisiva para o enriquecimento espacial". PPMS

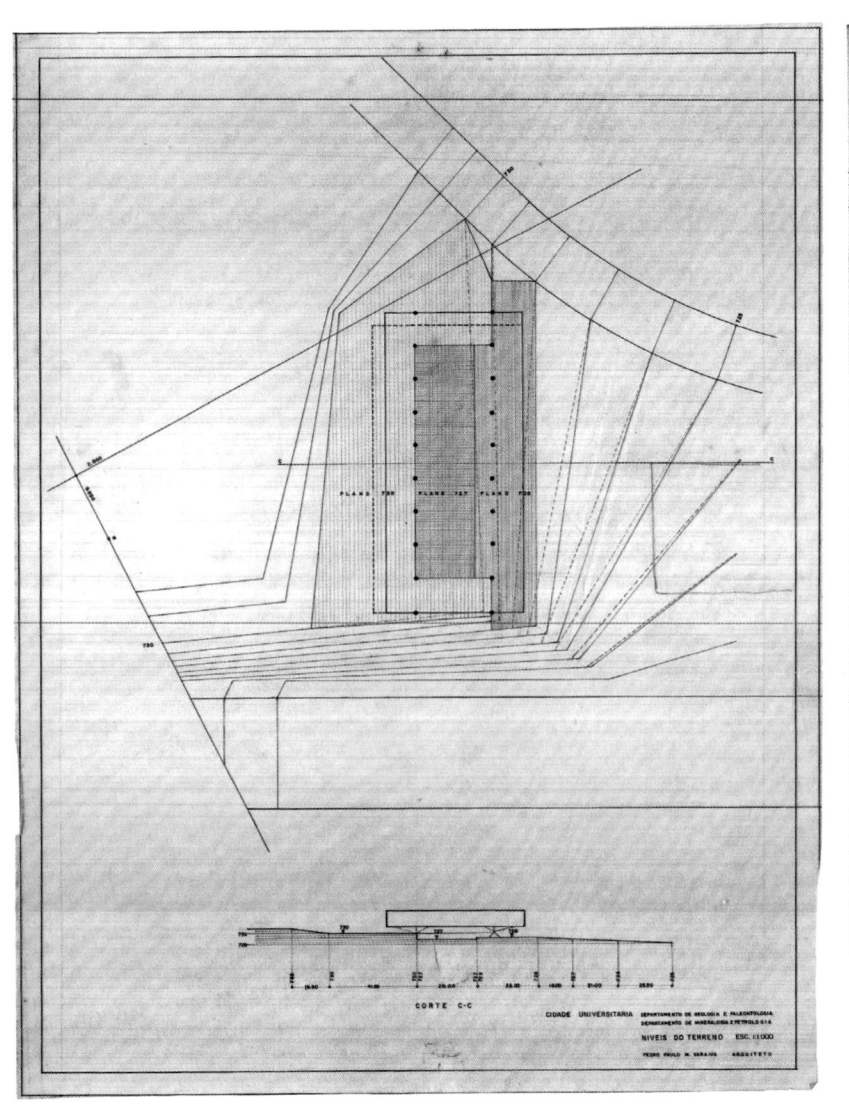

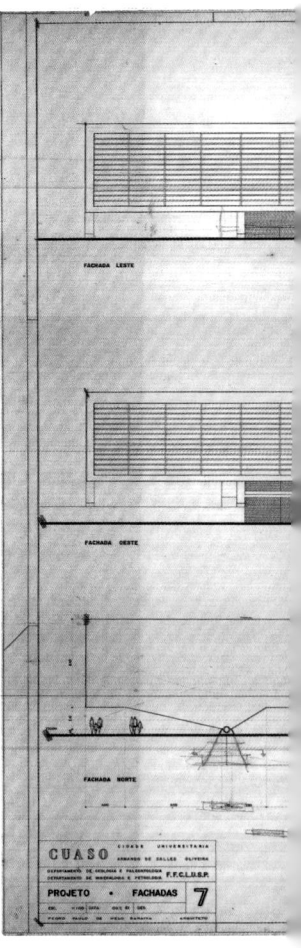

Departamento de Mineralogia, Petrologia, Geologia e Paleontologia da Faculdade de Filosofia, Ciências e Letras da USP, níveis do terreno e elevações. Cidade Universitária, São Paulo, 1961

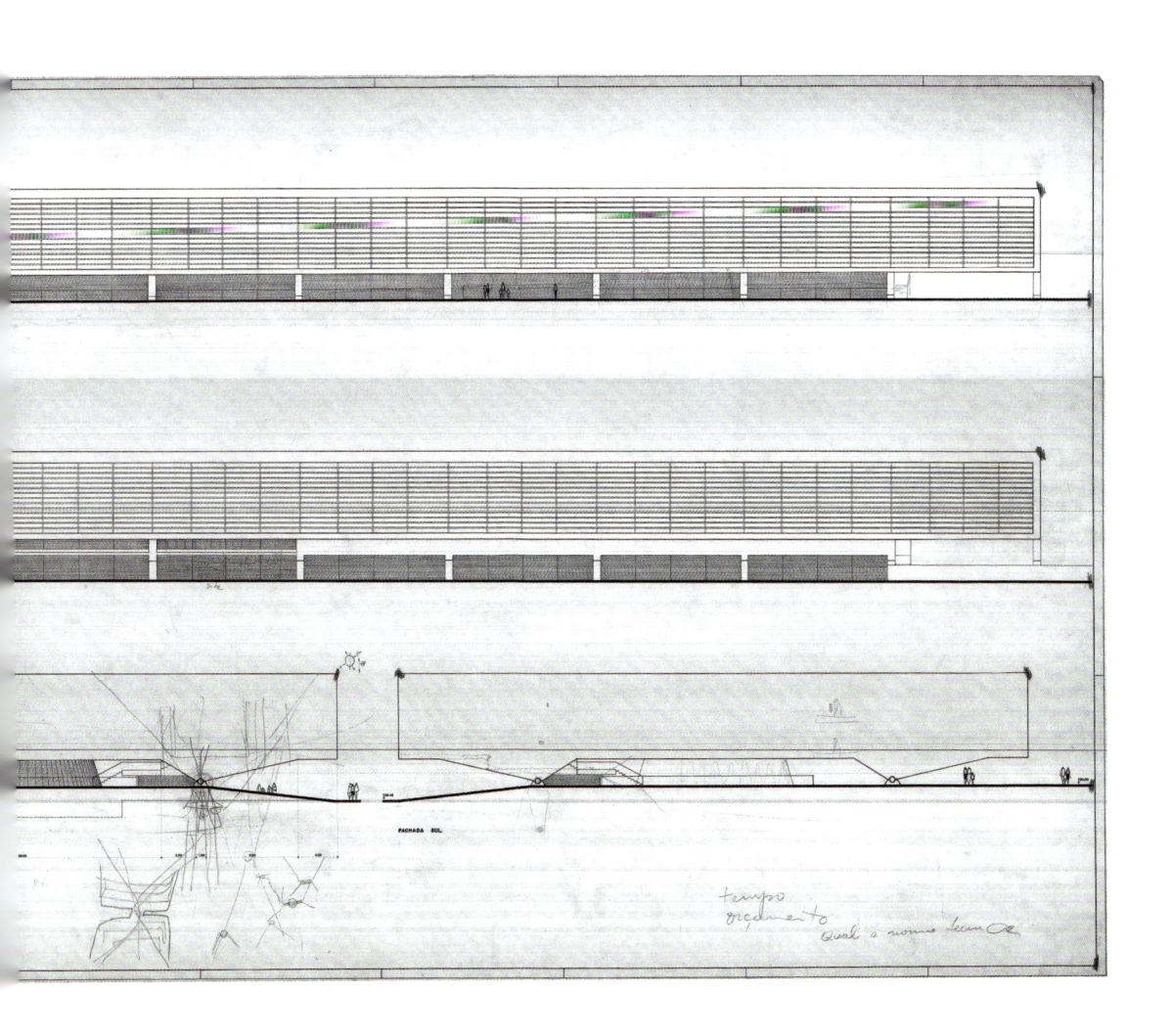

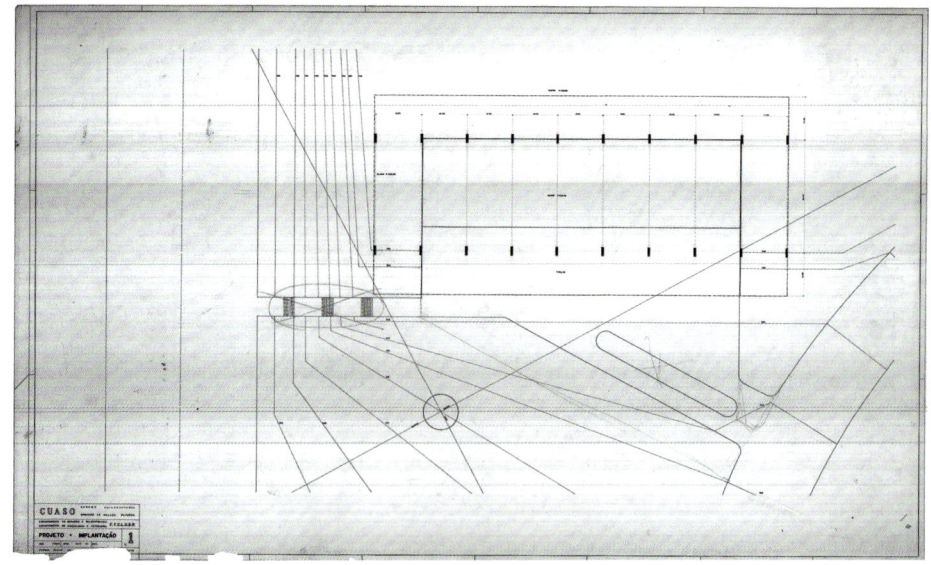

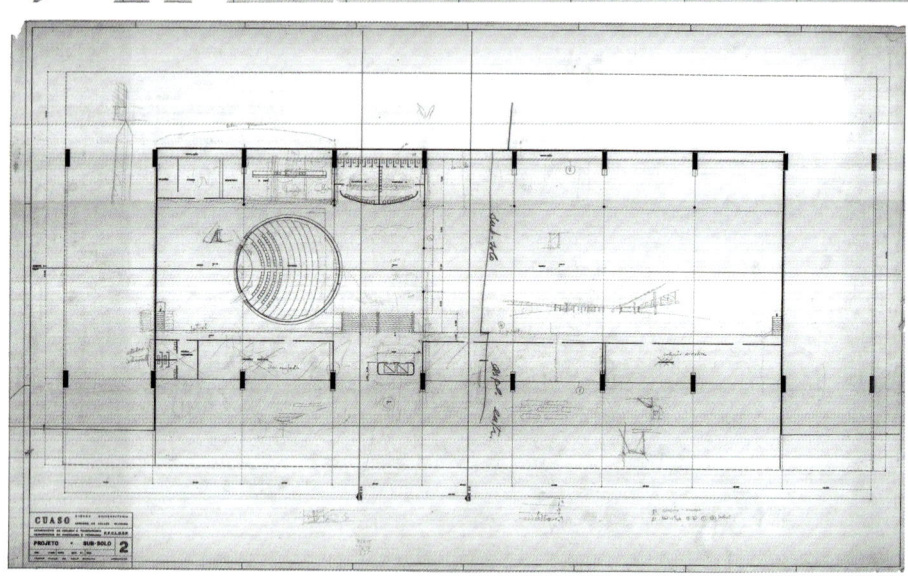

Departamento de Mineralogia, Petrologia, Geologia e Paleontologia da Faculdade de Filosofia, Ciências e Letras da USP, implantação e plantas do subsolo, térreo, 1º pavimento e 2º pavimento, Cidade Universitária, São Paulo, 1961

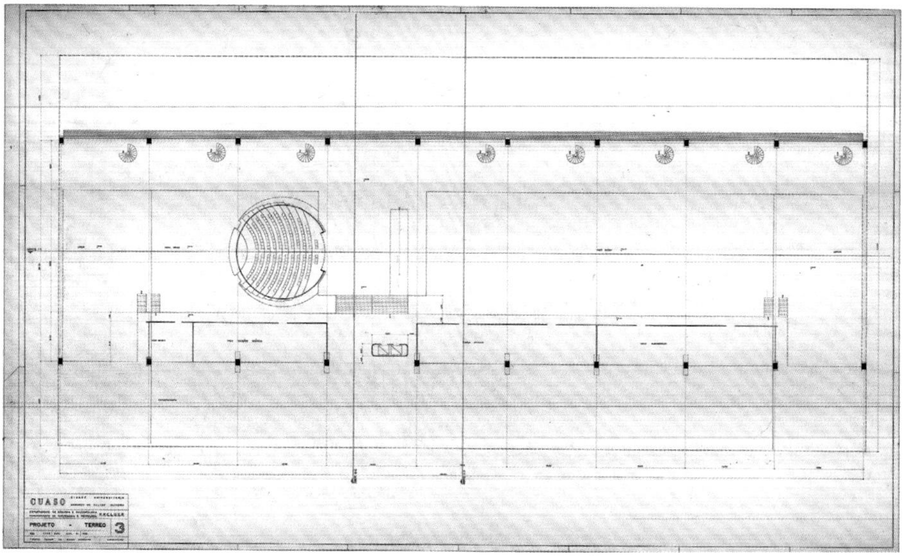
CUASO
PROJETO - TERREO
3

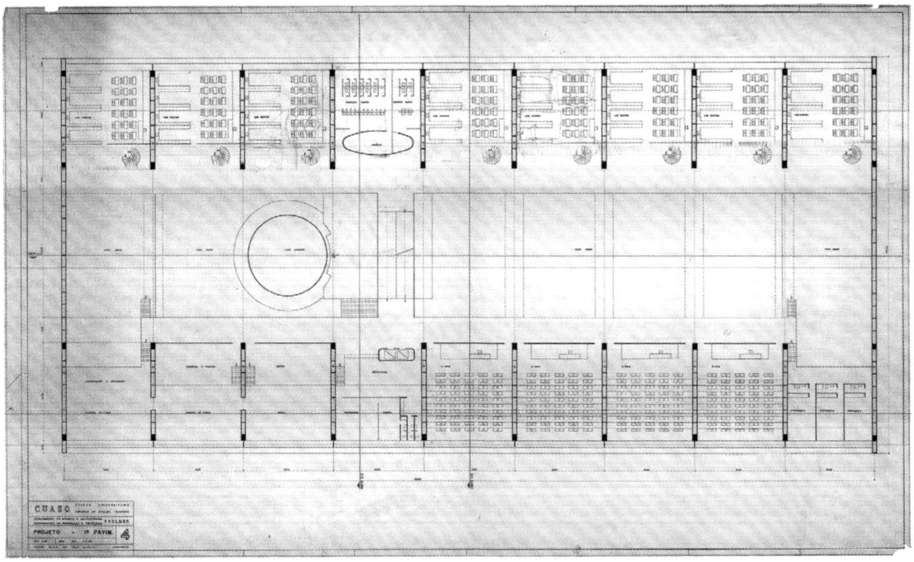
CUASO
PROJETO - 1º PAVIM.
4

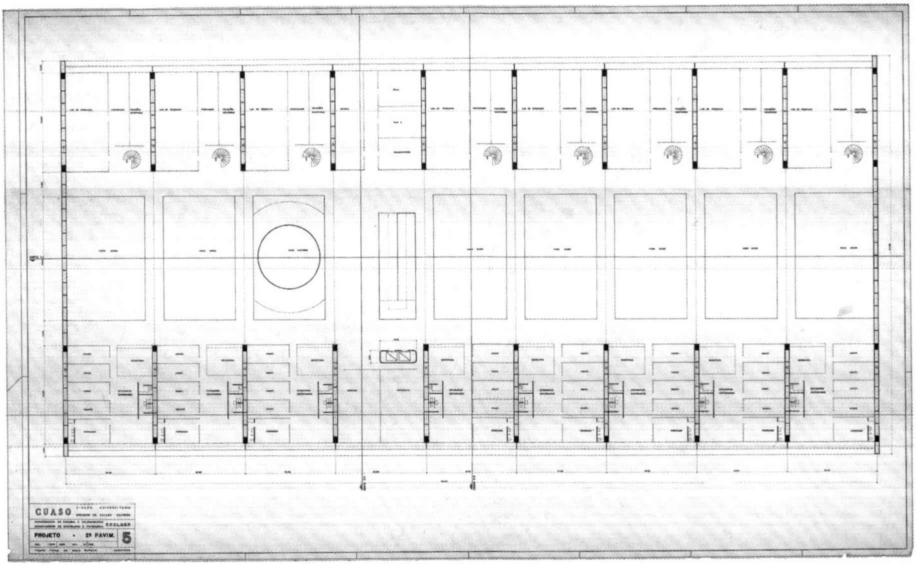
CUASO
PROJETO - 2º PAVIM.
5

Departamento de Mineralogia, Petrologia, Geologia e Paleontologia da Faculdade de Filosofia, Ciências e Letras da USP, cortes, Cidade Universitária, São Paulo, 1961

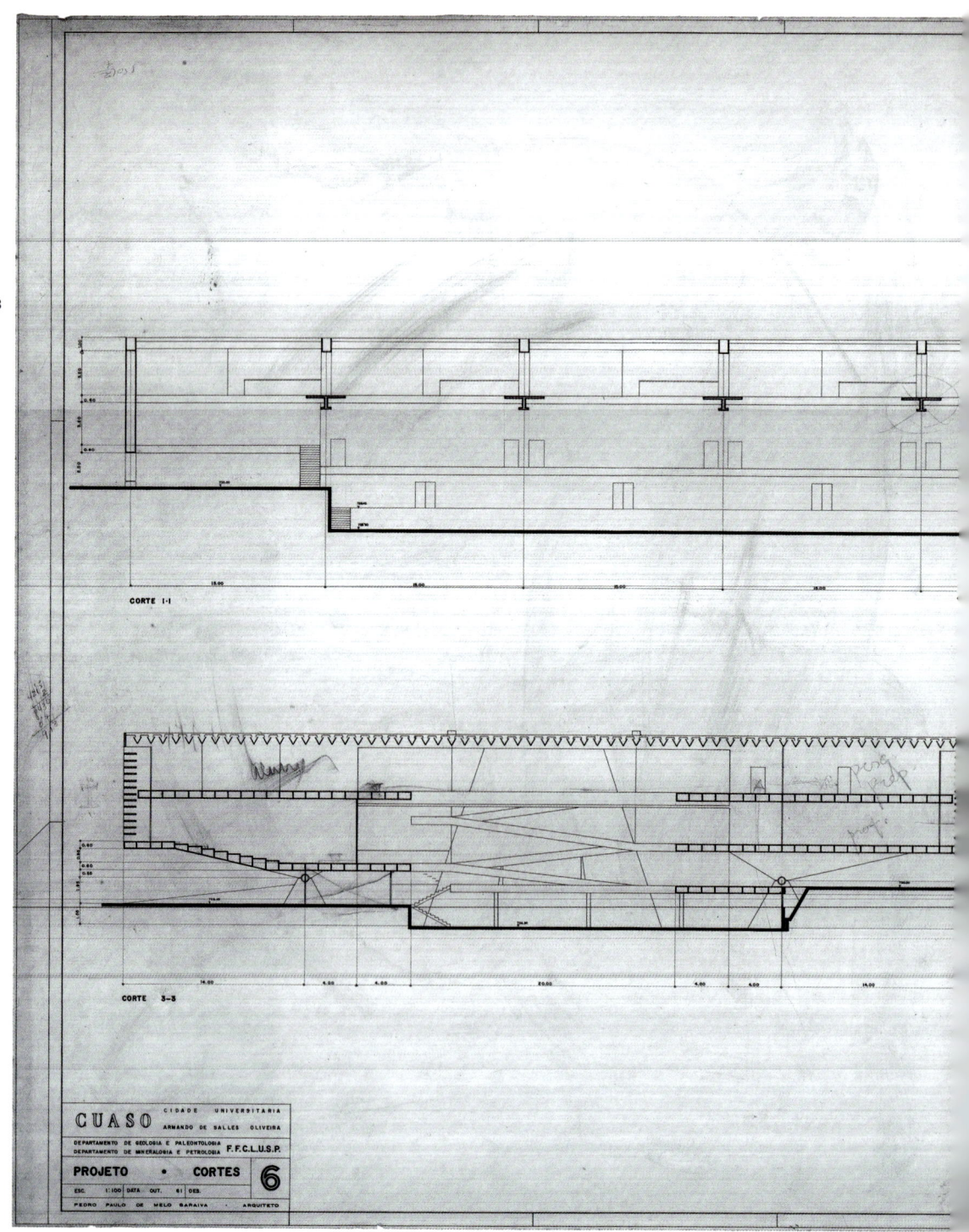

2-2

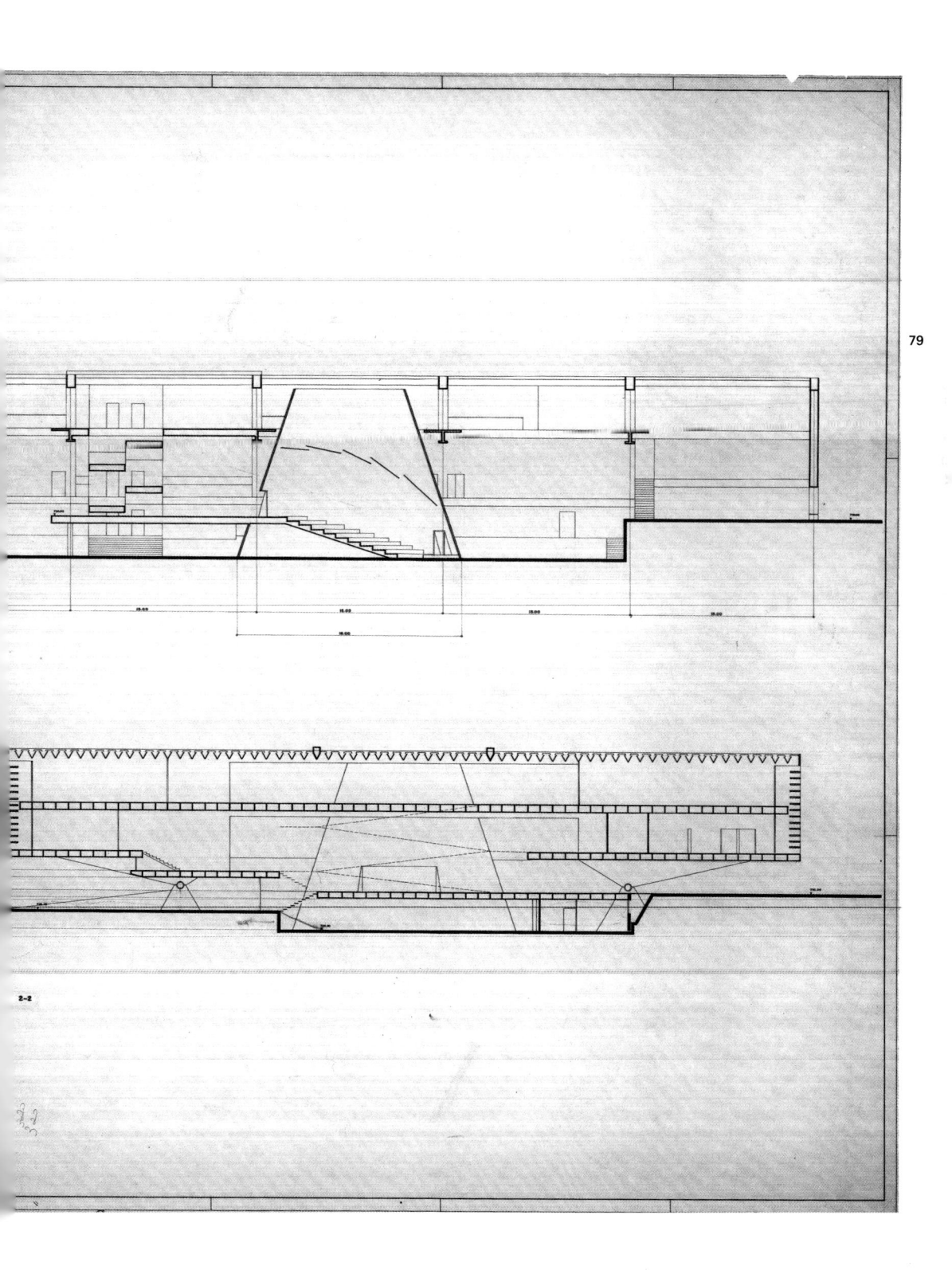

Edifício 5ª Avenida, 1º lugar em concurso privado, perspectiva, Bela Vista, São Paulo, 1958, arquitetos Pedro Paulo de Melo Saraiva e Miguel Juliano

37. No desenvolvimento posterior do projeto, se integraram à equipe os arquitetos Luiz Forte Netto e José Maria Gandolfi, paulistas formados no Mackenzie, e Abrão Assad e Vicente de Castro, paranaenses formados na Universidade Federal do Paraná.
38. Miguel Juliano possui escritório de arquitetura e habitualmente desenvolve grande quantidade de projetos na cidade de São Paulo, mas só obtém o diploma de arquiteto, pela FAU Brás Cubas de Mogi das Cruzes, em 1973. Muito antes, havia se tornado amigo e parceiro habitual de Saraiva, desde quando este o contratou como estagiário, em seu primeiro ano na faculdade.

O concurso e o prestígio

Em conversas sobre o tema do concurso de arquitetura, sua atividade predileta e disputada, explica que é uma maneira de concorrer a projetos importantes quando não se dispõe de grandes clientes. Não chega a comentar, porém pode deduzir-se que os concursos de arquitetura correspondam a um jogo emocionante, a uma competição prazerosa e irresistível em que os vencedores se distinguem. Gosta demais do assunto e avalia o projeto vencedor da segunda etapa do concurso do Edifício Sede da Petrobras no Rio de Janeiro, em 1967, vencido pelo colega e contemporâneo de Mackenzie, o paulista Roberto Gandolfi, em equipe com José Hermeto Palma Sanchotene,[37] arquiteto gaúcho formado na Universidade Federal do Paraná. Saraiva refere-se a uma planta quadrada e regular dividida em nove quadrados com quatro colunas em cada laje, seis colunas por eixo estrutural, ou 32 colunas e núcleo central para sustentar cargas, um artifício estrutural para poder cancelar, alternadamente, séries de lajes e obter os ocos no volume edificado. Dá a entender que o número de pilares é exagerado e, a seguir, indaga se o núcleo vertical ocupa todo o quadrado central, a única região ininterrupta do volume. Comenta, nas plantas com vazios alternados que definem planimetrias do tipo "+" e do tipo "x", a previsível dificuldade de produzir leiautes, já que, tantos pilares e recortes podem estorvar; faz tais considerações porque essa concepção é antípoda de seu ideal sobre posição e interferência de pilares em plantas de arquitetura. Afirma, então, que as melhores plantas são as que evitam pilares intermediários, ou internos, aquelas livres para quaisquer ambientes, para qualquer leiaute, para a atividade que for. Essa certeza define sua maneira de atuar como arquiteto, corresponde a uma norma, um ponto de partida para conceber projetos. Não por casualidade, é este o argumento que coincide com a proposta que faz em equipe com Paulo Mendes da Rocha, Sami Bussab, João Eduardo de Gennaro e Miguel Juliano (1928-2009),[38] em que reitera a grande laje livre como uma vantagem para o edifício corporativo, considerada sua presumível flexibilidade e versatilidade. Nesse momento, descreve com impressionante precisão as medidas principais da estrutura, o número de lajes e de andares da proposta. Quarenta e cinco anos depois, o edifício ainda está fresco em sua memória, números fáceis e repetidos permitem recuperar seu tipo e descrevê-lo sem hesitar.

Essa lembrança lhe traz à mente outra competição anterior, o concurso promovido pela Invicta S.A. para o edifício que mais tarde será conhecido e admirado como 5ª Avenida, de 1958, na avenida Paulista, em coautoria de Miguel Juliano, onde apresenta pórticos múltiplos com apenas duas linhas de pilares, uma novidade possível graças à inédita protensão nas lajes. É possível que esteja entre os primeiros edifícios de escritórios de São Paulo executados a partir de vigas em "T" protendidas. Praticamente toda a estrutura vertical é periférica, os vãos que propõe são sempre importantes e, por isso, a colaboração de bons calculistas é determinante para levar a cabo a concepção. Deve ser por esse motivo que engenheiros gostam de trabalhar com Saraiva, porque seus projetos admiram os limites. Do mesmo ano é o 2º lugar no concurso da Assembleia Legislativa do Rio Grande do Sul, em equipe com os arquitetos Maurício Tuck Schneider e Jorge Wilheim, o veterano entre os três, ajudados pelos estudantes José Maria Gandolfi, Luiz Forte Netto e Ubirajara Mota Lima Ribeiro, que faz as perspectivas. Saraiva conhece Schneider desde os tempos do Colégio Rio Branco.

Quando a conversa retorna ao edifício da Petrobras, constata-se a inexistência de desenhos da proposta feita para o concurso, e ao surgir perguntas sobre o projeto, Saraiva compromete-se a preparar um desenho explicativo. Como é de se esperar, produz esquemas com notável precisão, medidas e informações – não retorna com rabiscos, ou indicações imprecisas de um partido, mas com um desenho montado em escala sobre papel quadriculado. Acrescenta que consegue reproduzir o esquema porque recorda perfeitamente das medidas que definem as plantas e a estrutura, lembra-se também do engenheiro politécnico Siguer Mitsutani (1923-1994) acatar as medidas sugeridas para o cálculo. Uma planta retangular com 81 metros de comprimento por 45 metros de largura com dois pares de linhas duplas e opostas de pilares espaçadas em quadrados de 9m x 9m nas fachadas longitudinais que formam vãos centrais três vezes maiores, com 27 metros de largura, ou uma respeitável laje desimpedida com 2.187 metros quadrados. Um conceito estrutural engenhoso prevê que o eixo interno de pilares seja comprimido, sustente as lajes, enquanto a bateria de pilares nas fachadas seja tracionada como uma sucessão de tirantes, que contrabalançam a flexão do impressionante vão central.

Concurso para Edifício Sede da Petrobras, plantas pavimento tipo, térreo e subsolo e corte transversal, Rio de Janeiro, 1963, arquitetos Pedro Paulo de Melo Saraiva, Paulo Mendes da Rocha, João Eduardo de Gennaro, Miguel Juliano e Sami Bussab. Croquis feito de memória pelo arquiteto em 2014 do projeto apresentado em concurso público

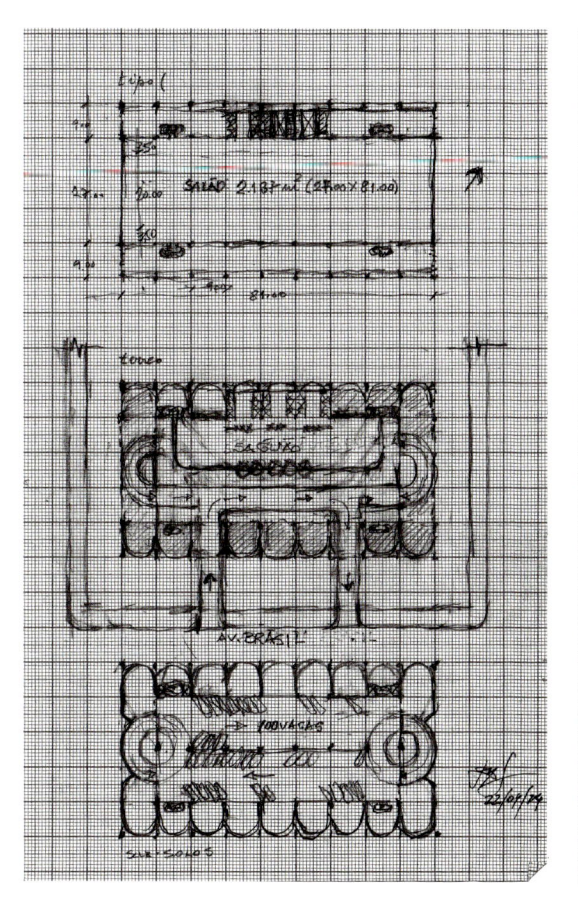

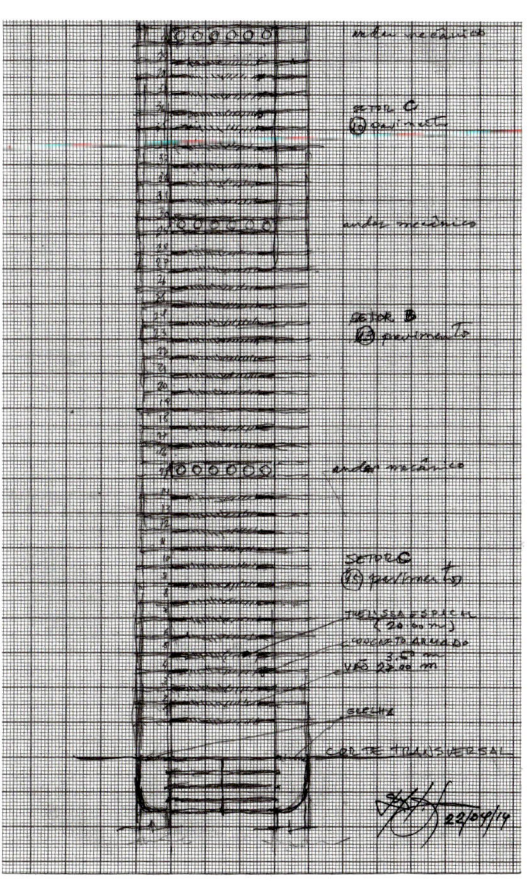

Sede do Conselho Federal de Engenharia, Arquitetura e Agronomia – Confea

"A diáfana *pele* que guarnece as fachadas nascente e poente empresta ao edifício alterações significativas ao longo do dia: opaca sob a luz do sol, transparente à noite". PPMS

Sede do Conselho Federal de Engenharia, Arquitetura e Agronomia - Confea, Brasília, 2007, arquitetos Pedro Paulo de Melo Saraiva, Pedro de Melo Saraiva e Fernando de Magalhães Mendonça

Sede do Conselho Federal de Engenharia, Arquitetura e Agronomia - Confea, vista das passarelas de manutenção, detalhe da estrutura da fachada e vista do corredor externo, Brasília, 2007, arquitetos Pedro Paulo de Melo Saraiva, Pedro de Melo Saraiva e Fernando de Magalhães Mendonça

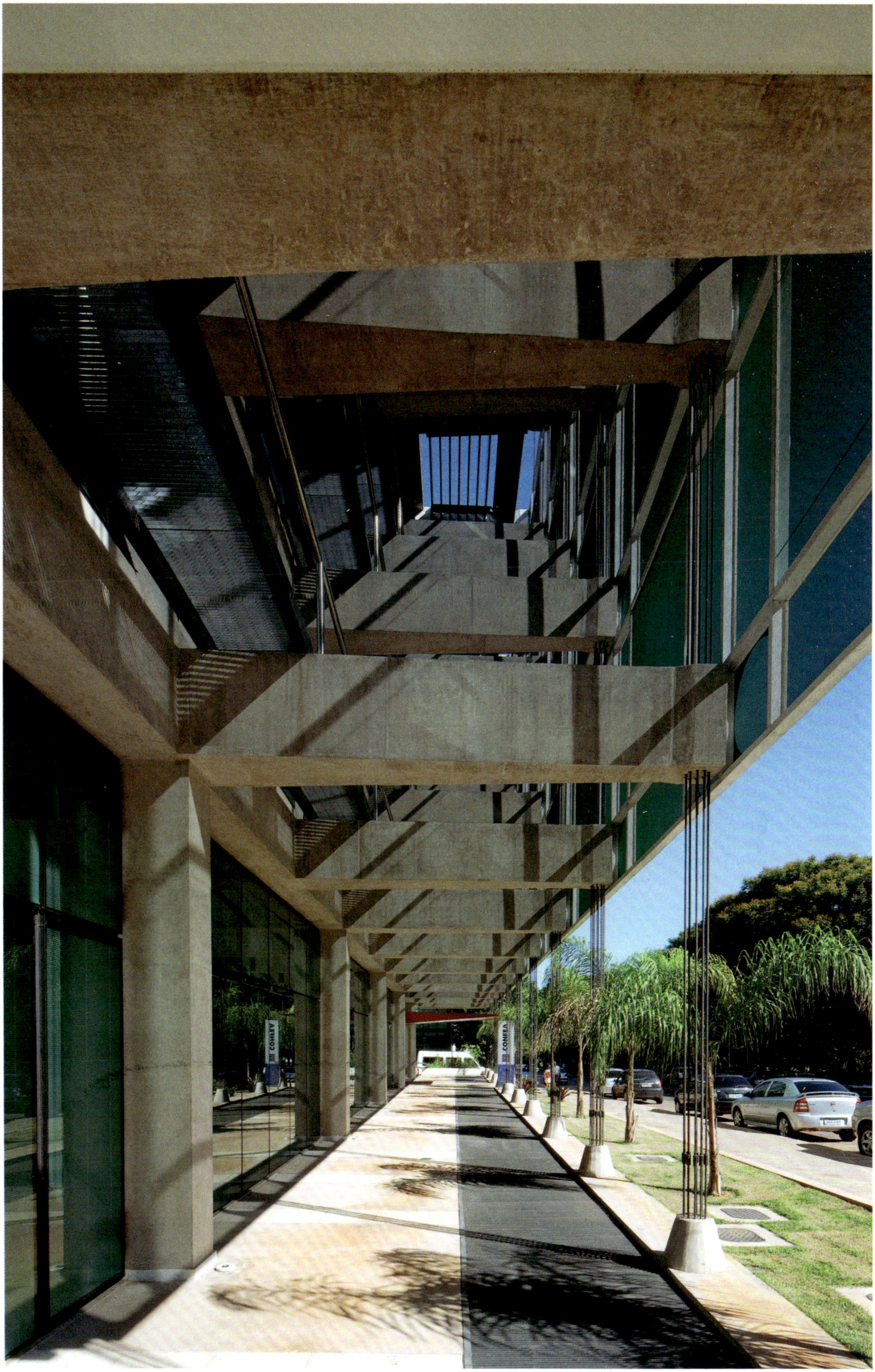

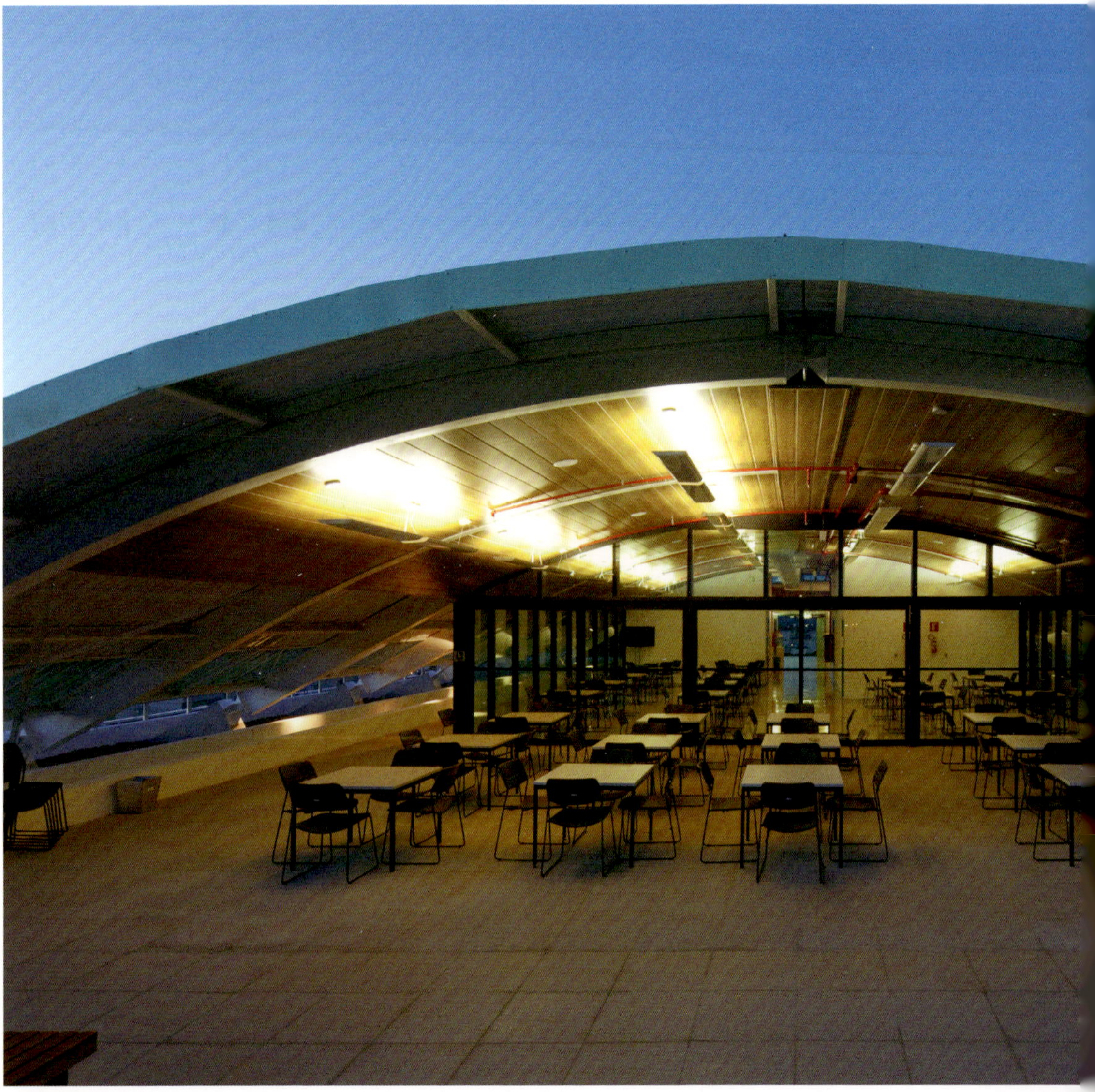

Sede do Conselho Federal de Engenharia, Arquitetura e Agronomia – Confea, vista do restaurante, do plenário e do escritório, Brasília, 2007, arquitetos Pedro Paulo de Melo Saraiva, Pedro de Melo Saraiva e Fernando de Magalhães Mendonça

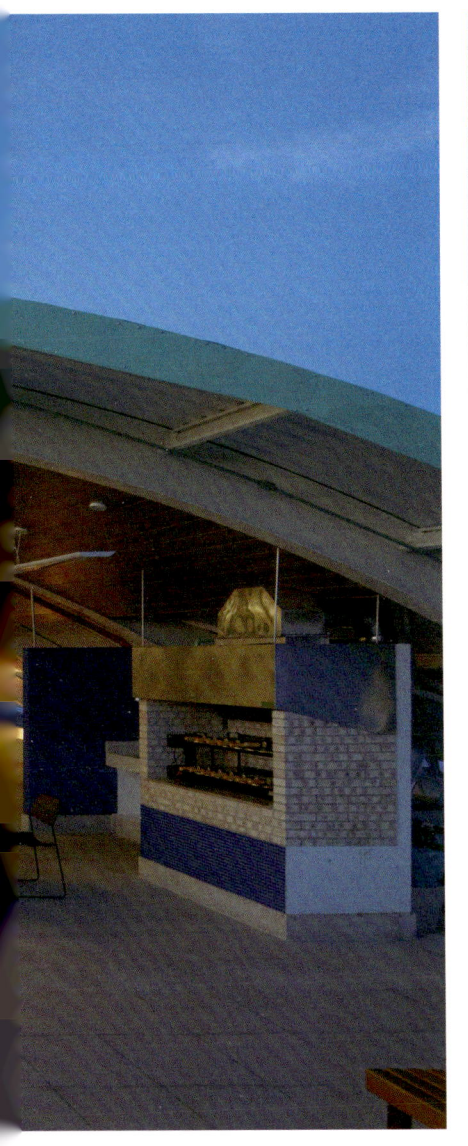

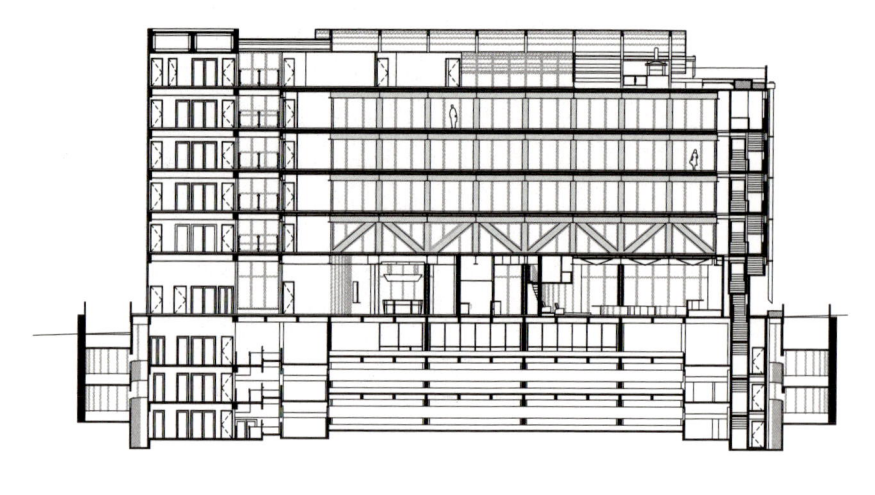

CORTE LONGITUDINAL

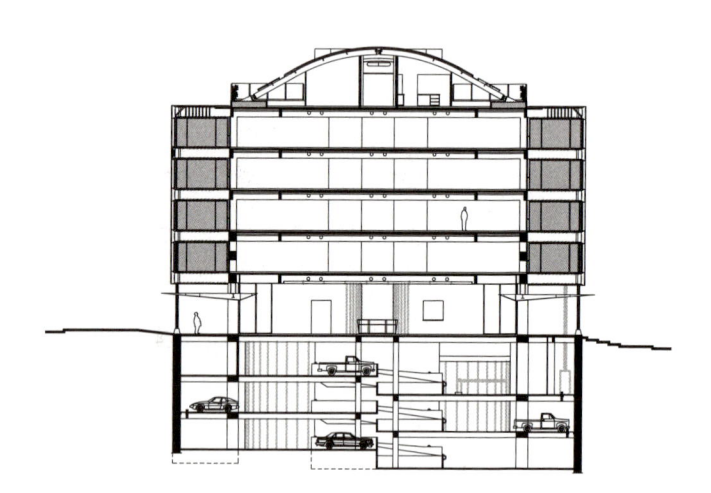

CORTE TRANSVERSAL

Sede do Conselho Federal de Engenharia, Arquitetura e Agronomia - Confea, cortes longitudinal e transversal, plantas térreo, pavimento tipo e restaurante, Brasília, 2007, arquitetos Pedro Paulo de Melo Saraiva, Pedro de Melo e Fernando de Magalhães Mendonça

PLANTA TÉRREO

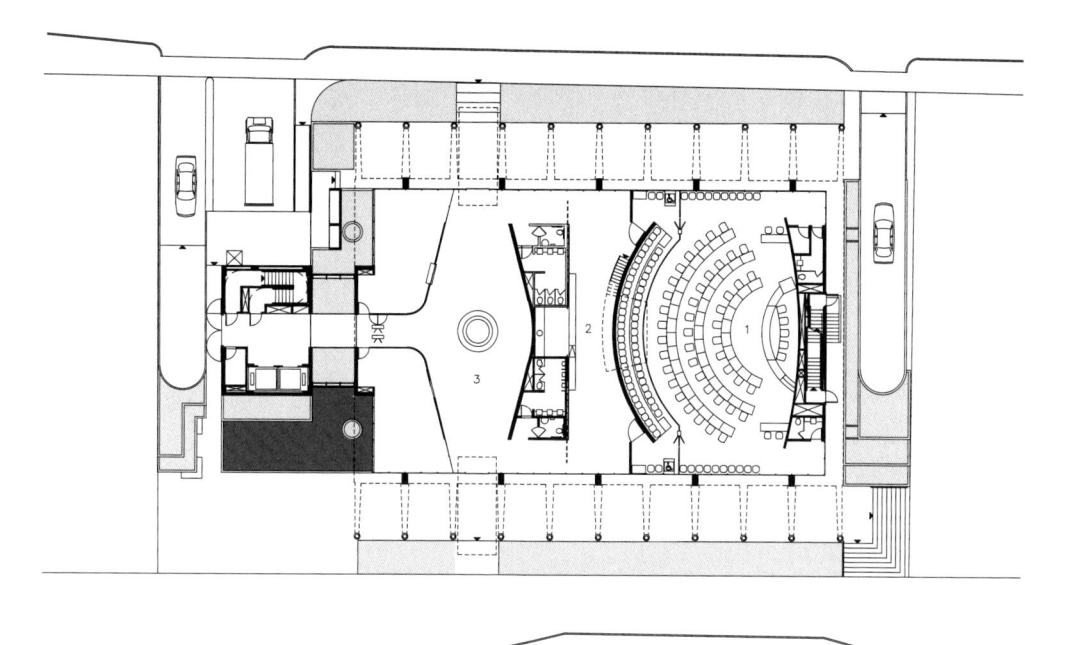

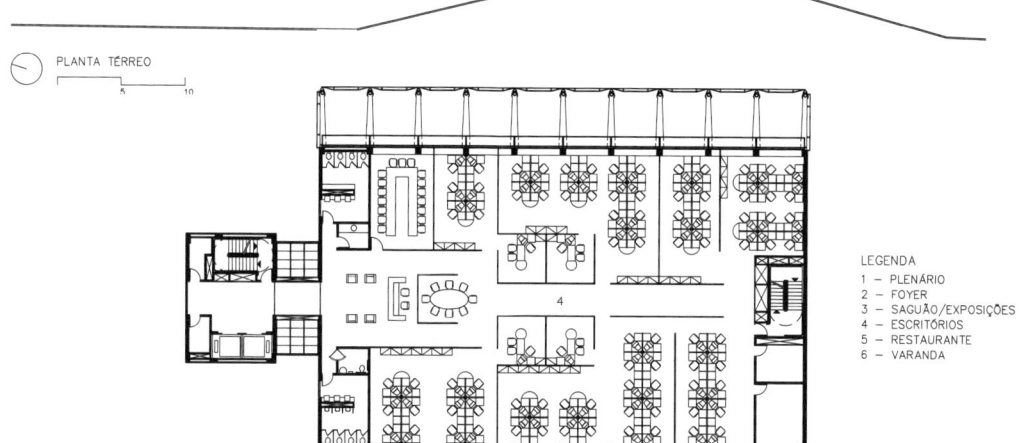

PLANTA PAVIMENTO TIPO

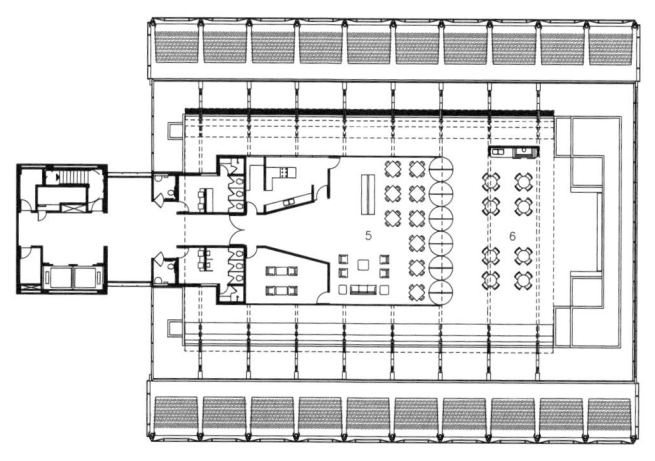

LEGENDA
1 — PLENÁRIO
2 — FOYER
3 — SAGUÃO/EXPOSIÇÕES
4 — ESCRITÓRIOS
5 — RESTAURANTE
6 — VARANDA

PLANTA COBERTURA/RESTAURANTE

39. No concurso para um edifício patrimonial em terreno do Confea, em 1999, a equipe de Saraiva se classifica em segundo lugar. Oito anos depois, já com o projeto executivo desenvolvido pelo vencedor do concurso, os promotores chamam a segunda e terceira equipes classificadas para revisar as propostas apresentadas no concurso e adaptá-las ao programa do edifício sede. Desses dois projetos pré-selecionados, segundo critérios próprios do Conselho, escolhe-se o projeto da equipe de Saraiva para desenvolvimento e execução. O projeto, desenvolvido e implantado entre 2007 e 2010, contou a colaboração de diversos profissionais: arquitetos Christian Nobre, Luciano Braga de Lima, Thiago Pillegi, Camilo Kolomi, Luiz Nogueira, Luiz Gustavo Faria, Alex Lima de Holanda, Ricardo Kinai, Noemi Y. Kayo, Claudio T. Reuss e Gustavo Cedroni (estagiário); paisagista Vera Ilce Monteiro da Silva Cruz e engenheiros Dickran Berberian, Julio Fruchtengarten e Jorge Zaven Kurdjean.

Se essa é uma solução estrutural sem qualquer repercussão no concurso vencido pelos colegas, fica na memória para ser retomada em outra oportunidade, no concurso para um edifício patrimonial do Conselho Federal de Engenharia, Arquitetura e Agronomia – Confea em Brasília, em 2009.[39] Nesse caso a solução estrutural é mista, combina concreto armado com aço. Os pilares são concretados com pares de braços múltiplos, simétricos e engastados com balanço de 3,75 metros dos lados interno e externo para formar um "T" na altura das vigas das lajes. Os braços externos, os das fachadas, estão tracionados em direção ao solo por cabos de aço, enquanto os braços internos recebem em suas pontas as cargas das vigas metálicas de 15 metros para sustentar lajes sem qualquer apoio intermediário – lajes de 30 metros de largura com vão livre entre pilares de 22,5 metros. Com esse artifício, minimiza-se o momento máximo e a deformação da estrutura horizontal. A ancoragem dos cabos de aço na parede de contenção no estacionamento subterrâneo favorece sua estabilidade.

Com essa estrutura o arquiteto comemora a planta ideal, ou seja, uma laje com 22,5m x 35m, ou 787,5 m², sem qualquer pilar intermediário. A distância de 3,5 metros entre vigas e tirantes metálicos é adequada para os vãos das esquadrias nos andares típicos, mas acaba duplicada por uma viga treliça de concreto triangulada com as vigas de borda das duas últimas lajes e faz a transição das cargas para os pilares no térreo distantes entre si o equivalente a duas vigas. Com tantos recursos estruturais e com balanço nos dois sentidos, surge um contrassenso quando os tirantes das empenas laterais não contam com pilares para produzir a alavanca que equilibra as deformações e o carregamento das lajes.

No concurso para o Salão de Festas do Esporte Clube Sírio, em 1966, vencido em equipe com os arquitetos Sami Bussab e Miguel Juliano, são feitas considerações sobre a forma urbana. Saraiva explica que o terreno triangular entre a avenida Indianópolis e a alça da avenida Ruben Berta recomenda uma construção com formato circular, mas que essa convicção o atormenta quando imagina que todos os concorrentes vão desenvolver a mesma ideia e, portanto, a solução cuja relação formal parece aderente no terreno vai parecer vulgar quando reiterada por muitos concorrentes. Acrescenta que depois de dar muitas voltas ao problema conclui que, inegavelmente, o cilindro estabe-

Salão de Festas do Esporte Clube Sírio, foto da obra, Planalto Paulista, São Paulo, 1966, arquitetos Pedro Paulo de Melo Saraiva, Miguel Juliano e Sami Bussab

Salão de Festas do Esporte Clube Sírio

"A geometria do terreno sugeriu a adoção de edifício circular. O acesso geral articula-se ao sistema viário, sem prejuízo do trânsito. Burle Marx se inspira na estrutura com hexágonos e triângulos de Mário Franco para realizar um dos seus dois projetos com formas geométricas". PPMS

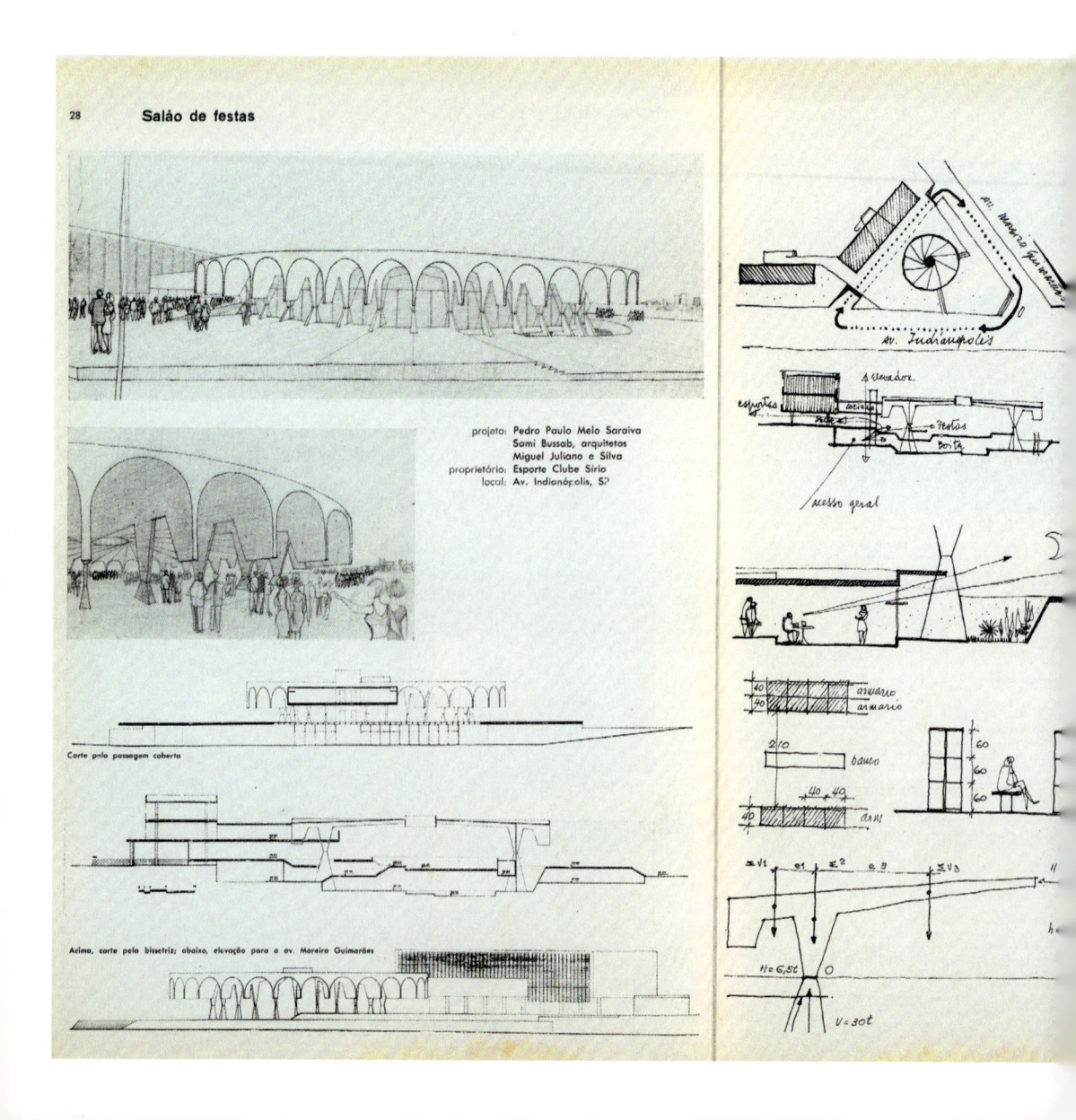

Salão de festas

projeto: Pedro Paulo Melo Saraiva
Sami Bussab, arquitetos
Miguel Juliano e Silva
proprietário: Esporte Clube Sírio
local: Av. Indianópolis, SP

Corte pela passagem coberta

Acima, corte pela bissetriz; abaixo, elevação para a av. Moreira Guimarães

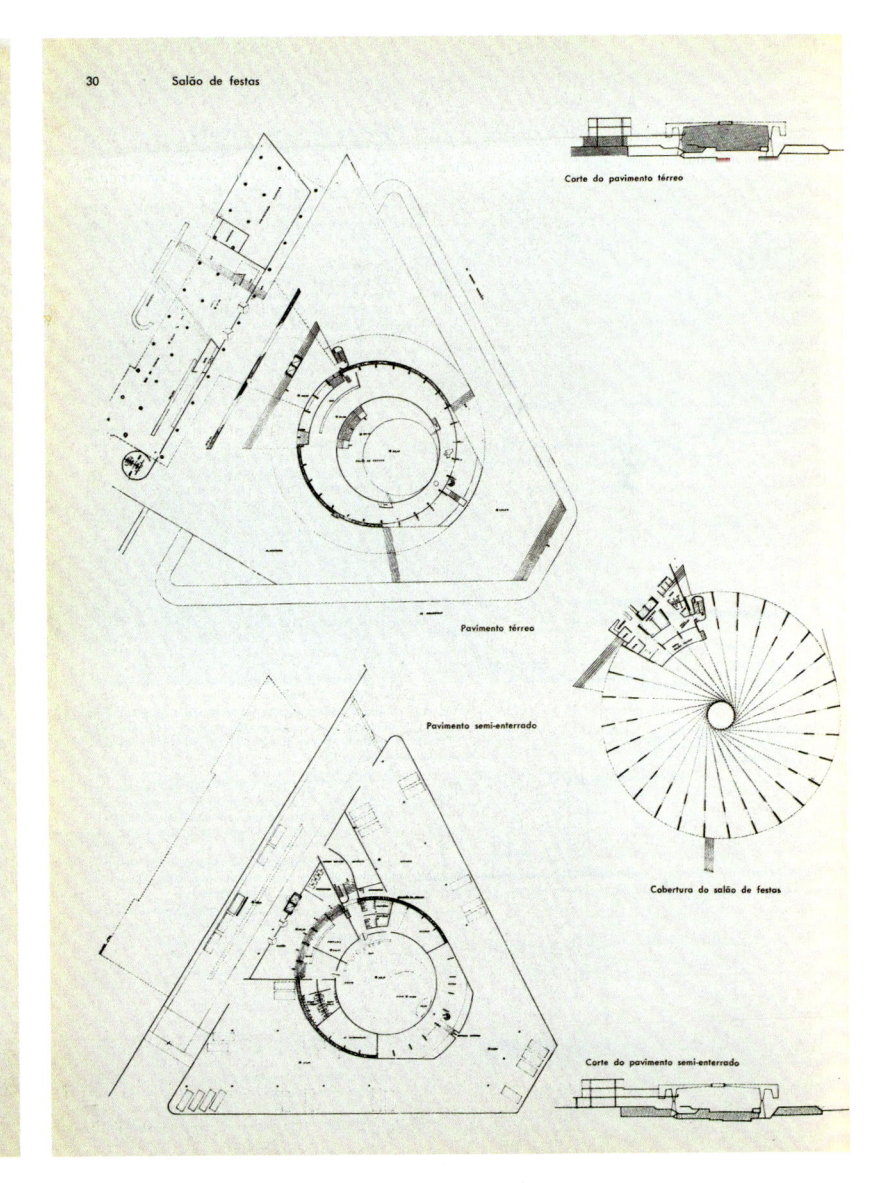

Salão de Festas do Esporte Clube Sírio, publicação na revista *Acrópole* do projeto vencedor em concurso privado, São Paulo, 1966, arquitetos Pedro Paulo de Melo Saraiva, Miguel Juliano e Sami Bussab. O sistema radial das vigas, tangenciando o anel central de travamento, foi posteriormente alterado

96

Salão de Festas do Esporte Clube Sírio, detalhes da estrutura e vista da fachada principal, Planalto Paulista, São Paulo, 1966, arquitetos Pedro Paulo de Melo Saraiva, Miguel Juliano e Sami Bussab, paisagista Roberto Burle Marx

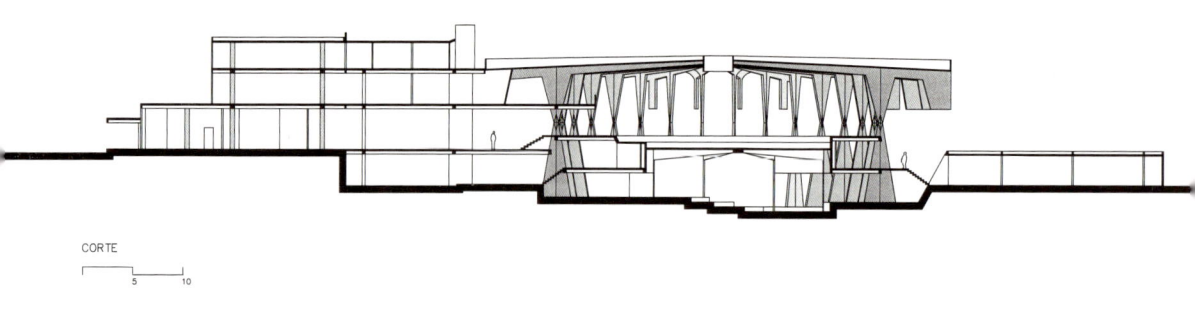

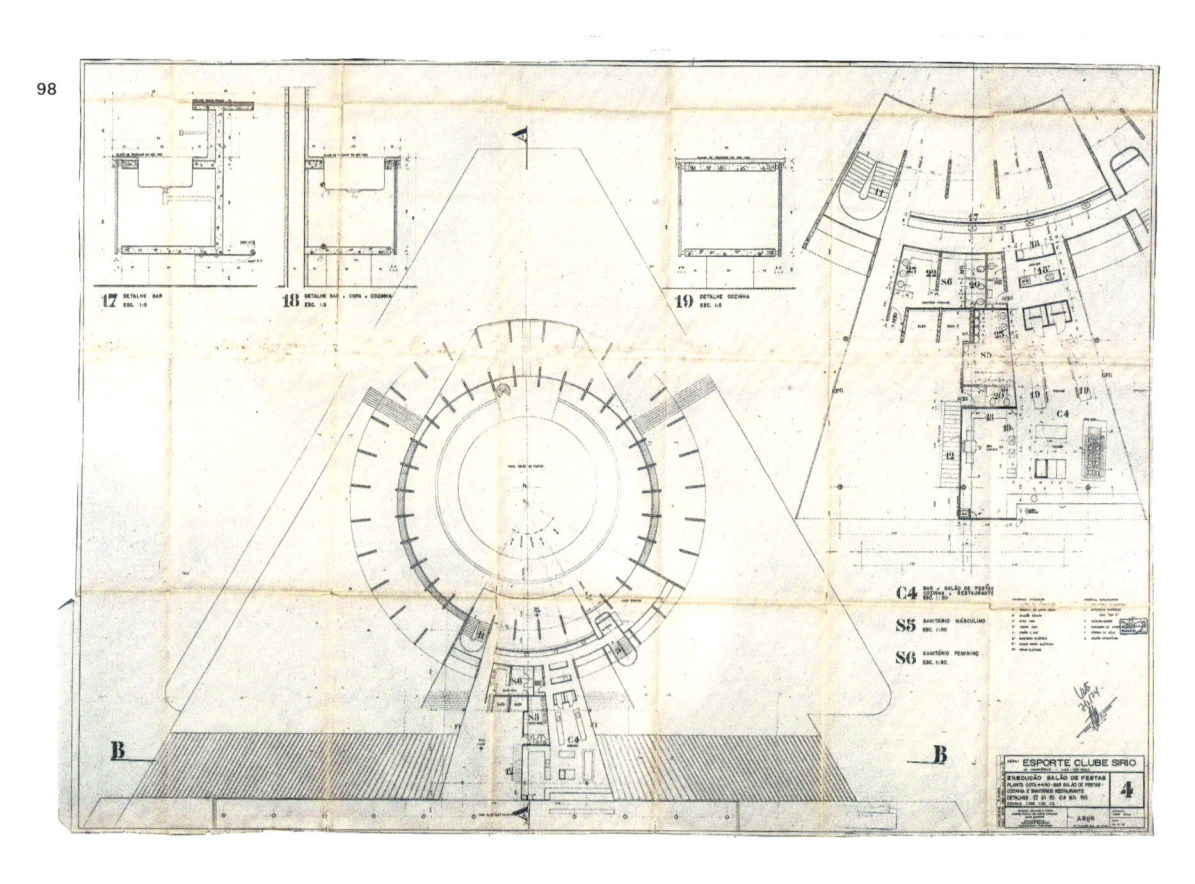

CORTE

Salão de Festas do Esporte Clube Sírio, corte longitudinal, plantas nível do salão de festas, dos vestiários e de cobertura, Planalto Paulista, São Paulo, 1966, arquitetos Pedro Paulo de Melo Saraiva, Miguel Juliano e Sami Bussab, paisagista Roberto Burle Marx

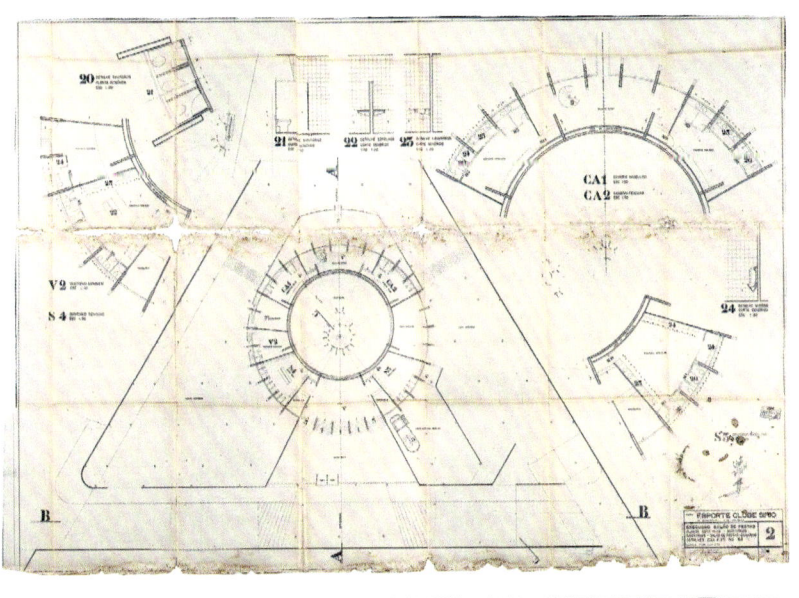

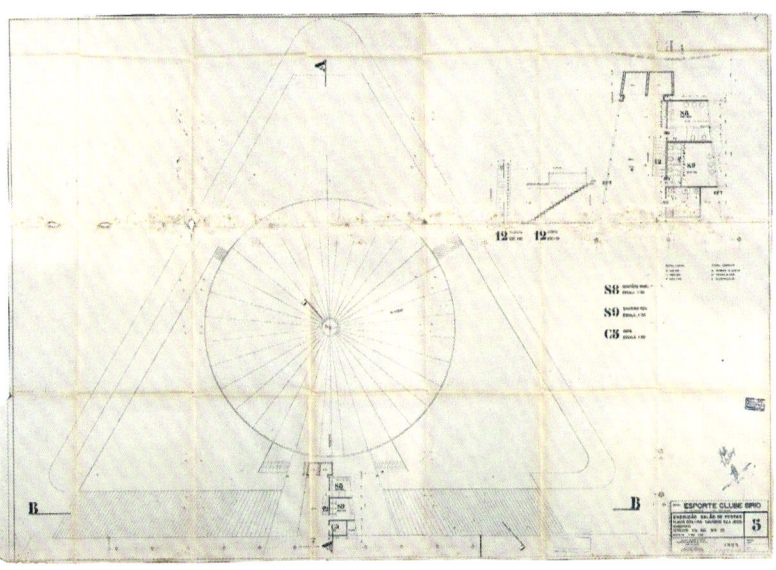

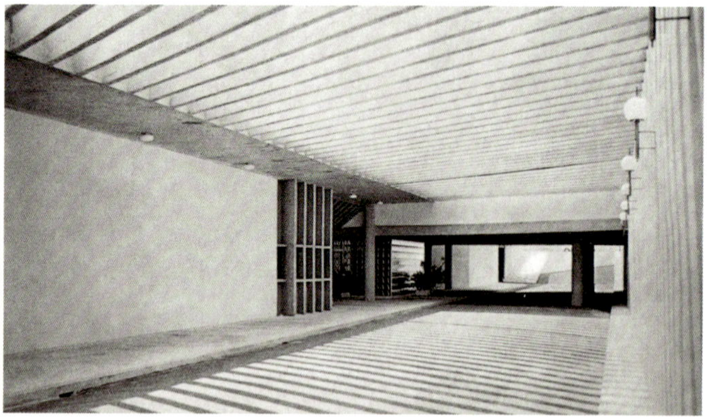

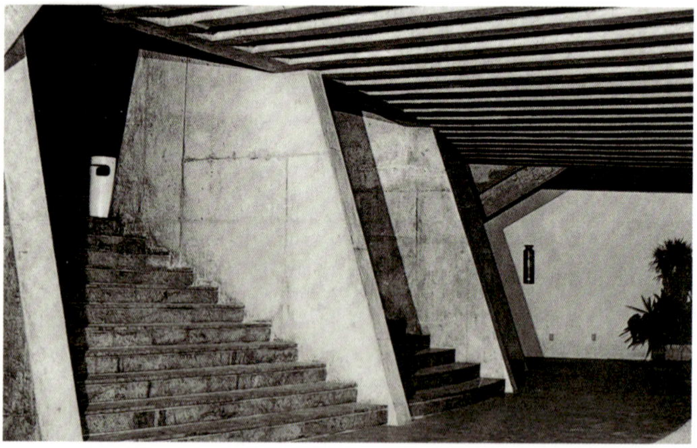

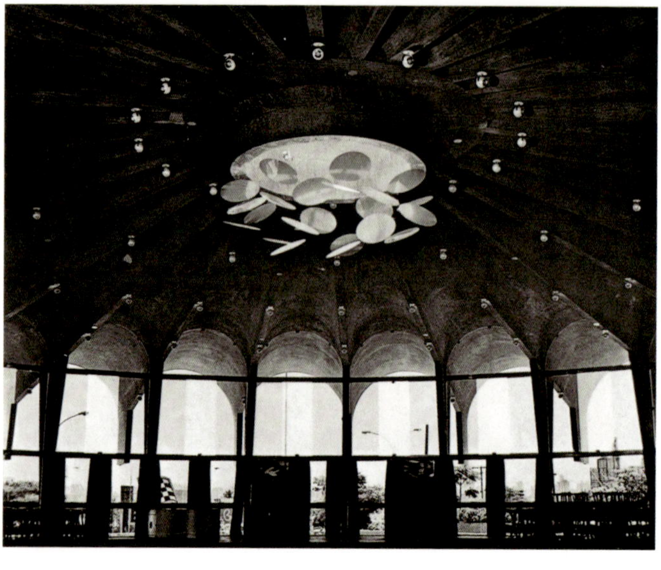

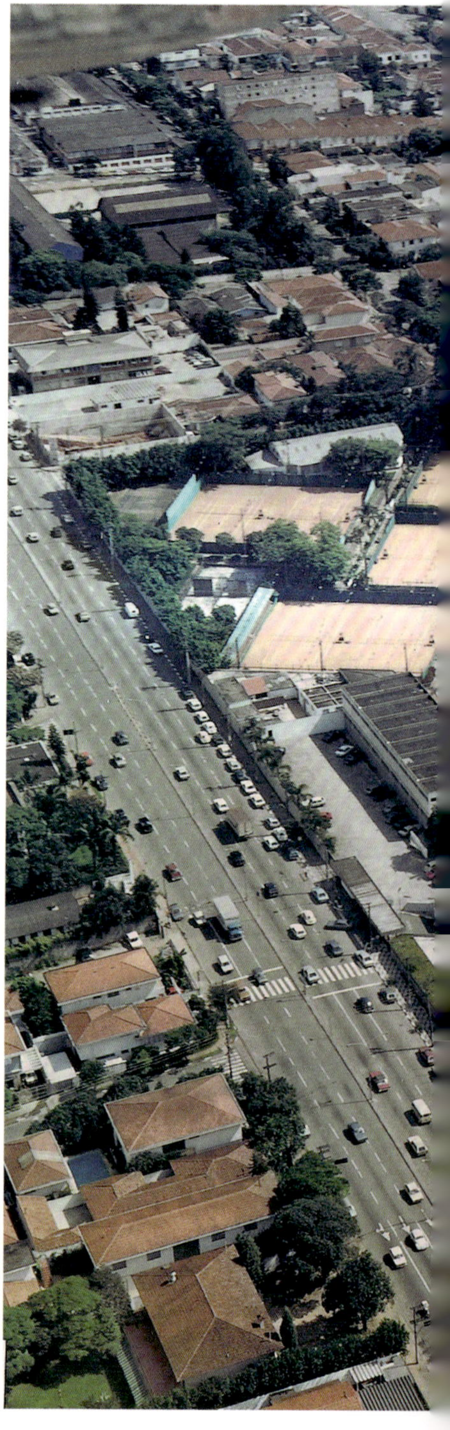

Salão de Festas do Esporte Clube Sírio, vista da entrada de veículos, detalhes da estrutura e cobertura e vista aérea do conjunto, Planalto Paulista, São Paulo, 1966, arquitetos Pedro Paulo de Melo Saraiva, Miguel Juliano e Sami Bussab, paisagista Roberto Burle Marx

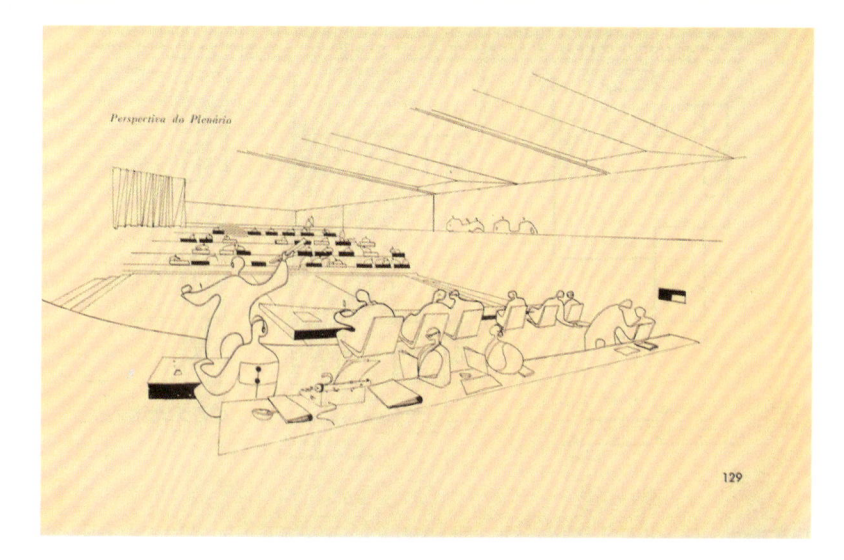

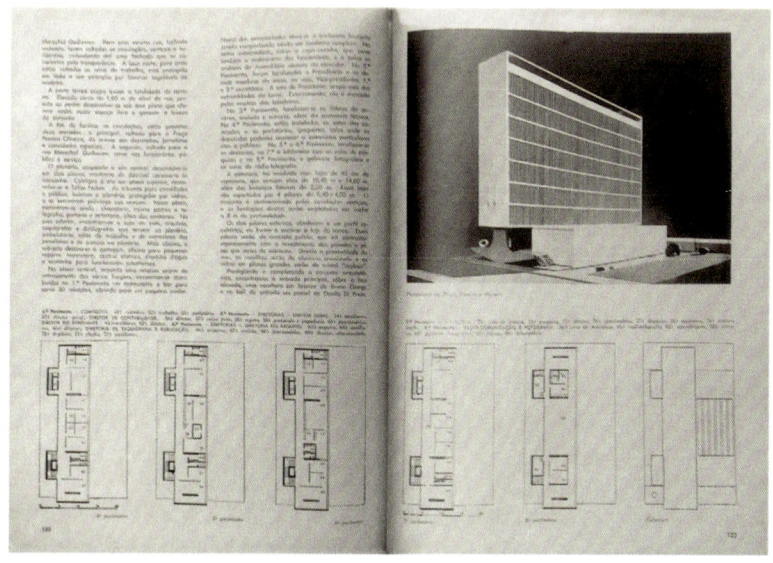

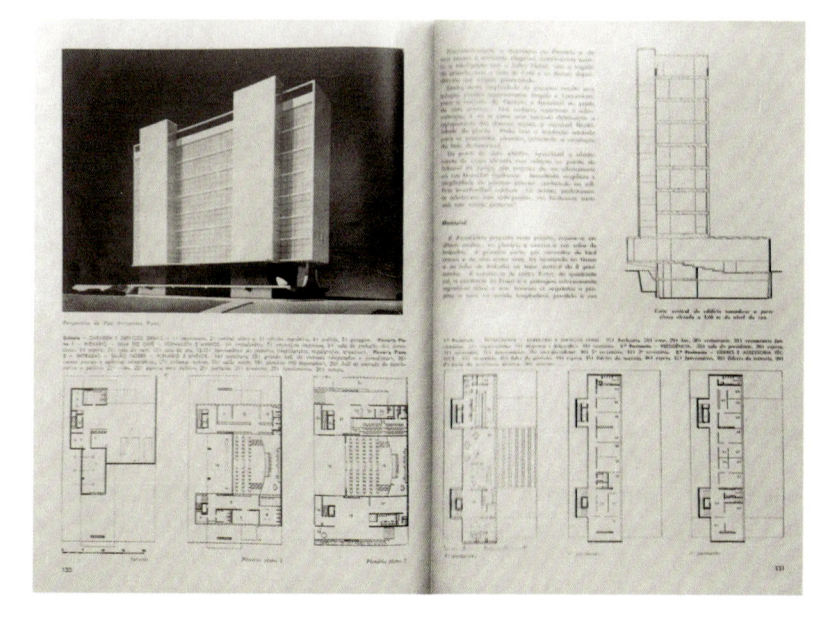

Palácio da Assembleia Legislativa do Estado de Santa Catarina - Alesc, publicação na revista *Acrópole* do 1º lugar em concurso público nacional, Florianópolis, 1957, arquitetos Pedro Paulo de Melo Saraiva, Paulo Mendes da Rocha e Alfredo Paesani

40. O desenvolvimento do projeto após o concurso contou também com a colaboração de Abrahão Sanovicz na elaboração das perspectivas e a participações dos engenheiros Júlio Kassoy e Mário Franco no cálculo estrutural do projeto.

lece a melhor relação para o programa no lugar e que, ao contrário do que se imagina, sua equipe vai ser a única a propor a geometria que parece óbvia. Além disso, adverte que em seu projeto a previsão de um acesso de veículos para deixar convidados confortavelmente no nível mais adequado e coberto no hall do salão certamente ajuda a convencer os jurados.

Um cilindro em concreto aparente, construído com vigas inclinadas com balanço e conectadas a um anel central e comprimido rememora o feixe paralelo de pórticos do Clube XV, porém a imaterialidade frontal da cidade de Santos é substituída pelo adensamento com uma arcada flutuante. Saraiva gosta de contar que há uma diferença sutil, porém muito importante, entre o desenho da estrutura apresentado no concurso e o desenho final executado. Na estrutura do concurso os arquitetos imaginam uma configuração com vigas desencontradas no setor central da cobertura do ginásio, todas tangentes ao círculo central, no que poderia ser a lanterna ou o anel de travamento das vigas que conformam pórticos, agora desviados dos raios. Quando o engenheiro Mário Franco começa a calcular a estrutura da proposta vencedora avisa que as vigas devem ser radiais, devem constituir pórticos, para contrabalançar os esforços, pois ao deslocar todos os esforços para um lado se introduz torções, ou um movimento de rotação na estrutura que pode colapsá-la.[40]

No prédio da Confederação Nacional da Indústria – CNI, de 1962, no setor bancário Norte de Brasília, projetado com Paulo Mendes da Rocha, uma lâmina se equilibra em dois maciços correspondentes às escadas e elevadores. Há grandes balanços nos dois sentidos. Essa condição estrutural é a preferida de Saraiva, colocar sempre o mínimo de pilares para que não haja constrangimento funcional.

O 1º lugar no concurso da Assembleia Legislativa do Estado de Santa Catarina em Florianópolis, em 1957, com Paulo Mendes da Rocha e Alfredo S. Paesani tem o desenvolvimento do projeto contratado, porém vai ser substituído por nova configuração em outro terreno, no ano de 1964, pela mesma equipe. No âmbito de um Plano Diretor para a cidade de Florianópolis, tornado lei em 1954, a administração promove eventos para dotar a cidade de intervenções vistosas, com arquitetura moderna associada ao progresso e desenvolvimento. O projeto consiste numa lâmina

Edifício Sede da Confederação Nacional das Indústrias - CNI

"À largura máxima regulamentar de 16 metros em Brasília foi acrescido 1,50 metros de brise-soleils em cada face, uma transgressão aprovada explicitamente por Oscar Niemeyer". PPMS

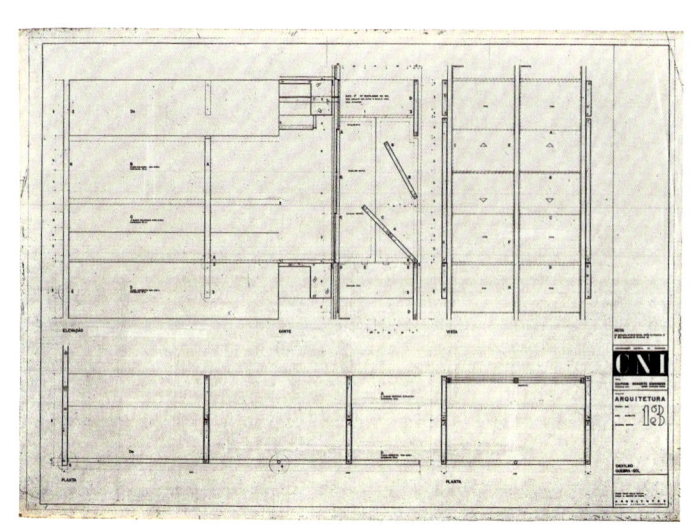

Edifício Sede da Confederação Nacional das Indústrias - CNI, detalhes dos brises e caixilhos e vista da fachada principal, Brasília, 1962, arquitetos Pedro Paulo de Melo Saraiva e Paulo Mendes da Rocha

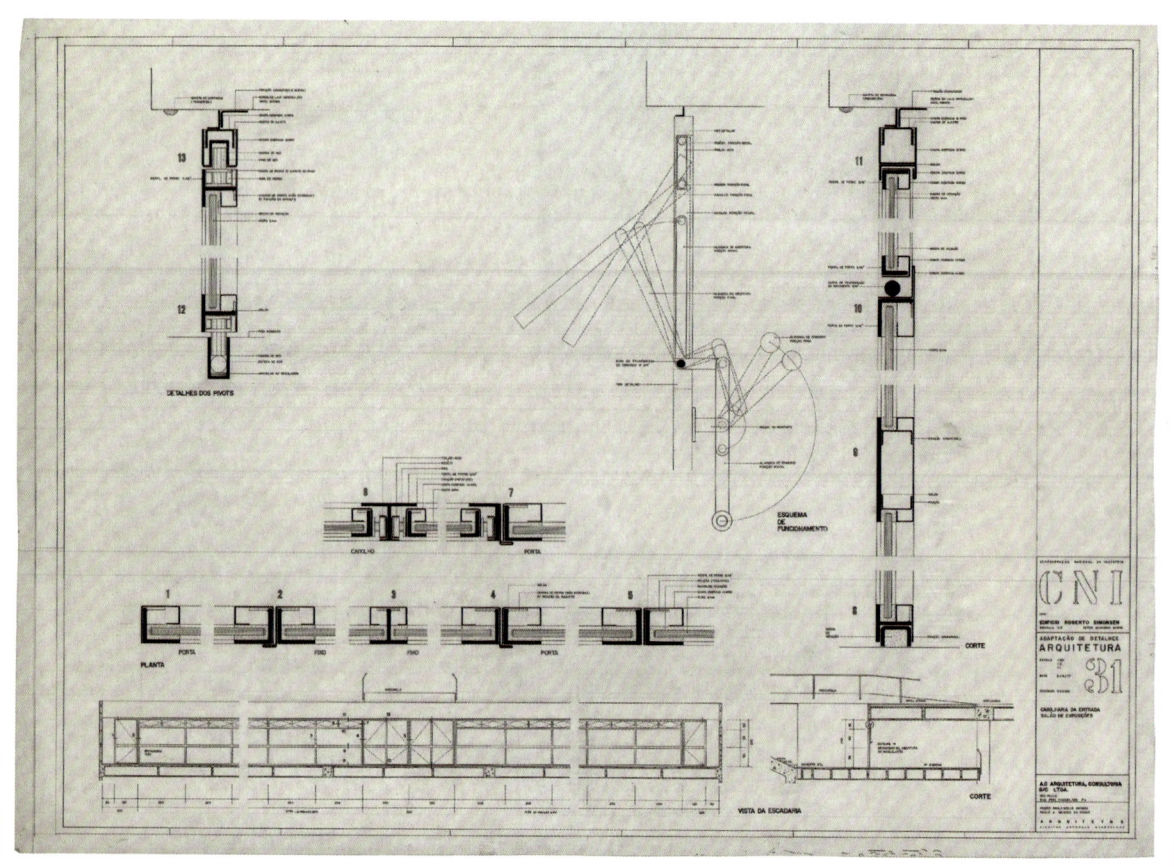

Edifício ROBERTO

CNI
SESI
SENAI
IEL

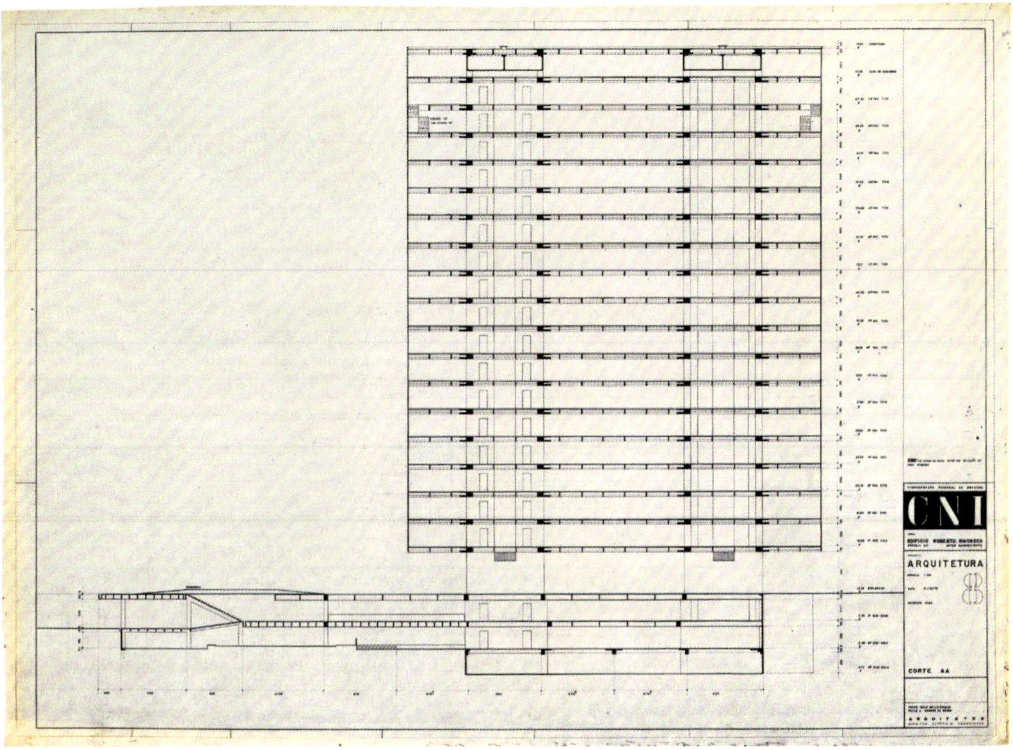
CNI
EDIFICIO ROBERTO SIMONSEN
ARQUITETURA
8
CORTE AA
ARQUITETOS

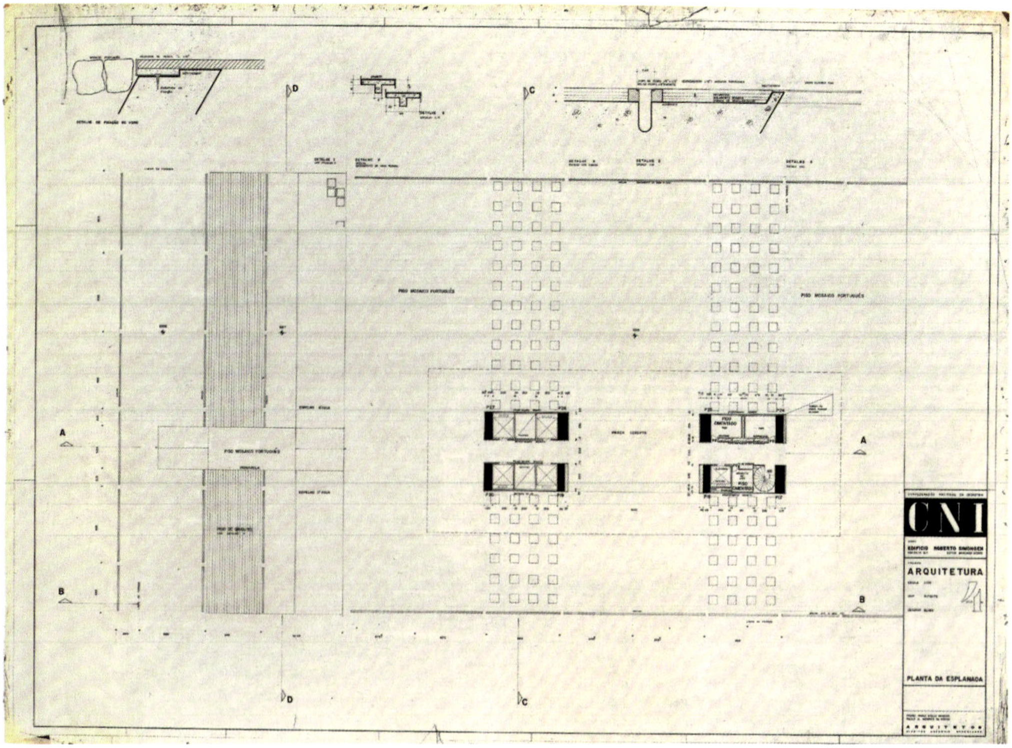
PISO MOSAICO PORTUGUÊS
PISO MOSAICO PORTUGUÊS
PISO MOSAICO PORTUGUÊS
A
A
B
B
C
C
D
D
CNI
EDIFICIO ROBERTO SIMONSEN
ARQUITETURA
4
PLANTA DA ESPLANADA
ARQUITETOS

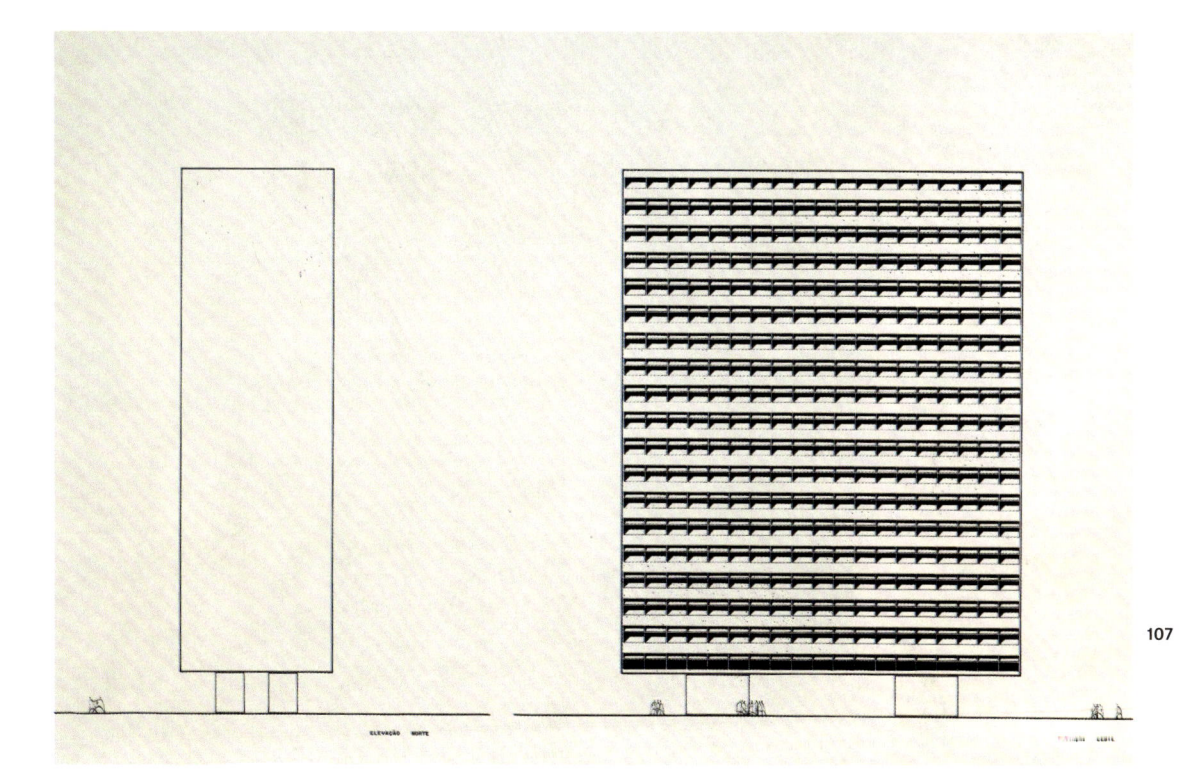

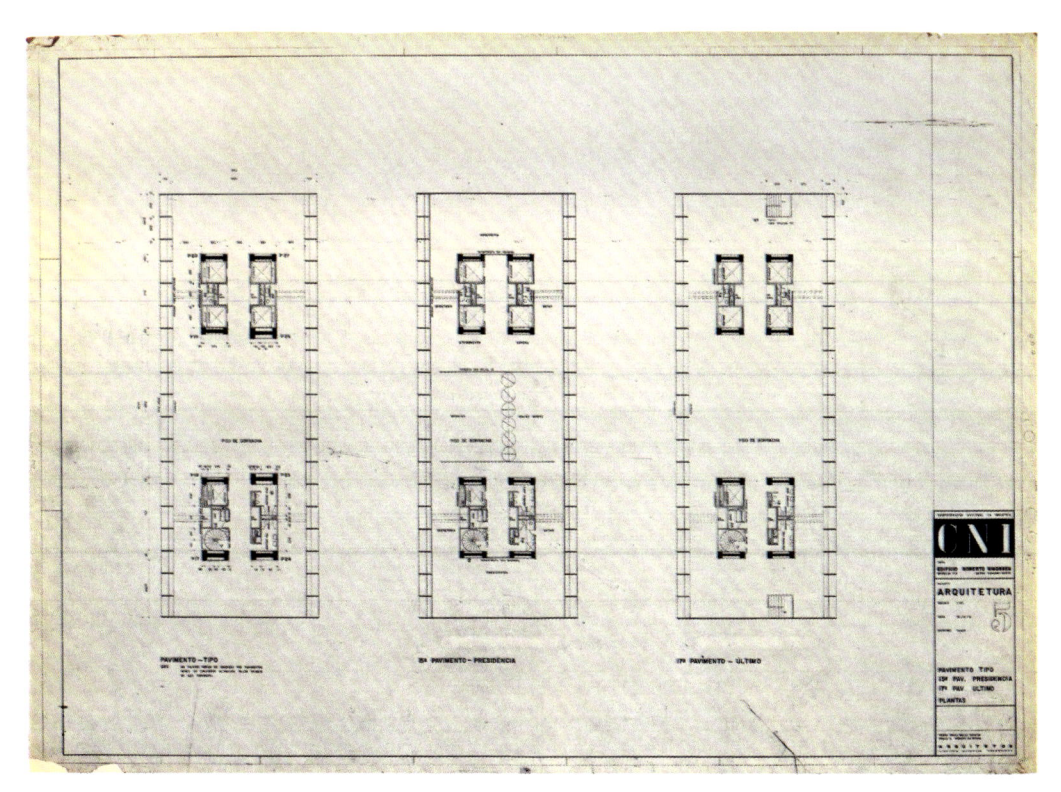

Edifício Sede da Confederação Nacional das
Indústrias - CNI, corte longitudinal, elevações
lateral e frontal, plantas da esplanada,
pavimentos tipo, da presidência e cobertura
e detalhes, Brasília, 1962, arquitetos Pedro
Paulo de Melo Saraiva e Paulo Mendes da Rocha

Assembleia Legislativa do Estado de Santa Catarina – Alesc
"Com a mesma equipe vencedora do concurso em 1957, o projeto foi reelaborado para novo terreno em 1964 e, com nova equipe liderada por Pedro Paulo de Melo Saraiva, foi ampliado com novo auditório e anexos em 2004". PPMS

Assembleia Legislativa do Estado de Santa Catarina - Alesc, vista da fachada norte, Florianópolis. 1ª fase: arquitetos Pedro Paulo de Melo Saraiva, Paulo Mendes da Rocha e Alfredo Paesani, 1964; 2ª fase: arquitetos Pedro Paulo de Melo Saraiva, Pedro de Melo Saraiva e Fernando de Magalhães Mendonça, 2004

PLANTA TÉRREO

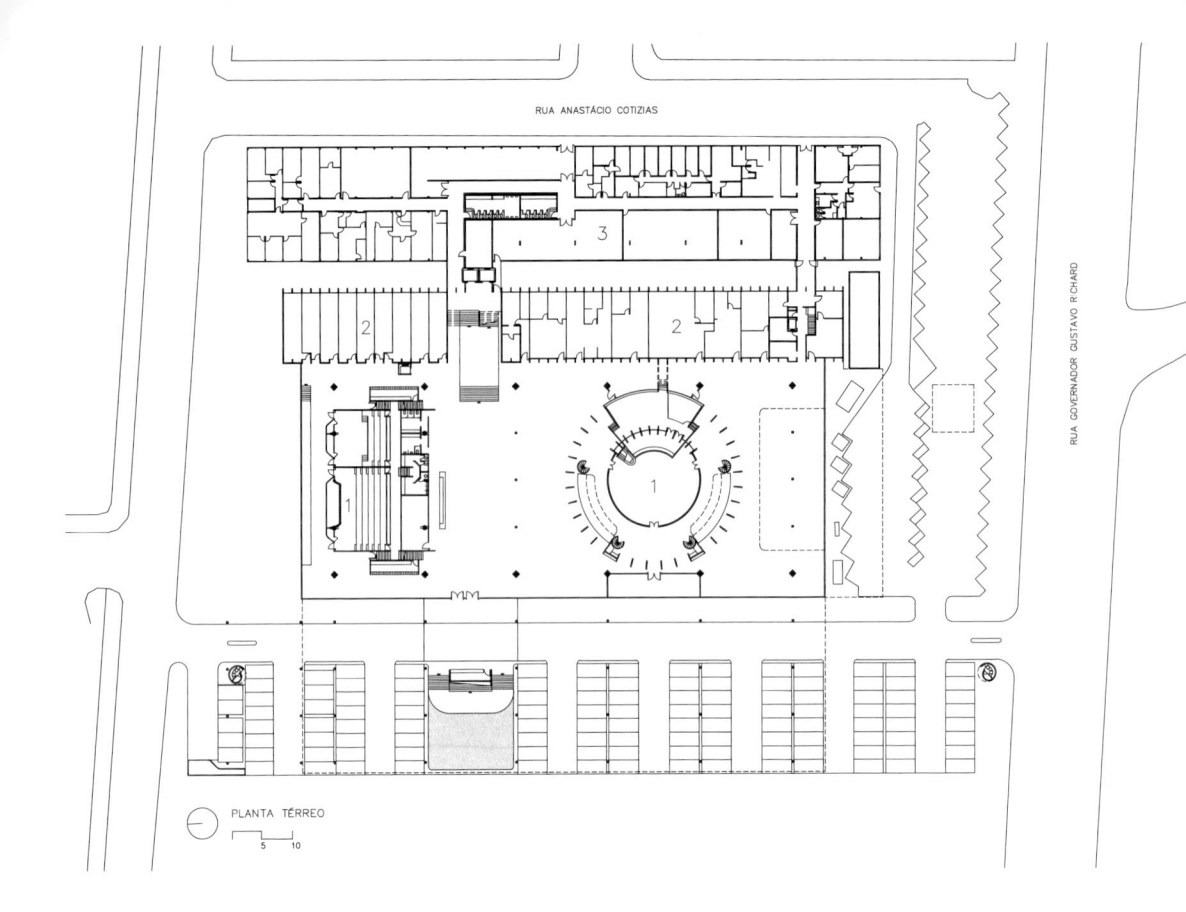

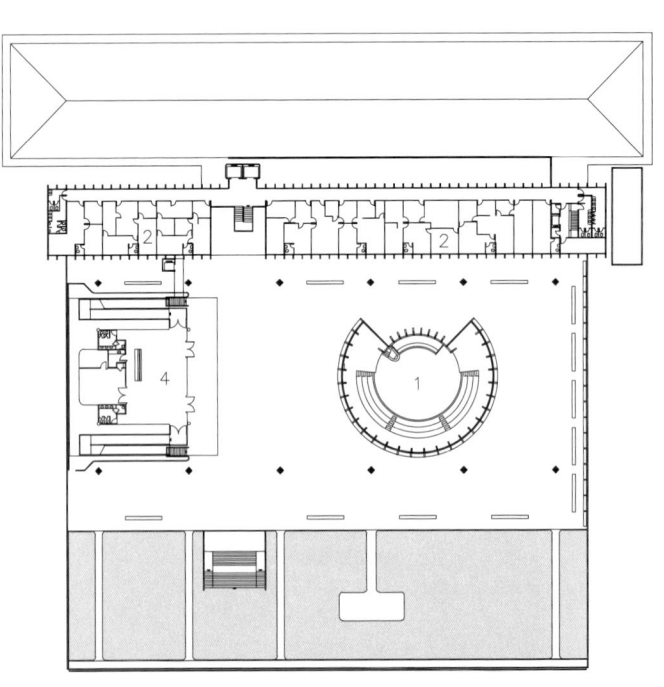

RUA ANASTÁCIO COTIZIAS

RUA GOVERNADOR GUSTAVO RICHARD

PLANTA ESPLANADA CÍVICA E 2° PAVIMENTO EDIFÍCIO PARLAMENTAR

LEGENDA

1 — PLENÁRIO
2 — EDIFÍCIO PARLAMENTAR
3 — ANEXO LESTE
4 — FOYER
5 — AUDITÓRIO

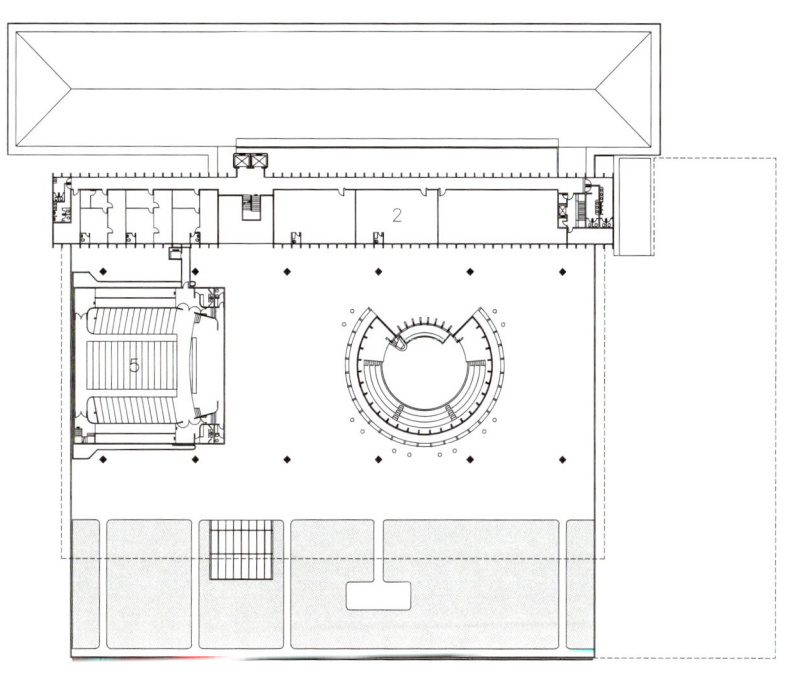

PLANTA 3° PAVIMENTO EDIFÍCIO PARLAMENTAR E AUDITÓRIO

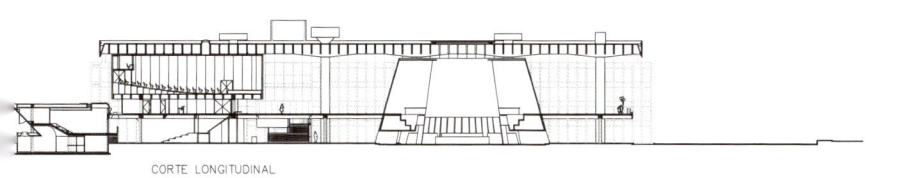

CORTE LONGITUDINAL

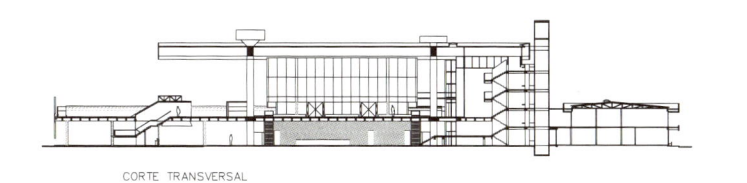

CORTE TRANSVERSAL

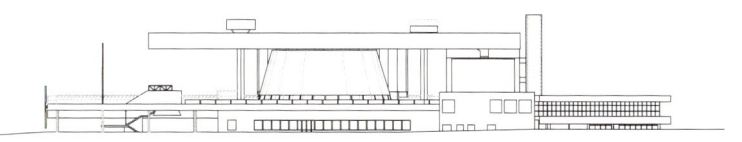

ELEVAÇÃO SUL

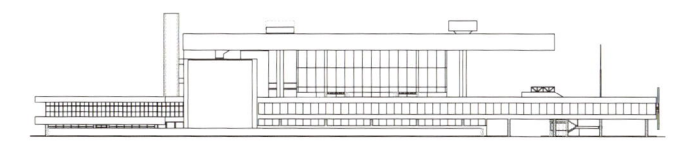

ELEVAÇÃO NORTE

Assembleia Legislativa do Estado de Santa Catarina - Alesc, plantas, cortes e elevações, Florianópolis.
1ª fase: arquitetos Pedro Paulo de Melo Saraiva, Paulo Mendes da Rocha e Alfredo Paesani, 1964;
2ª fase: arquitetos Pedro Paulo de Melo Saraiva, Pedro de Melo Saraiva e Fernando de Magalhães Mendonça, 2004

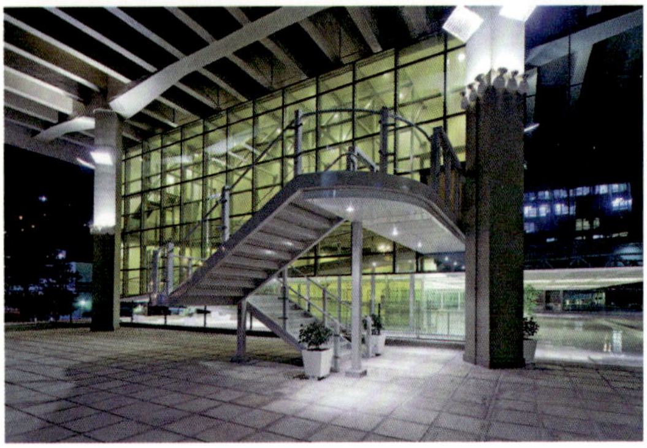

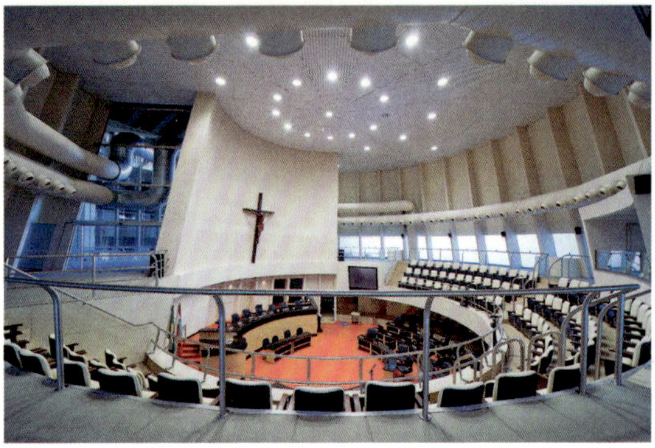

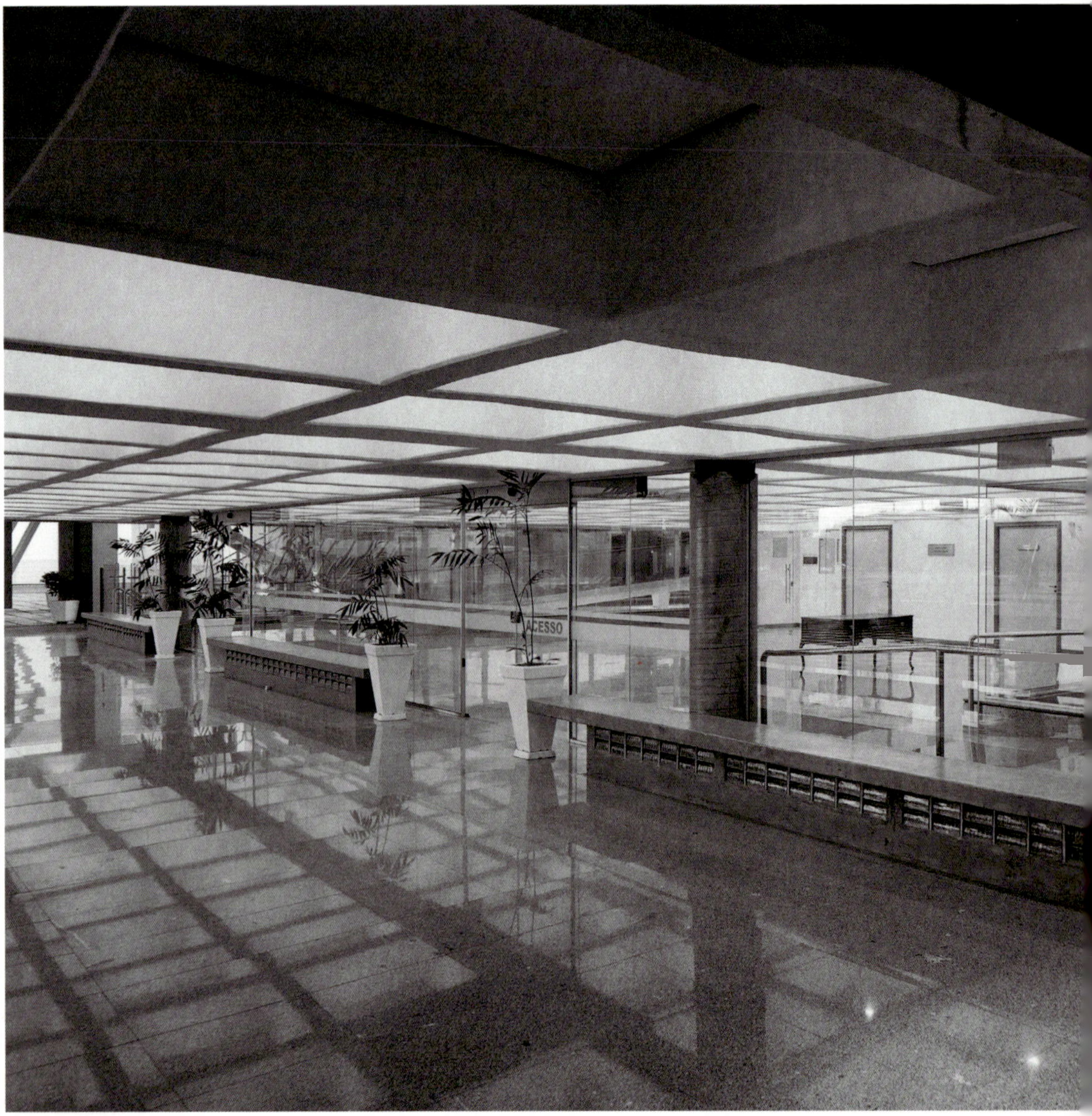
ACESSO

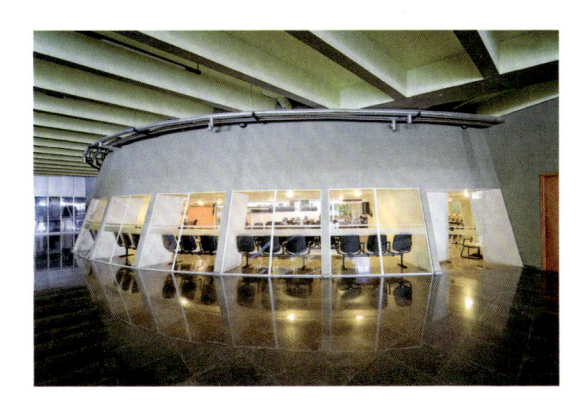

Assembleia Legislativa do Estado de Santa Catarina - Alesc, vistas do auditório, plenário, foyer e acesso, Florianópolis. 1a fase: arquitetos Pedro Paulo de Melo Saraiva, Paulo Mendes da Rocha e Alfredo Paesani, 1964; 2a fase: arquitetos Pedro Paulo de Melo Saraiva, Pedro de Melo Saraiva e Fernando de Magalhães Mendonça, 2004

Paço Municipal de Florianópolis

"No conjunto edificado, a grande rampa acessa as dependências da Prefeitura e a escadaria leva à Câmara de Vereadores; o complexo sindical situa-se no subsolo". PPMS

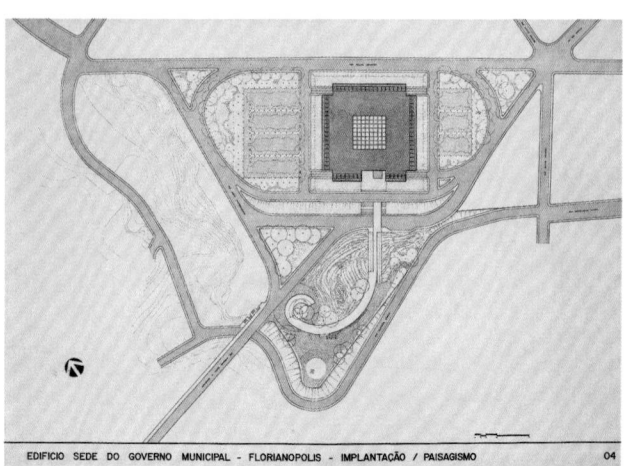

Paço Municipal de Florianópolis, 1º lugar em concurso público nacional, perspectiva, implantação e corte transversal, Florianópolis, 1977, arquitetos Pedro Paulo de Melo Saraiva, Sérgio Ficher e Henrique Cambiaghi, paisagista Rosa Kliass

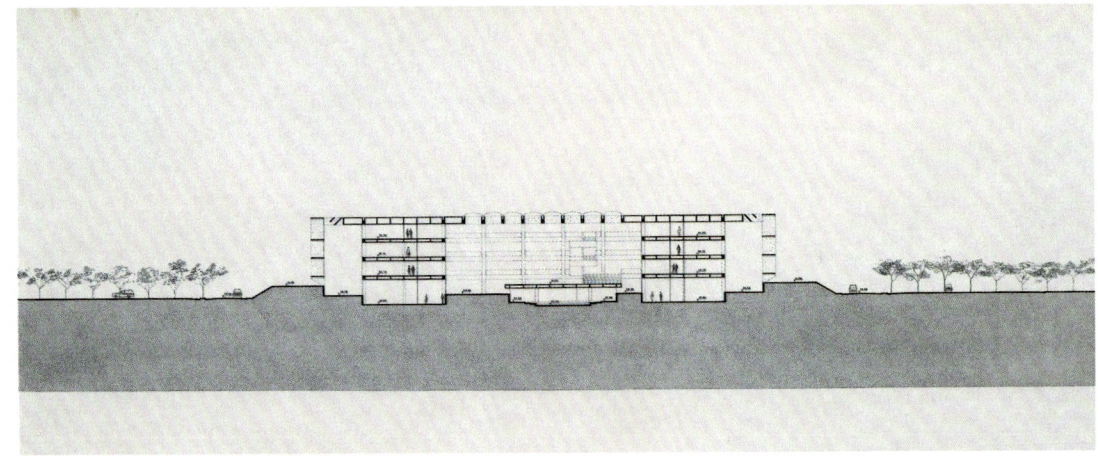

Paço Municipal de Florianópolis, perspectiva interna, 1º lugar em concurso público nacional, Florianópolis, 1977, arquitetos Pedro Paulo de Melo Saraiva, Sérgio Ficher e Henrique Cambiaghi, paisagista Rosa Kliass

117

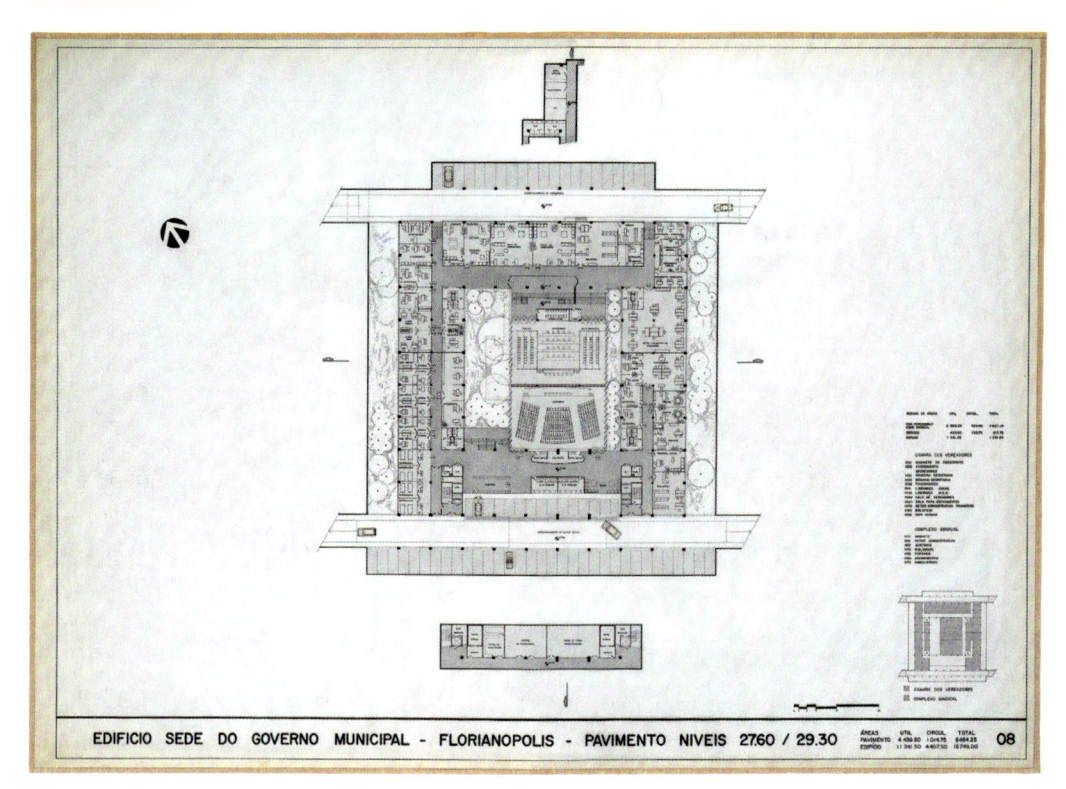

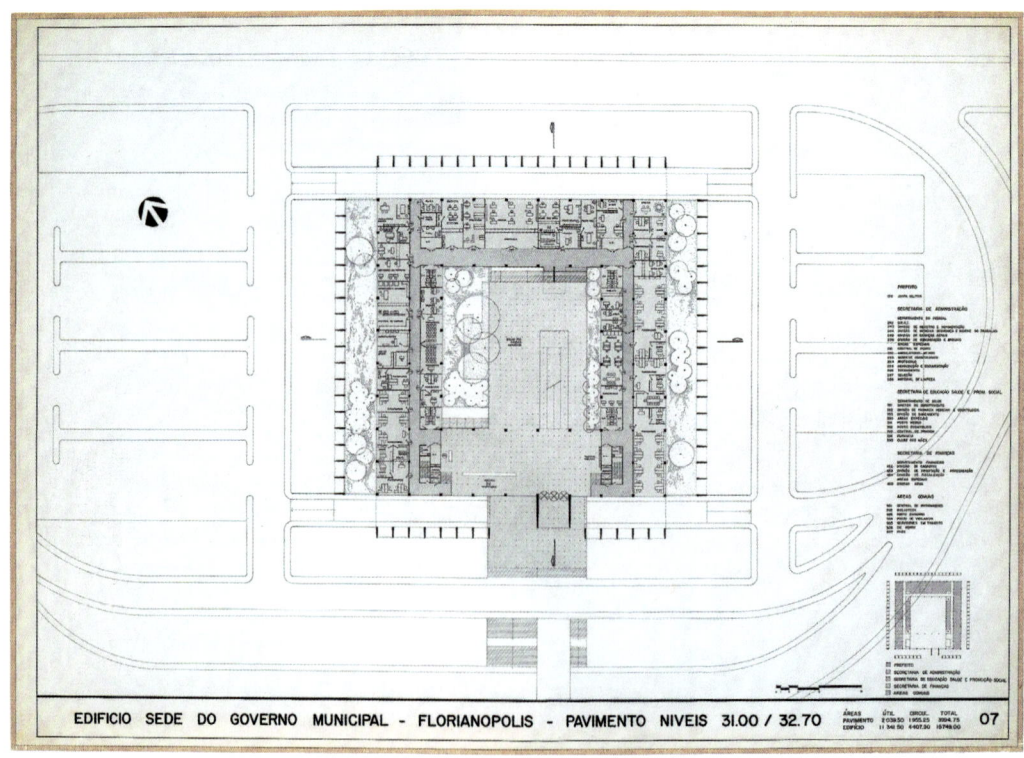

EDIFICIO SEDE DO GOVERNO MUNICIPAL - FLORIANOPOLIS - PAVIMENTO NIVEIS 27.60 / 29.30   08

EDIFICIO SEDE DO GOVERNO MUNICIPAL - FLORIANOPOLIS - PAVIMENTO NIVEIS 31.00 / 32.70   07

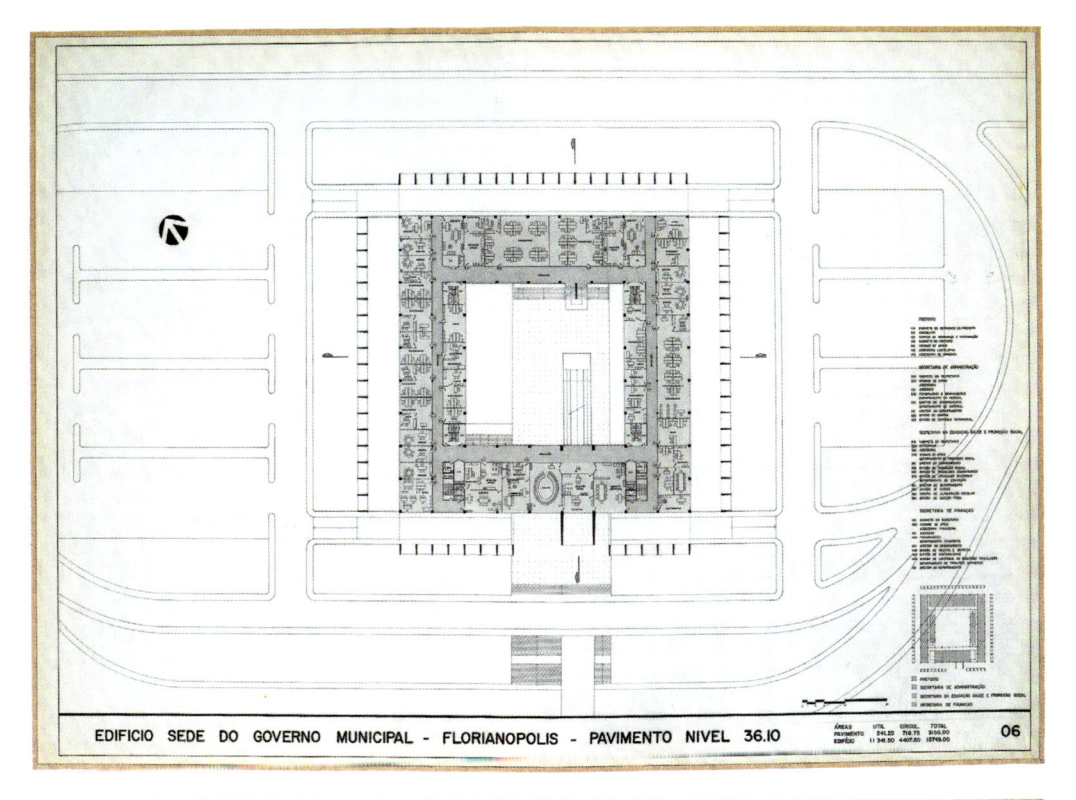

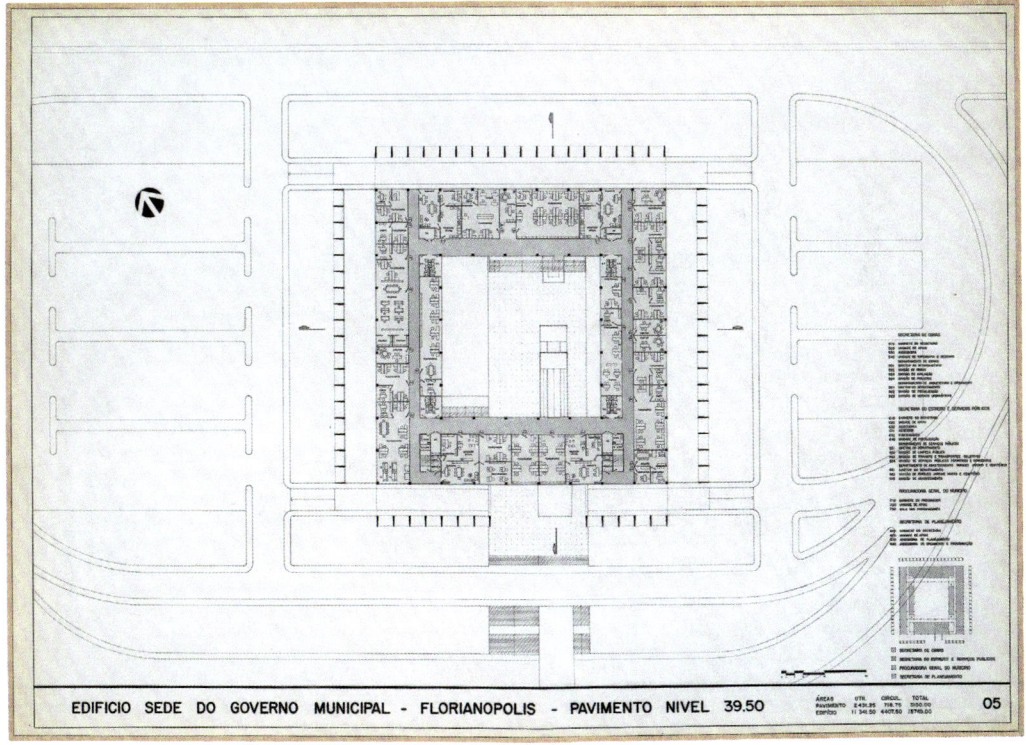

Paço Municipal de Florianópolis, 1º lugar em concurso público nacional, plantas térreo, 1º, 2º e 3º pavimentos, Florianópolis, 1977, arquitetos Pedro Paulo de Melo Saraiva, Sérgio Ficher e Henrique Cambiaghi, paisagista Rosa Kliass

120

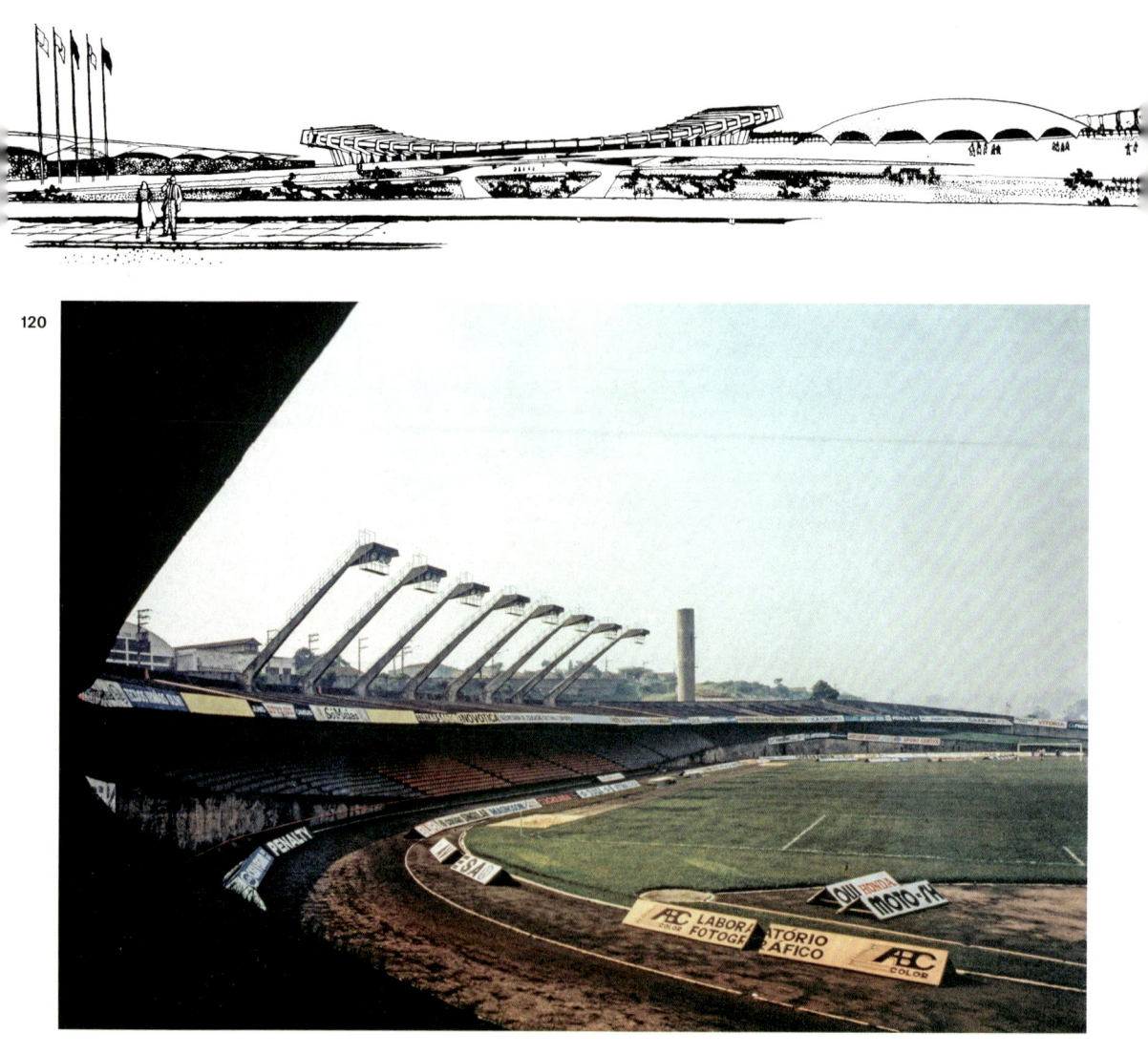

41. Conforme depoimento do arquiteto ao autor, o concurso é julgado e Saraiva e Júlio Neves são declarados vencedores. Porém, é anulado pela organização com a alegação de que o projeto teria sido entregue cinco minutos após o horário oficial, mesmo sem o protesto das outras equipes. A dupla PPMS+JN entra na justiça com mandato de segurança e ganha nas três instâncias. Após a decisão favorável, é feito um acordo com a prefeitura.

esbelta com térreo em pilotis sobre pódio, sete lajes tipo e uma oitava, a cobertura, para o programa com salas e escritórios legislativos. O térreo da lâmina é híbrido, está justaposto a um prisma maciço e longitudinal sobre o terreno que completa o programa da sala de assembleias. Uma das fachadas longitudinais é fechada com panos de vidro e painéis de proteção solar, com a diferença de duas torres de escadas e elevadores salientes na fachada principal.

O projeto do edifício do Paço Municipal da Prefeitura de Florianópolis recorre ao tipo palaciano de prisma único com grande espaço interno e aberto, adequado ao programa em questão. Consta entre as prefigurações mais prestigiadas no ambiente arquitetônico de São Paulo. O grande hall de distribuição com três pés-direitos marca a circulação vertical com um conjunto de rampas defronte ao conjunto de escadas. As rampas respondem pelo protagonismo plástico do espetáculo arquitetônico, correspondem à exceção na caixa sistemática de dimensões monumentais. Evidentemente, nelas se estabelece, mais uma vez, a cumplicidade entre calculista e arquiteto para fazer da estrutura um acontecimento memorável. A beleza se encontra na ausência de apoios e os lances das rampas devem ser abstratos como o croqui sugere que sejam. A rampa ancorada na estrutura é concebida como uma treliça gigantesca de tal forma que o primeiro lance, como uma viga inclinada, fique apoiada no par de rampas tracionadas e calculadas como tirantes. Os pés-direitos variados definem desenvolvimento diferente, proporções diferentes, e um pórtico externo é providenciado para exercer contrapeso para que as cargas do conjunto de rampas não comprometam a estabilidade da estrutura, calculada pelos engenheiros Mário Franco e Júlio Kassoy (1922-2015).

Em coautoria com Júlio Neves, com Roberto Zuccolo (1924-1967) como consultor de estruturas, Saraiva se classifica em 1º lugar no concurso para o Estádio Municipal e para a Praça de Esportes de Santo André de 1958. Com a anulação do concurso[41] e após uma contenda jurídica o projeto é retomado em 1966. Após acordo com a prefeitura, é desenvolvido apenas o estádio por Pedro Paulo de Melo Saraiva junto com os arquitetos Arnaldo Martino e Antônio Sérgio Bergamin, ex-alunos seus da FAU USP, e com o cálculo estrutural do engenheiro e professor José Gabriel Oliva Feitosa.

Estádio Municipal e Praça de Esportes de Santo André, 1º lugar em concurso público, perspectiva do conjunto, Santo André, 1958, arquitetos Pedro Paulo de Melo Saraiva e Júlio Neves

Estádio Municipal de Santo André, Santo André, 1966, arquitetos Pedro Paulo de Melo Saraiva e Julio Neves, demolido

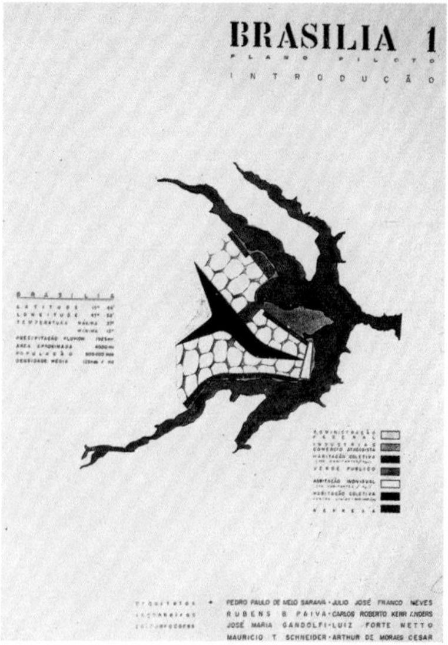
BRASILIA 1
PLANO PILOTO
INTRODUÇÃO
PEDRO PAULO DE MELO SARAIVA · JULIO JOSÉ FRANCO NEVES
RUBENS B. PAIVA · CARLOS ROBERTO KERR ANDERS
JOSÉ MARIA GANDOLFI · LUIZ FORTE NETTO
MAURICIO T. SCHNEIDER · ARTHUR DE MORAES CESAR

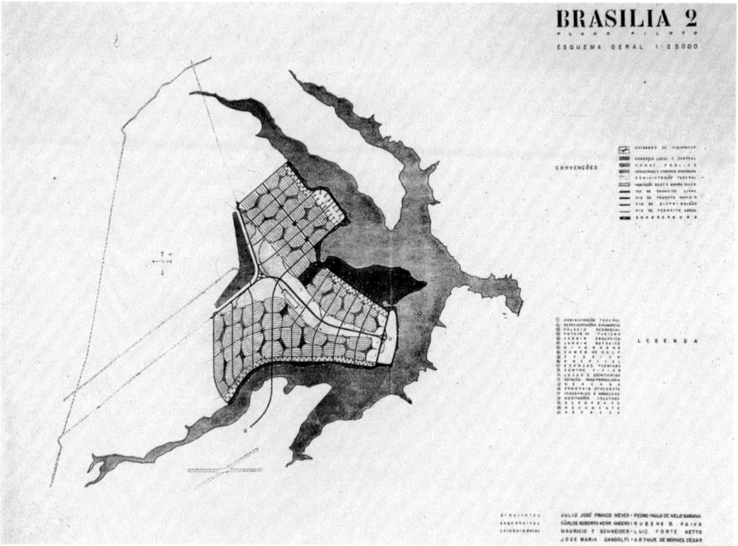
BRASILIA 2
PLANO PILOTO
ESQUEMA GERAL 1:25.000
CONVENÇÕES
LEGENDA
JULIO JOSÉ FRANCO NEVES · PEDRO PAULO DE MELO SARAIVA
CARLOS ROBERTO KERR ANDERS · RUBENS B. PAIVA
MAURICIO T. SCHNEIDER · LUIZ FORTE NETTO
JOSE MARIA GANDOLFI · ARTHUR DE MORAES CESAR

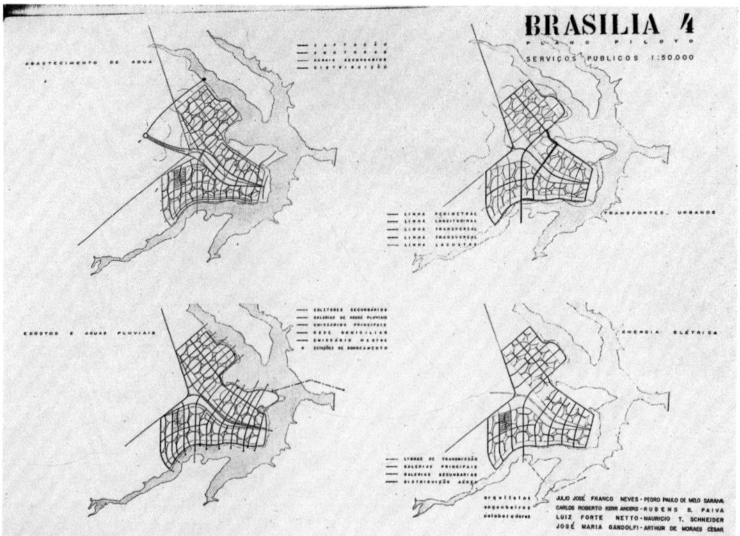
BRASILIA 4
PLANO PILOTO
SERVIÇOS PUBLICOS 1:50.000
TRANSPORTES URBANOS
arquitetos
engenheiros
colaboradores
JULIO JOSÉ FRANCO NEVES · PEDRO PAULO DE MELO SARAIVA
CARLOS ROBERTO KERR ANDERS · RUBENS B. PAIVA
LUIZ FORTE NETTO · MAURICIO T. SCHNEIDER
JOSÉ MARIA GANDOLFI · ARTHUR DE MORAES CESAR

Concurso Plano Piloto de Brasília, introdução da proposta, implantação, plantas com a disposição dos serviços públicos e dos núcleos geradores, Brasília, 1957, arquitetos Pedro Paulo de Melo Saraiva e Júlio Neves, engenheiros Rubens B. Paiva e Carlos Kerr Anders

Concurso Plano Piloto de Brasília, perspectiva, Brasília, 1957, arquitetos Pedro Paulo de Melo Saraiva e Júlio Neves, engenheiros Rubens B. Paiva e Carlos Kerr Anders

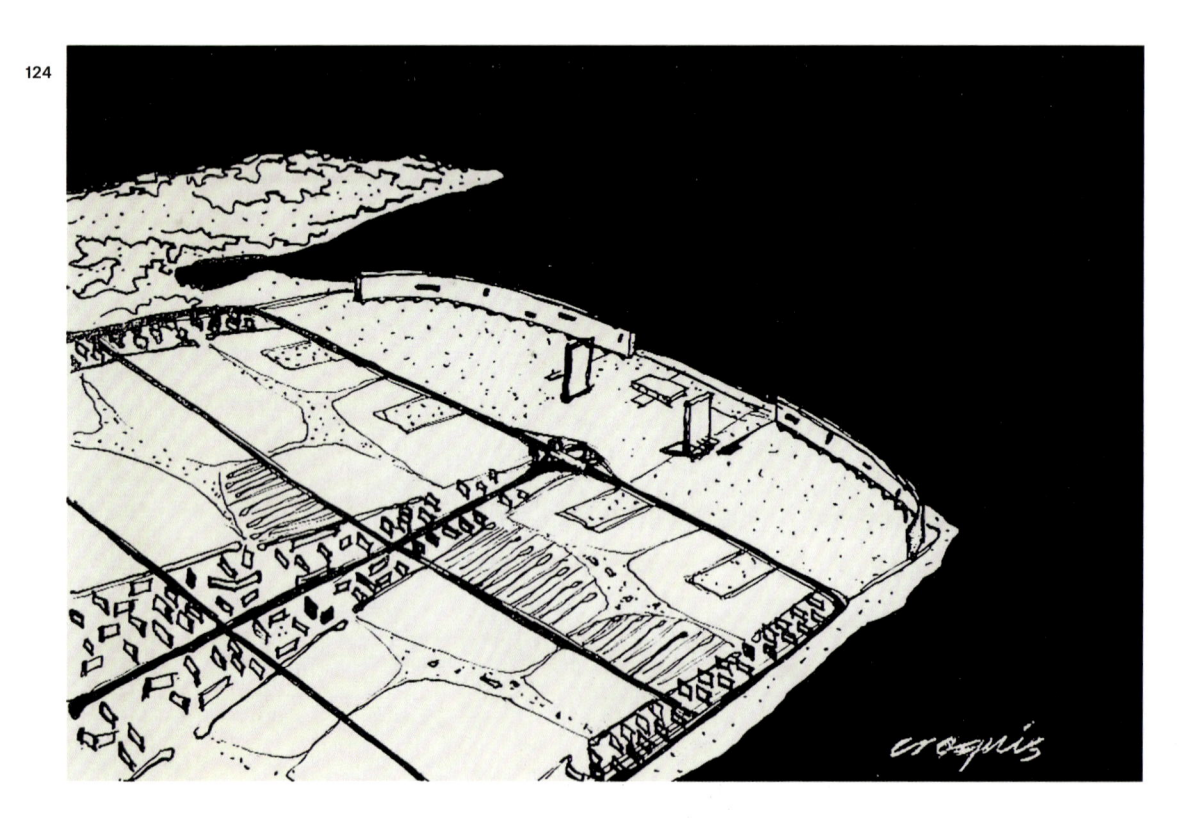

42. "Recém-formado, Pedro Paulo de Melo Saraiva, em parceria com Júlio Neves (seu colega de turma), os engenheiros Rubens Paiva e Carlos Kerr Anders, tendo como colaboradores os estudantes José Maria Gandolfi, Luis Forte Neto, Maurício Tuck Schneider e Arthur de Moraes Cesar (ainda estudantes), participa do concurso para o Plano Piloto de Brasília". VASCONCELOS, Grace Abrahão Souza de Frias. *A arquitetura de Pedro Paulo de Melo Saraiva: 1954 a 1975 e o Edifício 5ª Avenida*, p. 49. **43.** ESPALLARGAS GIMENEZ, Luis. *Cidade moderna e superquadra*. **44.** O projeto de Le Corbusier para Chandigarh, a nova capital do Punjab, a partir de 1951 dá continuidade a estudos iniciados pelo urbanista Albert Mayer (1897-1981) e pelo arquiteto Matthew Nowicki (1910-1950) em 1947. Quando Nowicki falece em um acidente de avião, Mayer não quer mais continuar com o projeto. Então, Le Corbusier é convidado como consultor e o ângulo reto do traçado prevalece, o esquema urbano torna-se mais homogêneo e regular, diverso do projeto anterior, descrito como uma pá de ventilador, em certo sentido mais realista e ajustado aos rios e atento à geografia. Elementos fundamentais são preservados, ao mesmo tempo em que são introduzidas importantes mudanças. As implantações coincidem quanto a suas posições; no cruzamento das avenidas principais que unem o setor de negócios ou comércio com o Capitólio, muito é mantido e, se a estrutura principal de avenidas vai tornar-se mais concentrada, a estrutura com áreas de proteção ambiental aparece e interfere com ajustes do desenho de ambos os planos. O projeto da equipe principal composta por Maxwell Fry (1899-1987), Jane Drew (1911-1996) e Pierre Jeanneret (1896-1967) desenvolve um projeto marcante, brilhante, a partir de um plano existente. **45.** BRAGA, Rubem. *Lúcio Costa estreia em literatura, fazendo urbanismo*.

Animados com a convocação histórica, Saraiva e equipe[42] participam do concurso para o Plano Piloto da Nova Capital do Brasil, em 1956, e aventuram-se pelo cerrado para conhecer a área da nova capital, em Goiás. Decolam de Goiânia e sobrevoam o Distrito Federal ao acaso para pousar em uma pista próxima, onde são esperados pelo engenheiro italiano Remo Corsini. Aproveitam para visitar as obras do Palácio da Alvorada da Construtora Rabello e do Brasília Palace Hotel a cargo da Construtora Pacheco Fernandes Dantas, obras de Niemeyer antecipadas ao concurso. O projeto dos jovens arquitetos é fiel à nova e curta tradição do urbanismo moderno, uma solução compacta com estrutura em unidades de vizinhança preconizadas por Clarence Perry (1872-1944)[43] e formadas por um viário homogêneo, regular e paralelo às margens do Lago Paranoá, intercalado por uma estrutura natural de corpos hídricos e áreas verdes. Uma matriz relacionada com o desenho de Chandigarh, Punjab, Índia, de 1951, desenvolvido pela equipe liderada por Le Corbusier,[44] o urbanista que, segundo Saraiva, vai ser a referência para a maior parte das equipes concorrentes no concurso, citado, em maior ou menor medida, nas propostas da cidade nova. Perspicaz, Saraiva aproveita para dizer que a proposta de Lúcio Costa é indiferente à Carta de Atenas, ou ao urbanismo de Le Corbusier. Especula que a invenção de Costa tem outra fonte, outra referência, que o eixo monumental é indiscutivelmente imperial e que as experiências com superquadras e cidades lineares fazem parte das teorias de urbanismo do século 20 que, àquela época, ainda não haviam sido verificadas. Apresentava uma combinação de dois modelos urbanos, um para os âmbitos públicos, administrativos e políticos e outro para os âmbitos domésticos ou residenciais. Na entrega de sua proposta, presencia a de outros projetos no Ministério da Educação e Saúde, no dia 11 de março de 1957, numa segunda-feira, testemunha os irmãos Roberto protestarem para que se encerre a entrega das propostas e, finalmente, reconhece Maria Elisa, filha de Lúcio Costa que, depois das 18 horas, entrega um rolo de desenhos amarrados com um barbante e um maço de folhas datilografadas. Também rememora a publicação no jornal *O Correio da Manhã* da matéria do jornalista Rubem Braga (1913-1990) referindo-se ao projeto urbano e à declaração feita pelo júri na sexta-feira, no dia 15 de março de 1957, com o vencedor do concurso.[45] Essa lembrança está entrelaçada com a forma do memorial vencedor, com a maneira que Saraiva descreve e

46. Pedro Paulo de Melo Saraiva afirma que "a grande contribuição de Lúcio Costa (sem mencionar o plano como um todo) é a concepção da superquadra. Invenção inspirada em sua própria obra, o Parque Guinle, no Rio de Janeiro. É, talvez, a maior, única e grande contribuição brasileira para o urbanismo do século 20. Rubem Braga, grande cronista carioca, captou como ninguém a rara delicadeza e sensível beleza do texto do Plano Piloto, texto que acompanhou o solitário 'esboço' (prancha de 50cm x 70cm desenhada a lápis colorido e à mão livre), e que na sua extrema simplicidade exprime tudo que era essencial naquela etapa do projeto da Nova Capital. O maquis do urbanismo, que nem escritório possuía, não queria tomar o tempo de ninguém e cumpriu à risca o que prometeu na introdução do seu emocionante texto-memorial descritivo". COSTA, Lúcio; EL-DAHDAH, Farès; SARAIVA, Pedro Paulo de Melo; LAGO, André Correa; FINOTTI, Leonardo; PORTO, Cláudia Estrela; FREITAS, Conceição; GOROVITZ, Matheus; LARA, Fernando; XAVIER, Alberto; OTTONI, Décio. Profissionais ligados à arquitetura dão seus depoimentos sobre a cidade que completa meio século de vida, p. 60.

admira a narração detalhada da cidade feita por Lúcio Costa como alguém que a percorre e a narra.[46] Tem na memória todos os membros da comissão julgadora, cita de uma vez seus nomes, origem e ocupação: William Holford (1907-1975), Stamo Papadaki (1906-1992); André Sive (1899-1958), Luiz Hildebrando Horta Barbosa (1900-1973), Paulo Antunes Ribeiro (1905-1973) e Oscar Niemeyer, o arquiteto do presidente.

Brasília constitui a mais importante mudança de paradigma moderno, a primeira ventania enfrentada pela geração de Saraiva. A conversão pelo convencimento da pertinência e superioridade é inculcada pela propaganda intensiva que insiste na função da arquitetura e do urbanismo como modalidades modernizadoras e capacitadas para engrandecer arte e cultura nacionais que, certamente, são comemoradas como o novo e estupendo ciclo brasileiro. Transição defendida por historiadores, críticos e teóricos como a troca do entediado e impessoal moderno internacional para o charmoso e emocionante moderno brasileiro, agora em versão autóctone.

É compreensível que Saraiva e companheiros se deixem levar sem perceber a formidável oposição introduzida com a capital modernista. Porque a propaganda convincente prega a superação nacional e torna a mudança de rumo atraente. Também é possível imaginar que haja uma bifurcação, e que Saraiva enfrente dois mundos: um em que aplica a lição da escola de arquitetura para desenhar o Edifício 5ª Avenida, o Edifício CNI, o Edifício Solar do Conde, e outro, em que admite artifícios brasilienses. Porém, essa hesitação nunca transparece.

Na verdade, são duas caras da mesma moeda. Saraiva sempre vai preservar a concepção moderna da arquitetura, a faculdade estética transcendental que reconhece atributo, ordem e estrutura formal na configuração do objeto e, só então, pode acontecer que acrescente a fachada, a estética simpática. Faz como os mestres, divide a arquitetura em duas partes ou faces, a moderna e a nacional, sem que isso constitua uma fraude.

É certo que o apego moderno prevaleça, porque se verifica em seu trabalho a autêntica concepção do objeto segundo hipóteses construtivas e atuantes, com princípios que ele preza e que diferem do que possa parecer um acréscimo superficial, uma oferta estilística. O Clube XV, com a série acotovelada de pórticos, exemplifica bem esse dificílimo enfrentamento, como também acontece no Edifício Acal, onde a descomunal treliça da fachada integra a conformação da torre.

Êste prédio merece destaque.

Porque:
- O arquiteto foi Pedro Paulo Saraiva
- O engenheiro responsável foi Rubens Paiva
- O calculista, Roberto R. Zuccolo
- Foi construido pela S/A Paiva Construtora

Condomínio Edifício Solar do Conde

E na alvenaria do edifício* foram empregadas chapas de concreto celular Pumex.
*Estrutura calculada para Pumex.

CIA. **Pumex** DE CONCRETO CELULAR
Av. Humberto de Campos, 28 - Ribeirão Pires — R. José Bonifácio, 250 - 16.º Tels.: 35-4515 - 32-3258 - 36-8705 - SP

Em Saraiva, é a estrutura – o tipo estrutural – que estabelece a ordem da arquitetura. É de se esperar que o trabalho constante com calculistas, com mentes abertas e dispostos a aprender e superar soluções tradicionais para obter resultados formais mais concisos e decisivos para a arquitetura moderna, tenha acostumado Saraiva a um processo conceptivo em que há um partido estrutural explícito e, algumas vezes, expresso por uma figura aderida ao objeto. Inicia sua experiência inovadora e continuada com Roberto Zuccolo, seu professor de estruturas na Universidade Mackenzie. Com ele, desenha uma série de projetos com estrutura leve, possível pela utilização de novas técnicas de concreto aplicadas à construção civil – a protensão é a especialidade do calculista. Mais tarde, estabelece continuada parceria com o Escritório JKMF, dos engenheiros Júlio Kassoy e Mário Franco.

Edifício Solar do Conde, projeto dos arquitetos Pedro Paulo de Melo Saraiva e José Maria Gandolfi, perspectiva em propaganda concebida pelo publicitário Marcus Pereira e publicada na revista *Acrópole* nos anos 1960

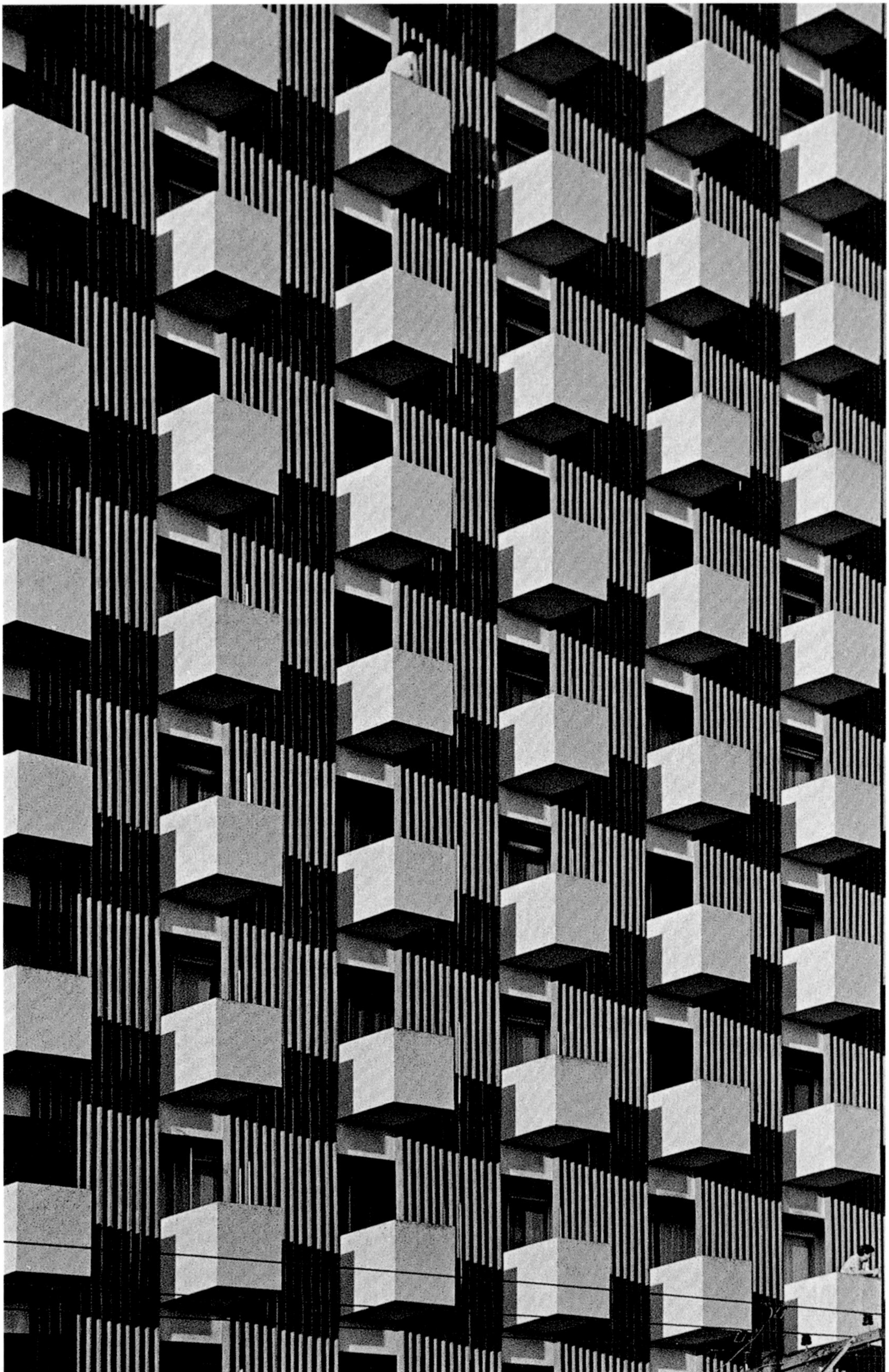

A fachada e a estrutura

Saraiva faz uma provocação quando explica que, ao explorar os recursos estruturais em um edifício, é possível fazê-lo sem pilares e sem lajes. Propõe essa *boutade* – algo que, no primeiro momento, parece absurdo – para explicar que, se for feita analogia do Edifício Pedra Grande com alguma construção pré-moldada que utilize vigas "ϖ", não existe laje ali, mas uma sucessão de nervuras, ou um plano horizontal construído com vigas calculadas como perfis "T".

O arquiteto aponta para o fato do Edifício Acal não dispor de pilares na fachada, mas de quatro placas estruturais que permitem desenhar caixilharias flutuantes nos ângulos retos, nas arestas que parecem prescindir de estrutura. Compara a leveza de sua solução com outra ainda mais complicada, a do Citycorp Center, de 1977, em Manhattan, Nova York, do arquiteto Hugh Stubbins (1912-2006) com a colaboração do engenheiro estrutural William LeMessurier (1926-2007), em que se sustenta um prisma de base quadrada com 59 andares no núcleo e em quatro pilares gigantes centrados nas fachadas. Em cada fachada, o pilar centrado recebe as cargas dos balanços das lajes por intermédio de uma estrutura na forma de treliça ou de vértebra inclinada repetida seis vezes em um plano com cinco pilares metálicos que acabam em uma treliça colossal que forma o anel quadrado de transição e travamento. Complexidade que Saraiva admira e conhece em detalhes.

A estrutura é fundamento constante do modo de conceber do arquiteto, como se a icônica perspectiva da patente Dom-Ino de Le Corbusier, de 1915, representasse a principal e determinante lição reiterada pela experiência profissional. Tudo isso está de acordo com a visão de arquitetura moderna prevalente no Brasil e aprendida na faculdade em seu sentido moderno mais autêntico e convincente. Os balanços – *cantilevers*, vai dizer Saraiva – permitem que a estrutura e a apresentação do edifício sejam problemas a parte, a separação formal entre planos de sustentação e planos sustentados abre caminho para a excisão do raciocínio construtivo. Agora é possível conceber cada coisa em seu tempo. Saraiva mostra adesão a esse predomínio estrutural em sua acepção mais ortodoxa: a estrutura, suas medidas – limites – e técnicas constituem o conjunto que audita as decisões tomadas pelo arquiteto; a convincente imagem Dom-Ino corresponde ao primeiro momento, à origem do edifício, os fechamentos vêm depois,

Edifício Portovelho, detalhe da fachada, Santos, 1963, arquitetos Pedro Paulo de Melo Saraiva e Francisco Petracco

47. LE CORBUSIER; JEANNERET, Pierre. *Oeuvre Complète 1910-1929*, p. 23-26. A Casa Dom-Ino, concebida em 1914, deixa claro que Le Corbusier está ocupado com os sistemas técnicos de concreto armado e com as patentes que possam render royalties: propõe um desenho técnico muito adequado com estrutura lisa e balanços, mas mostra que ainda não sabe como explorar essas características formais. A série de vilas desenhadas com o sistema é deplorável. Parece que Le Corbusier só incorpora a forma moderna em contato com o Purismo, com a vanguarda formada com Amédée Ozenfant (1886-1966). **48.** O projeto da Sede Administrativa da Prodesp em Taboão da Serra SP foi contratado junto ao consórcio entre PPMS Arquitetos e Setsuo Kamada e a obra ficou sob a responsabilidade das empresas Engetherm Projetos Térmicos S/C Ltda., Escritório Técnico Homero Lopes e Giovanni Negrais S/C Ltda., Enciplan Engenharia e Planejamento S/C. Ltda. e Ikawa Kawata Engenharia e Construções Ltda. Participaram como colaboradores os arquitetos Sérgio Ficher, Henrique Cambiaghi, Tadasi Akeho, Carlos Cesar R. J. Ekman e Eliza Yamada, o engenheiro Hidetoci Kawata e o paisagista Luciano Fiaschi. As mesmas empresas e especialistas foram responsáveis pelas unidades regionais da Prodesp em Bauru e Campinas.

Edifício Acal, vista aérea, Cidade Jardim, São Paulo, 1974, arquitetos Pedro Paulo de Melo Saraiva, Sérgio Ficher e Henrique Cambiaghi

não estão determinados, constrangidos ou controlados por pilares, vigas e lajes; como, de fato, Le Corbusier mostra em sua obra completa com sofríveis desenhos das habitações Dom-Ino de 1914.[47]

No Edifício Acal, de 1974, a fachada estrutural propicia grandes balanços nas arestas do volume. Saraiva adianta-se para alertar que as treliças de concreto não são apenas um brise-soleil, como muitos antecipam, já que corresponde a um robusto plano de estrutura vertical capaz de sustentar balanços importantes das lajes sem recorrer a pilares. Na verdade, é uma solução que cumpre duas finalidades e amplia sua importância para o edifício. Como uma espécie de exoesqueleto copiada da natureza que permite à estrutura vertical do edifício desocupar-se das cargas de um nono da área das lajes.

A solução de fachada e estrutura do Edifício Acal é transladada para o projeto da Prodesp de 1975, em parceria com Setsuo Kamada (1935-2005).[48] Uma lâmina com 135 metros de comprimento modulada em quadrados de 3,75m x 3,75m e três andares apresenta nas fachadas longitudinais um plano de treliças que tornam dispensáveis os pilares tradicionais dos pórticos que envolvem a construção. O conjunto é uma composição de volumes variados, com equilíbrio e correspondência formal.

Neste edifício, o tema estrutural como expressão arquitetônica se sobrepõe à forma estrutural como pauta ordenadora do edifício. A demanda figurativa dos elementos estruturais fundada em Brasília e a exigência ética reiterada pelo brutalismo instalado a partir dos anos 1960 parecem comandar as decisões do arquiteto, sem que a estrutura material – que no caso da arquitetura moderna também define estrutura formal e abstrata do edifício – deixe de cumprir esse papel. Há uma ambivalência nessas estruturas. Saraiva atualiza o sentido plástico que os arquitetos atribuem à estrutura, mas preserva a condição ordenadora e moderna que o esqueleto favorece. O desenho da fachada com um conjunto de quatro planos isolados compostos com quadrados triangulados, como decomposição do volume, deve ser creditado à sensibilidade plástica moderna, à maneira de expor importantes estruturas sem que mostrem esforço, como se fossem um aposto; algo que leva a maioria a pensar na proteção solar e a desconsiderar o esforço estrutural.

A ideia da estrutura – da estrutura moderna – como condição da arquitetura nova é compartilhada, festejada, pelos jovens arquitetos paulistas, e é provável que o exagero crescente dessa prevalência, incitado pelos exageros

acal
acal
VENDEMOS ALUGAMOS
LOJAS AREAS P ESCRITÓRIOS
TRATAR AQUI ou tel: 34-5885
acal
VENDEMOS
ALUGAMOS

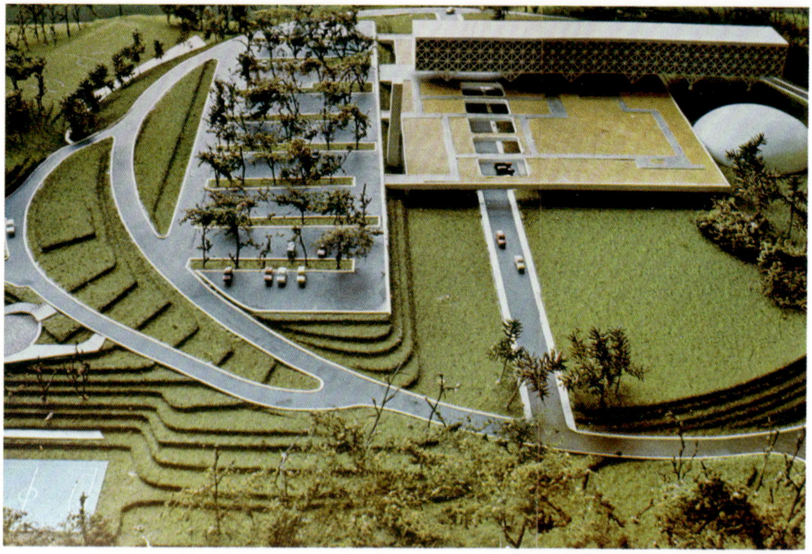

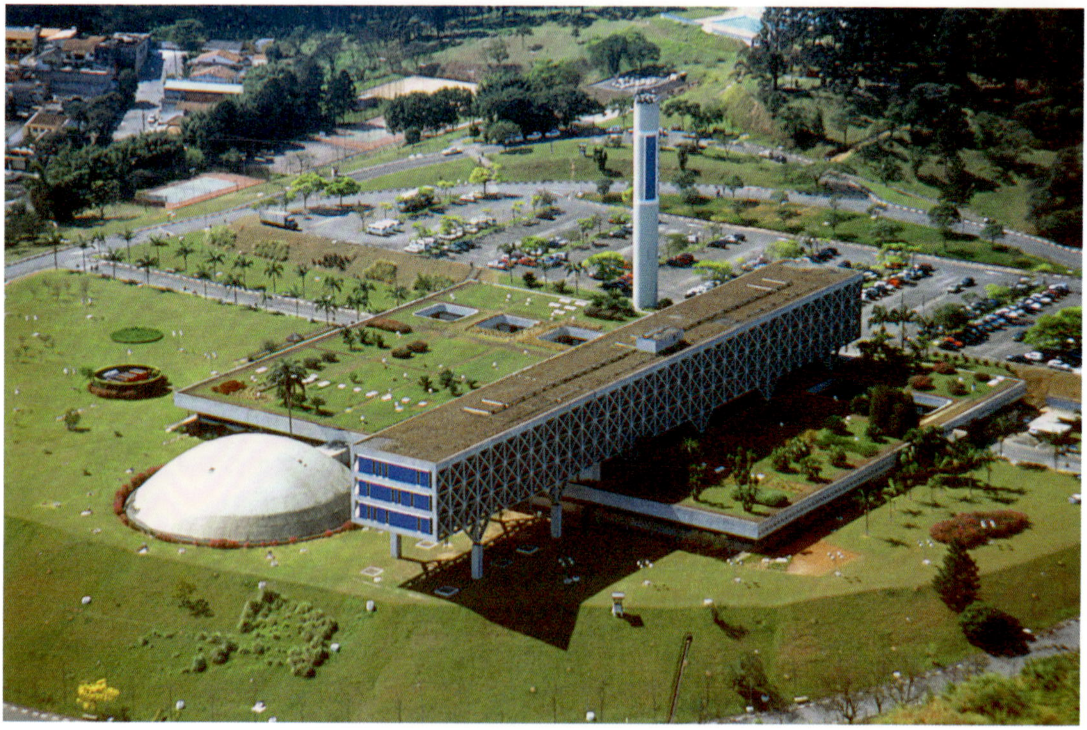

49. "Sobre o projeto, Pedro Paulo e Francisco Petracco comentam que a estrutura é composta por pórticos verticais planos, cujas dimensões ultrapassam de muito os espaços fechados do edifício, repetidos por translação a distâncias regulares. Tais feixes paralelos de lâminas geratrizes definem o volume visual do prédio. Sua concepção não foi um fato isolado de inspiração momentânea, mas resultado de um processo de observação crítica e criativa da arquitetura. O arrojo da solução estrutural exigiu do engenheiro Mário Franco critérios de dimensionamento e detalhamento estrutural muito além dos usuais, sequer imaginados pelos autores das Normas Técnicas, transformando o projeto em referência importante na história do concreto armado no Brasil". VASCONCELOS, Grace Abrahão Souza de Frias. *A arquitetura de Pedro Paulo de Melo Saraiva: 1954 a 1975 e o Edifício 5ª Avenida*, p. 111.

brasilienses inaugurados em 1960, favoreça a expressão estrutural típica do período, genericamente catalogado como brutalismo paulista. A superioridade estrutural desagua em supremacia estrutural, num processo estético que retoma a figura arquitetônica e descarta a forma moderna, marcada pela abstração, síntese e concicão.

Há poucos anos da formatura, Saraiva e os jovens colegas compartilham novas obrigações, pressão midiática, convívio com o sucesso e popularização da arquitetura espetacular, símbolo de modernidade e progresso nacional. A esquelética e discreta estrutura de pilares e vigas disfarçados nos planos internos é sempre amistosa com o *cladding*, com um fechamento a seco de panos de vidro ou com as antigas, neoplasticistas e indefectíveis janelas Ideal. A estrutura dos vãos econômicos e eficientes é substituída, segundo a inteligente alegoria biológica proposta por Saraiva, por um exoesqueleto, ou pelo expressionismo estrutural que agora antecipa e muscula a estrutura do maior vão, não apenas para cumprir a condição constitutiva, mas também como figura, como a própria apresentação do edifício. Saraiva adapta-se a essa mudança, concorda com o novo papel acumulado pela estrutura como a que ornamenta e monumentaliza palácios e programas representativos de Brasília.

A maneira de tornar a estrutura evidente é variada na obra de Saraiva. Talvez, a mais emblemática de todas deva ser considerada a do Clube XV,[49] de 1963, em Santos, objeto de um concurso vencido em conjunto com Francisco Petracco, com a colaboração de Teru Tamaki e Heládio Mancebo. Nessa configuração pode ser apontada a adesão a um renovado artifício da arquitetura moderna brasileira, a um expediente dos arquitetos para sobressaírem-se com solução misteriosa e excêntrica, com a ideia de elementos estruturais descomunais e predominantes, com uma vertebração de pórticos a cada dois metros e extrema disparidade dos vãos nos sentidos ortogonais, diferente da estruturação típica e eficiente de pilares e vigas para problemas construtivos conhecidos e variados. Os arquitetos têm consciência da extraordinária expectativa formada em torno da imaginação, sabem que a concorrência no concurso pede um partido inesperado com imagens corajosas e impactantes que ratifiquem a transformação do Brasil pela arquitetura, que ratifiquem a exitosa transmutação artística em andamento. É possível estabelecer paralelo entre partidos – nesse caso, o termo é muito

Sede Administrativa da Prodesp, modelo físico e vista aérea, Taboão da Serra, 1975, arquitetos Pedro Paulo de Melo Saraiva e Setsuo Kamada

Sede Administrativa da Companhia de Processamento de Dados do Estado de São Paulo – Prodesp

"As duas treliças estruturais que definem o edifício principal se apoiam em oito pontos diretamente sobre as fundações e fazem estes apoios "cantar" sobre aparelhos *Freyssinet*". PPMS

Sede Administrativa da Prodesp, Taboão da Serra, 1975, arquitetos Pedro Paulo de Melo Saraiva e Setsuo Kamada

136

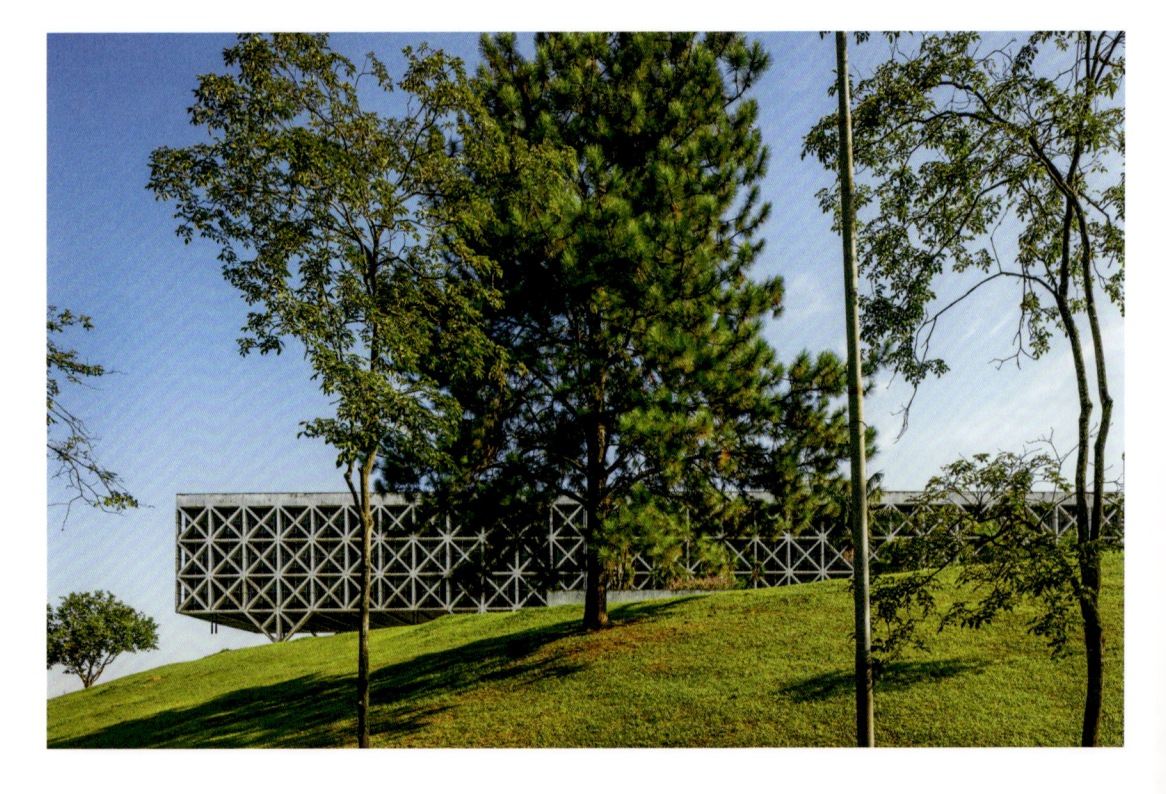

Sede Administrativa da Prodesp, vistas, fachada lateral e vista da rua interna, Taboão da Serra, 1975, arquitetos Pedro Paulo de Melo Saraiva e Setsuo Kamada

Sede Administrativa da Prodesp, detalhe da estrutura, vistas do auditório e interna, Taboão da Serra, 1975, arquitetos Pedro Paulo de Melo Saraiva e Setsuo Kamada

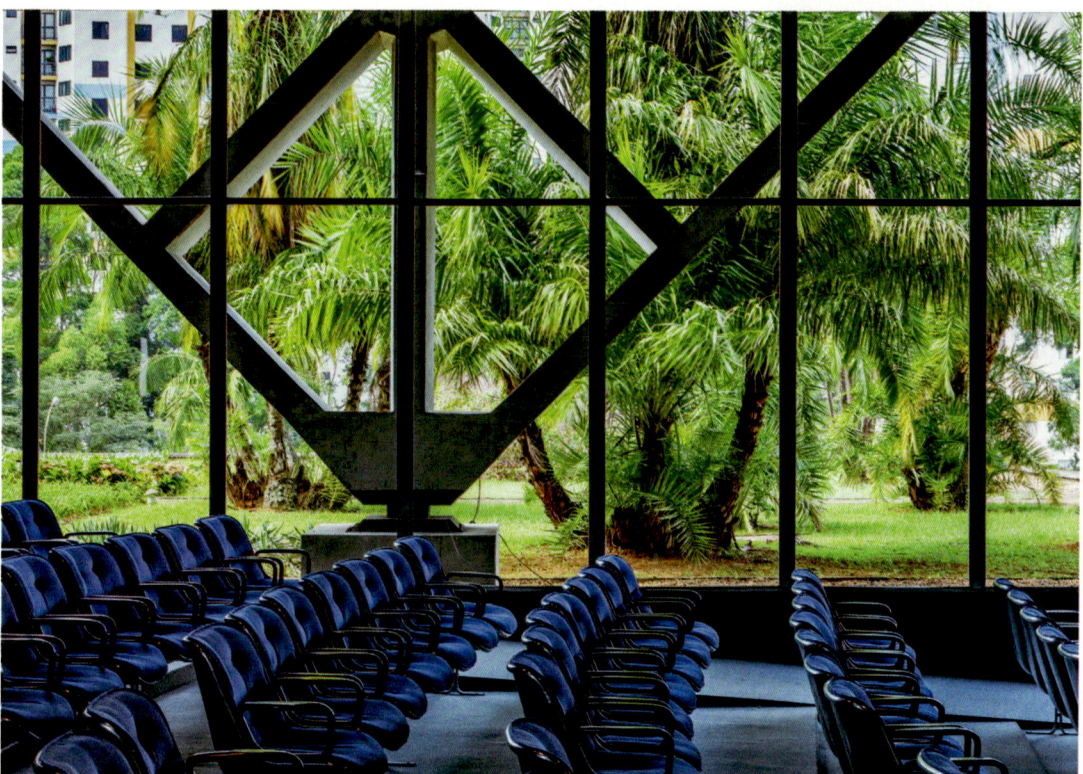

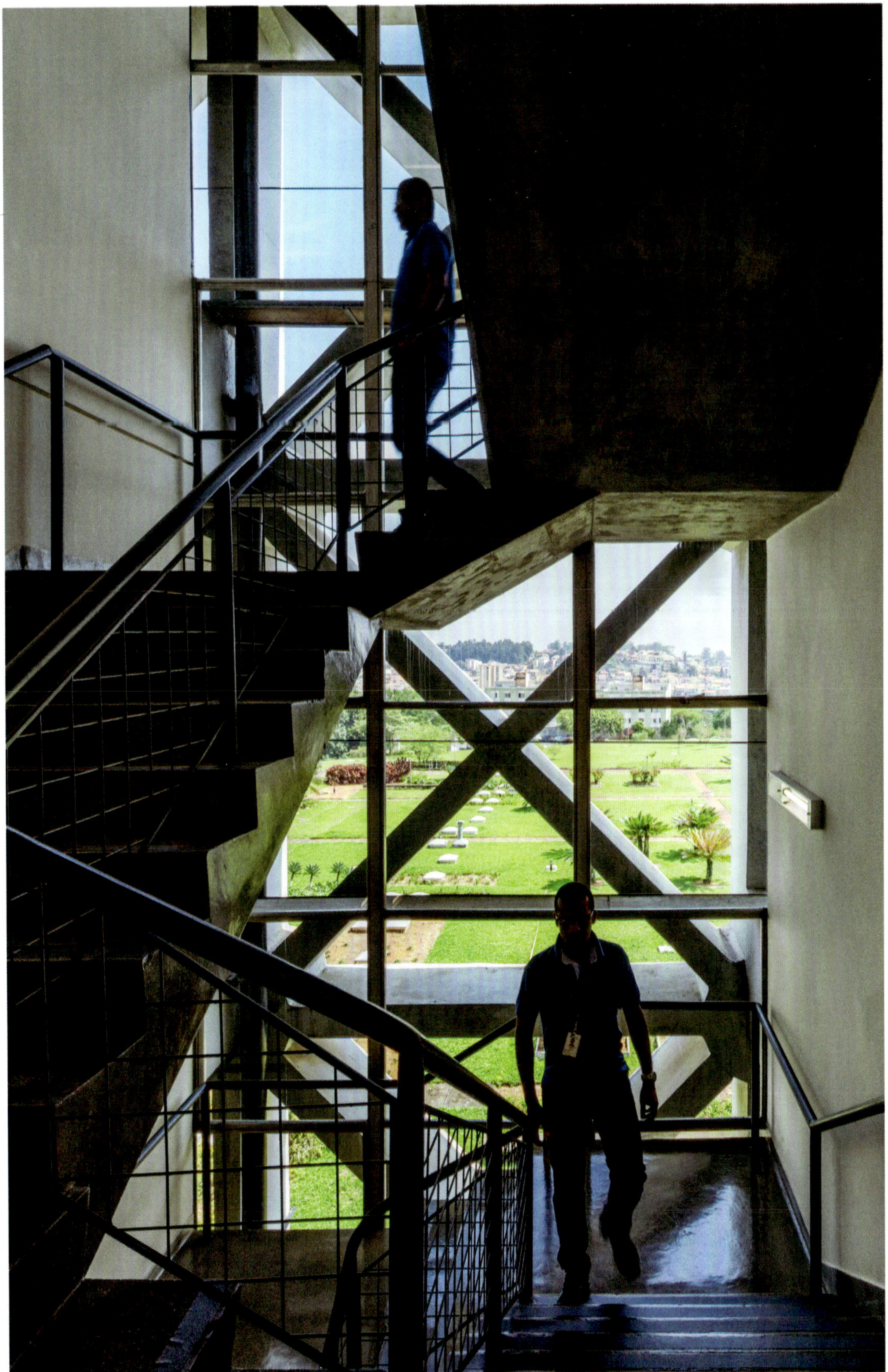

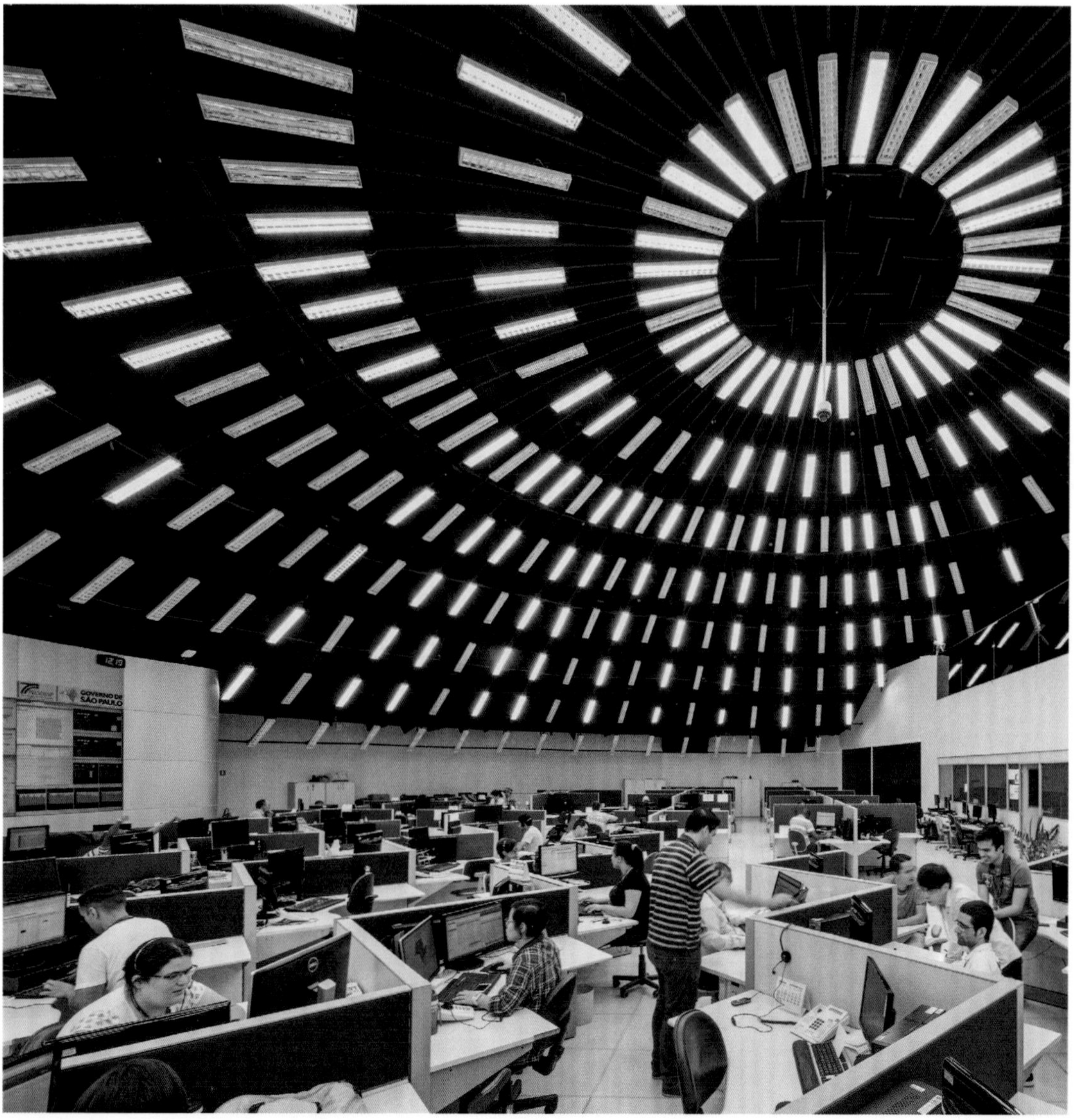
GOVERNO DO
SÃO PAULO

Sede Administrativa da Prodesp, vistas do Centro de Operações e das escadarias do saguão, Taboão da Serra, 1975, arquitetos Pedro Paulo de Melo Saraiva e Setsuo Kamada

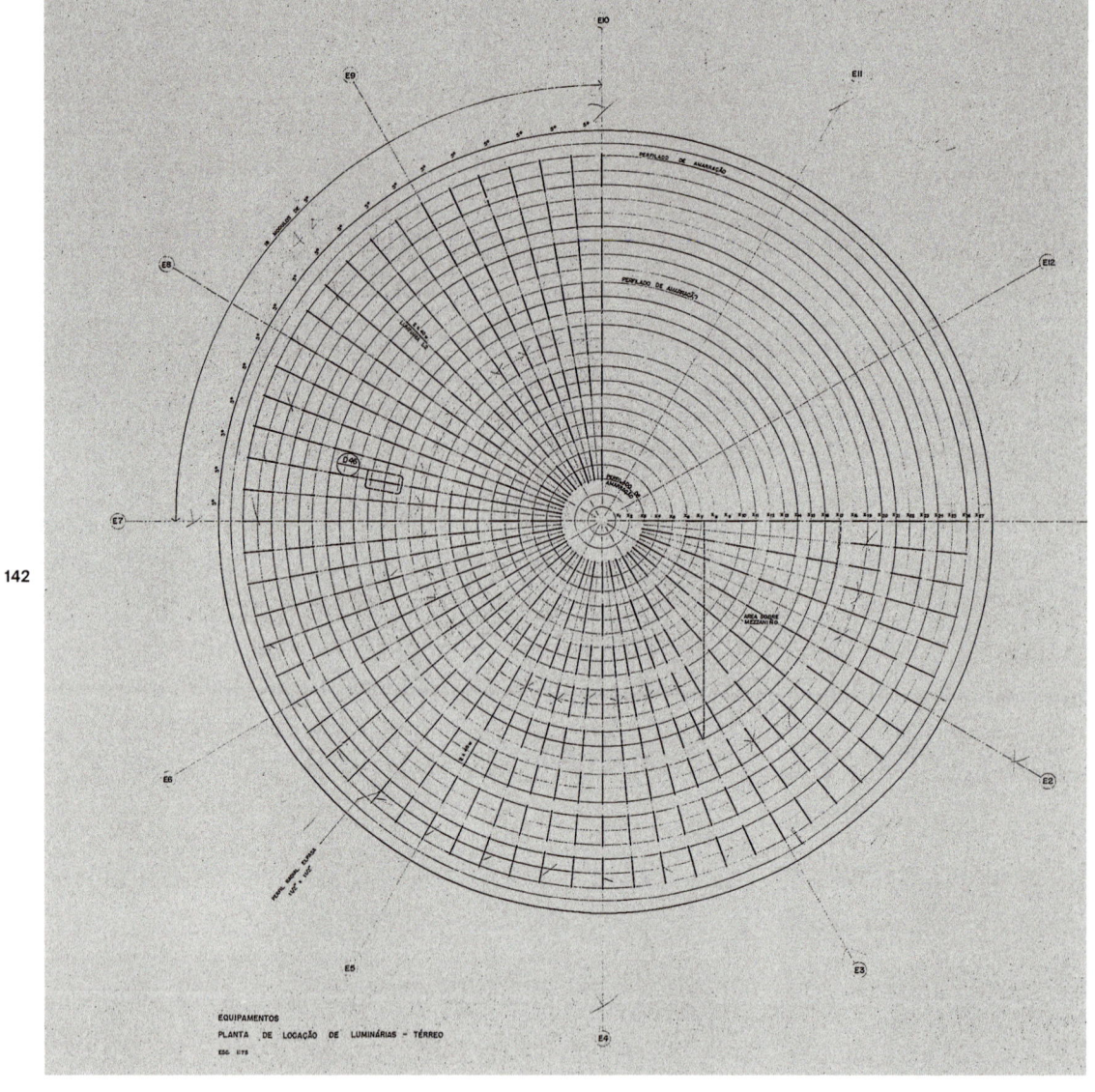

Sede Administrativa da Prodesp, planta de forro e detalhes do Centro de Operações, elevações, corte e detalhes da estrutura, Taboão da Serra, 1975, arquitetos Pedro Paulo de Melo Saraiva e Setsuo Kamada

143

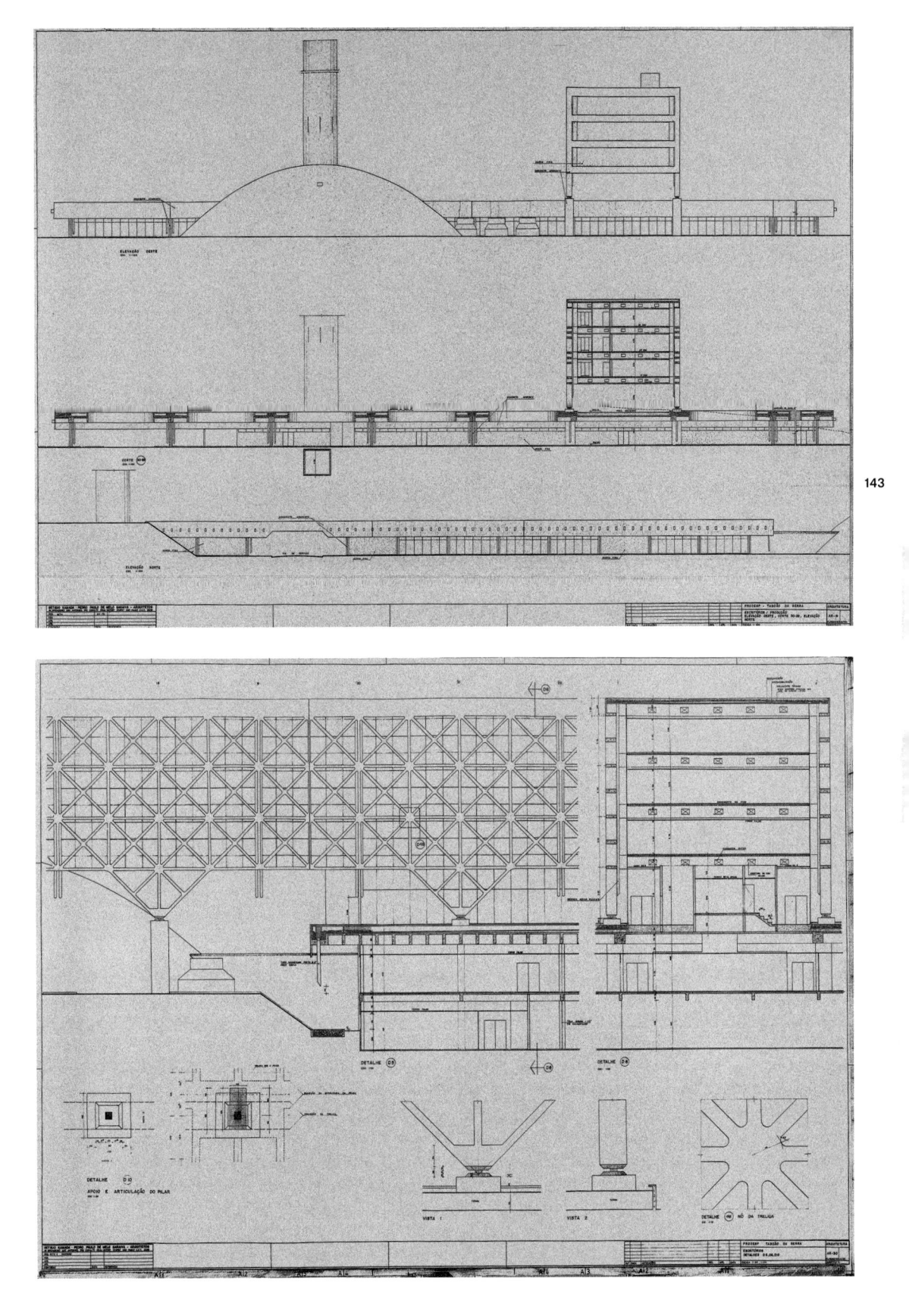

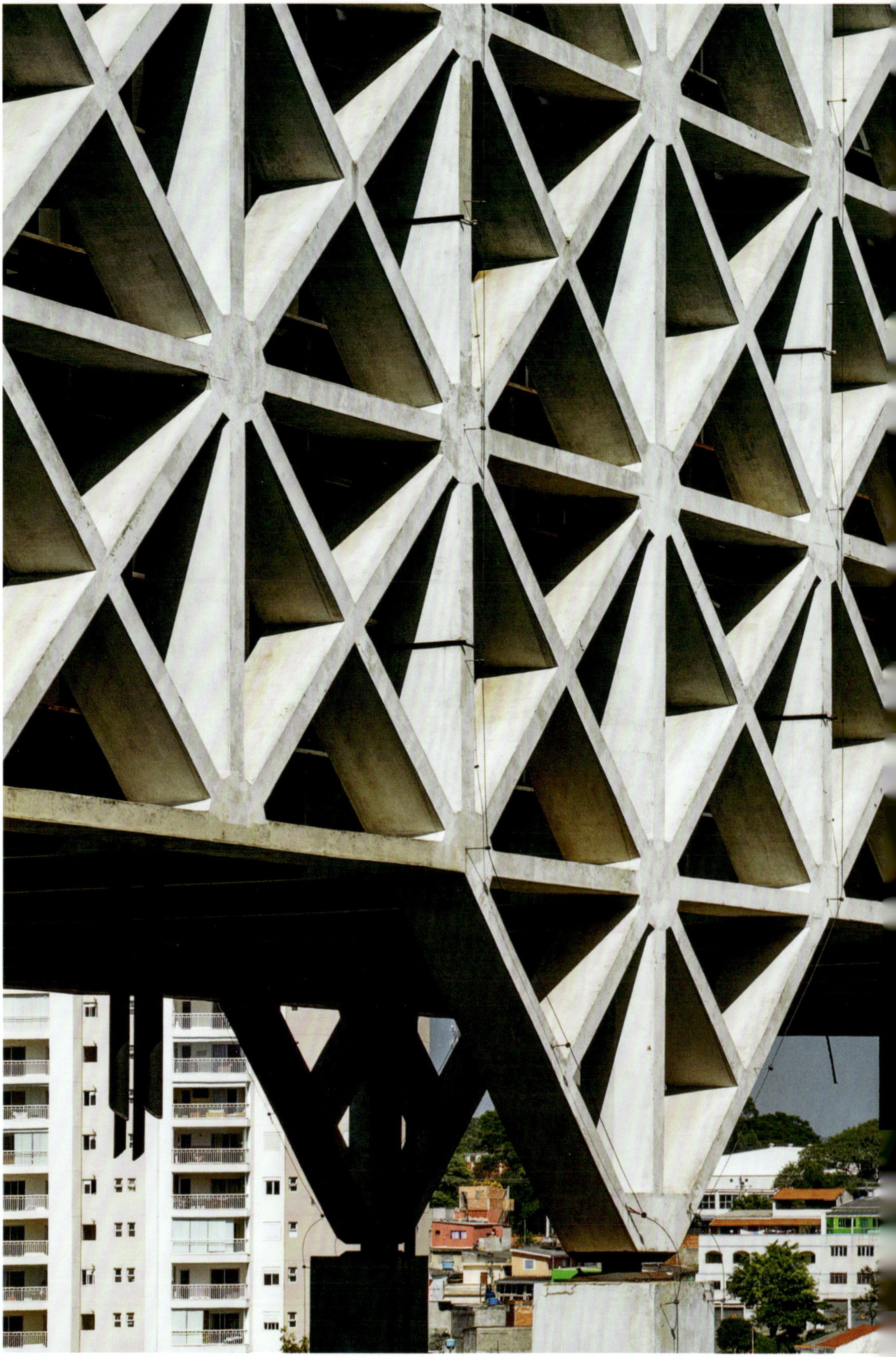

145

**Palácio da Justiça do Estado de Santa Catarina
e Fórum de Florianópolis**

"Projeto selecionado em concurso público nacional, foi executado em terreno vizinho à Assembleia Legislativa. A Sala do Júri situa-se no vazio do meio do edifício e a Sala de Sessões do Tribunal está localizada no último pavimento". PPMS.

Palácio da Justiça do Estado de Santa Catarina e Fórum de Florianópolis, foto aérea da face leste com Assembleia Legislativa à frente e vista da face oeste do Palácio, Florianópolis, 1966, arquitetos Pedro Paulo de Melo Saraiva, Francisco Petracco e Sami Bussab

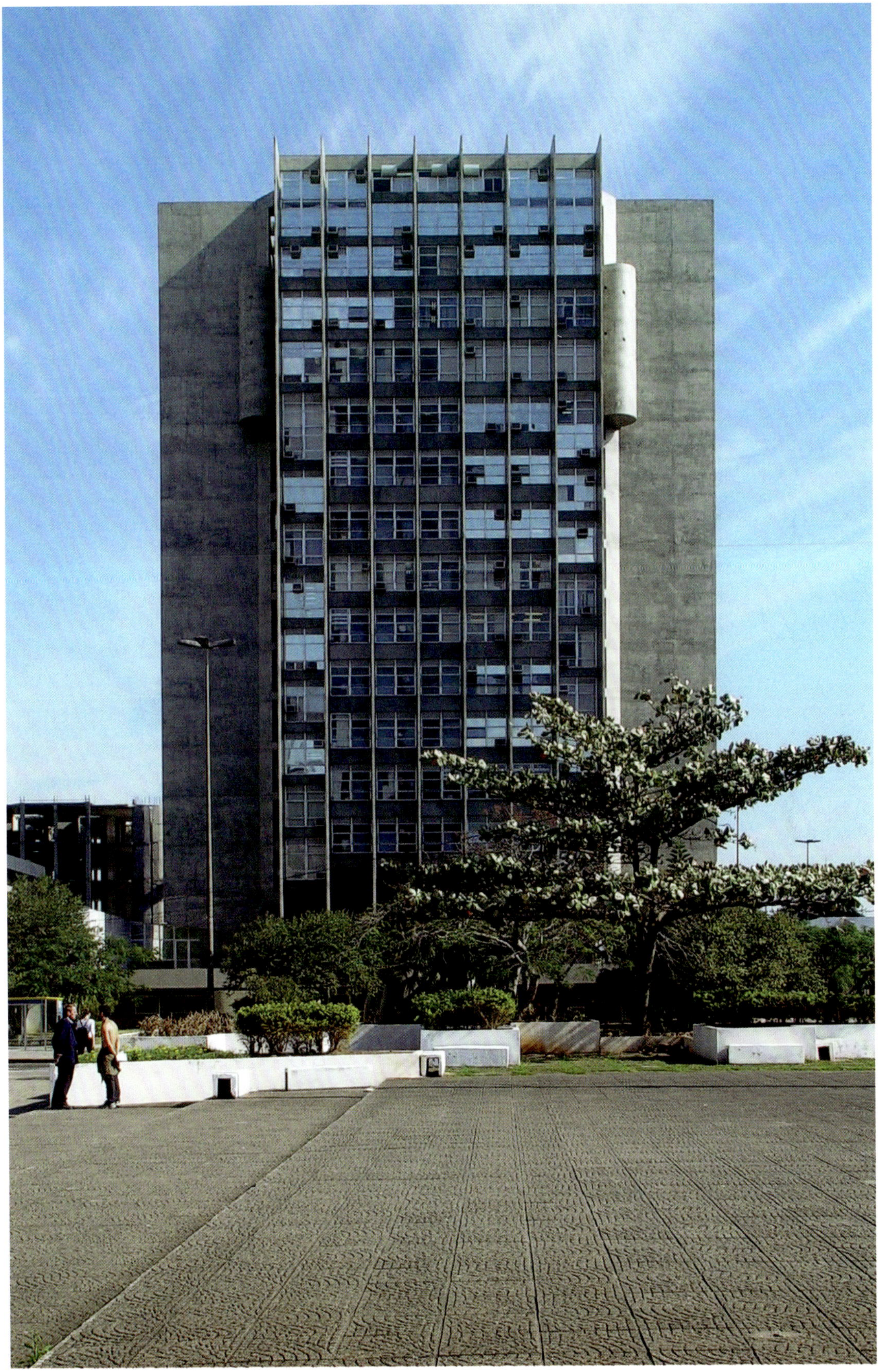

LEGENDA
1 — TRIBUNAL DE JUSTIÇA DE SANTA CATARINA
2 — ASSEMBLÉIA LEGISLATIVA DE SANTA CATARINA

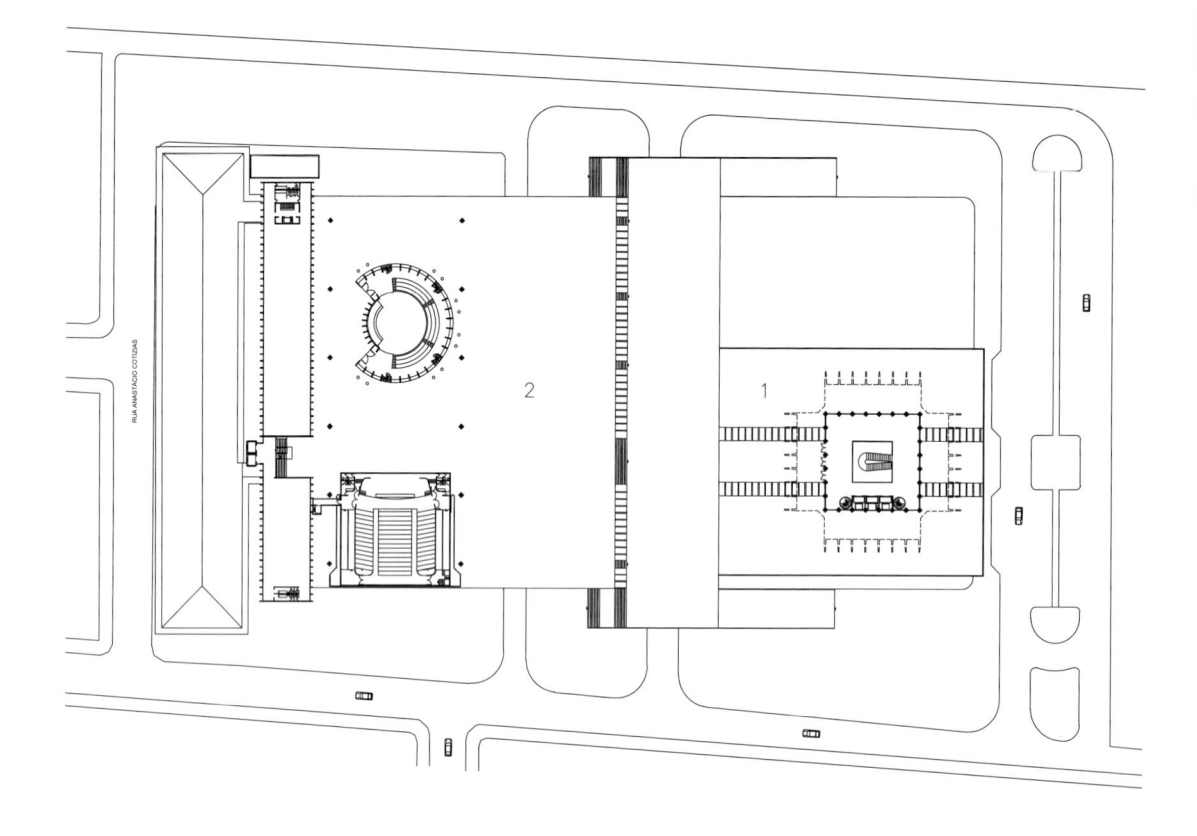

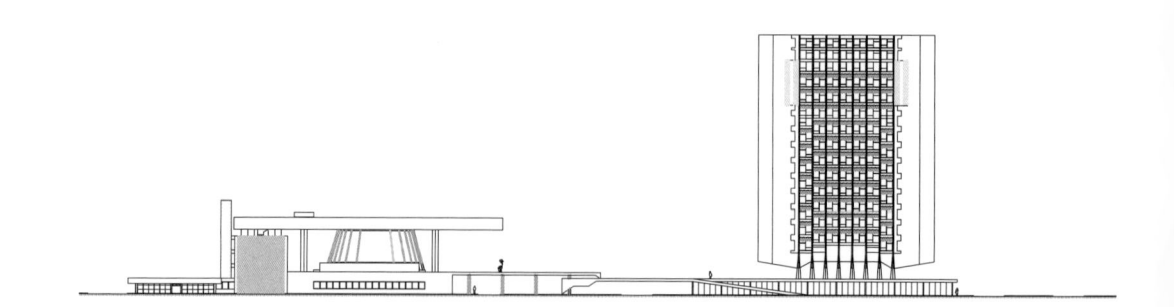

IMPLANTAÇÃO DO CONJUNTO — ASSEMBLÉIA LEGISLATIVA E TRIBUNAL DE JUSTIÇA DE SANTA CATARINA

ELEVAÇÃO DO CONJUNTO — ASSEMBLÉIA LEGISLATIVA E TRIBUNAL DE JUSTIÇA DE SANTA CATARINA

PLANTA PAVIMENTO TIPO

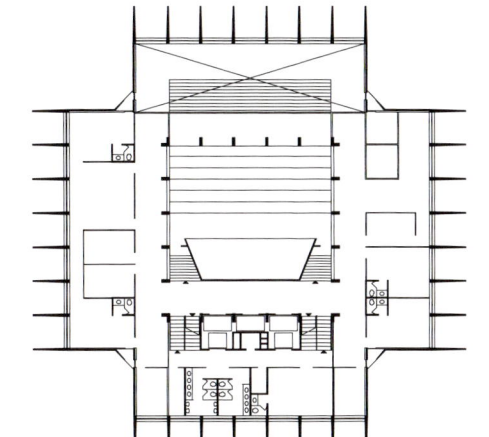

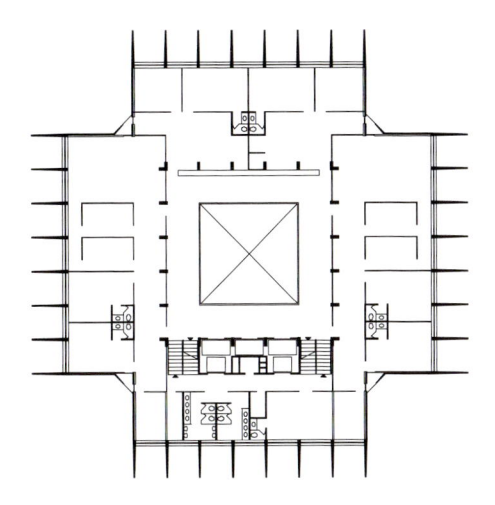

PLANTA 6° PAVIMENTO

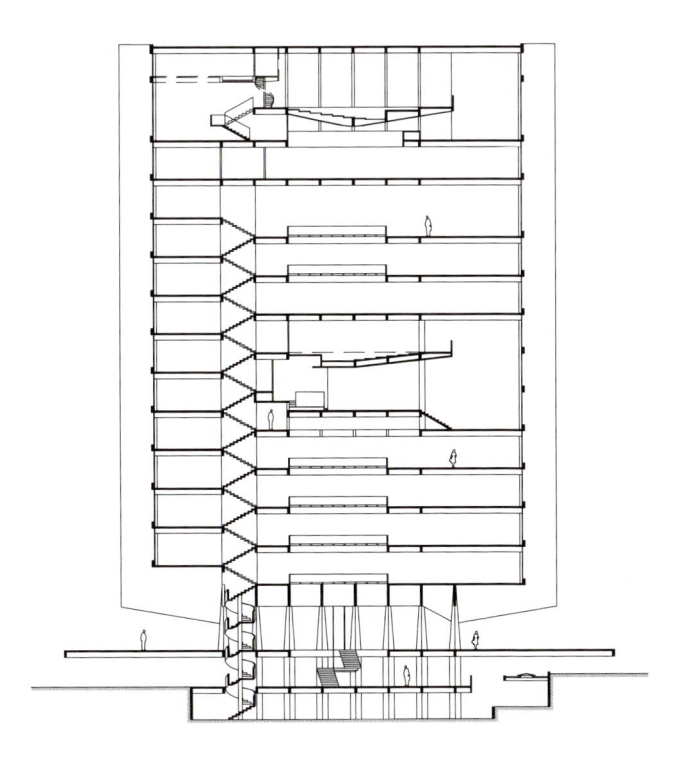

CORTE

Palácio da Justiça do Estado de Santa Catarina e Fórum de Florianópolis, implantação e corte gerais do Palácio da Justiça e da Assembleia Legislativa, plantas tipo e 6° pavimentos e corte transversal do Palácio da Justiça, Florianópolis, 1966, arquitetos Pedro Paulo de Melo Saraiva, Francisco Petracco e Sami Bussab

Sede Social do Clube XV de Santos
"Explorar pequenos vãos justapostos permitiu ao edifício de concreto armado equilibrar-se nos seus 33 metros de vão e 11 metros de balanço com dimensões bastante esbeltas". PPMS

Sede Social do Clube XV de Santos, 1º lugar em concurso público, perspectiva, Santos, 1963, arquitetos Pedro Paulo de Melo Saraiva e Francisco Petracco

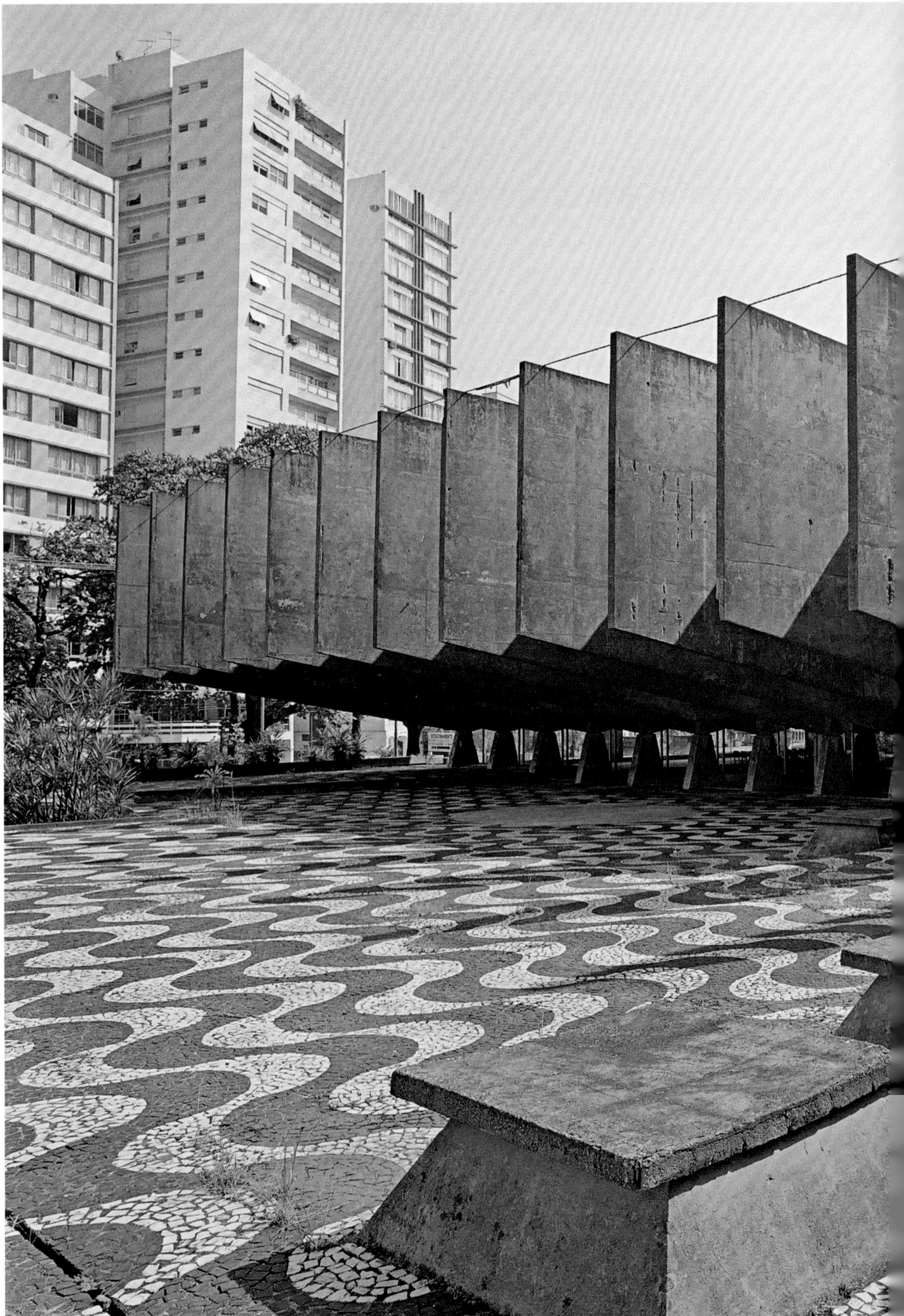

Sede Social do Clube XV de Santos, vista da fachada, Santos, 1963, arquitetos Pedro Paulo de Melo Saraiva e Francisco Petracco

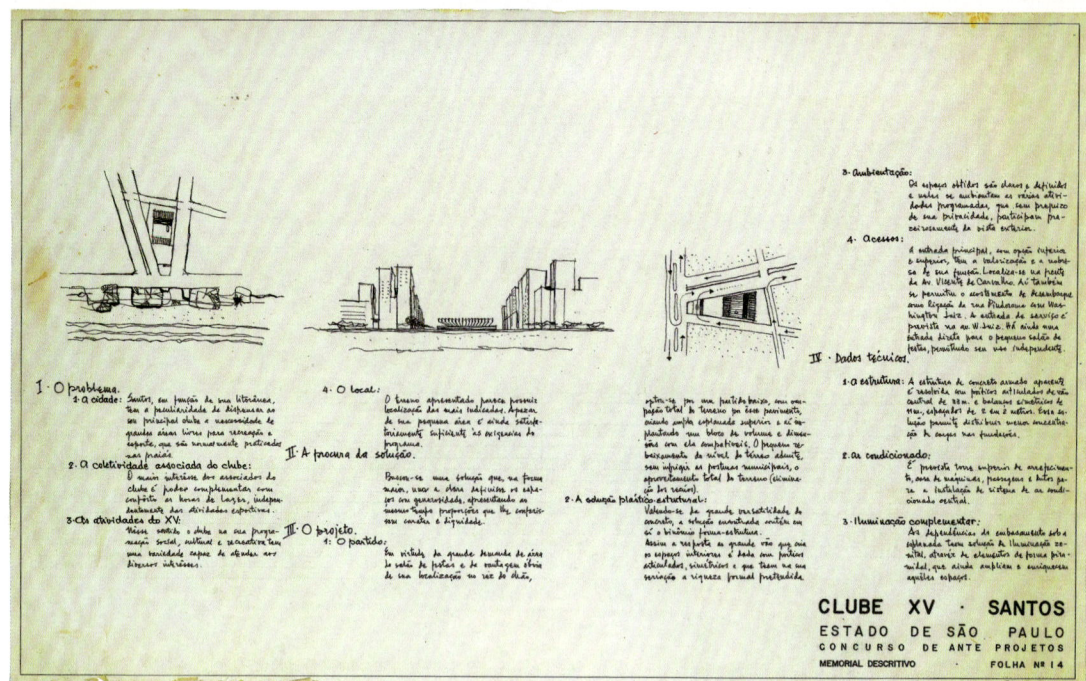

à esquerda

Sede Social do Clube XV de Santos, prancha com memorial descritivo do concurso e perspectivas do projeto vencedor do concurso, Santos, 1963, arquiteto Pedro Paulo de Melo Saraiva e Francisco Petracco

à direita

Sede Social do Clube XV de Santos, cortes e elevações do projeto executivo do concurso, Santos, 1963, arquitetos Pedro Paulo de Melo Saraiva e Francisco Petracco

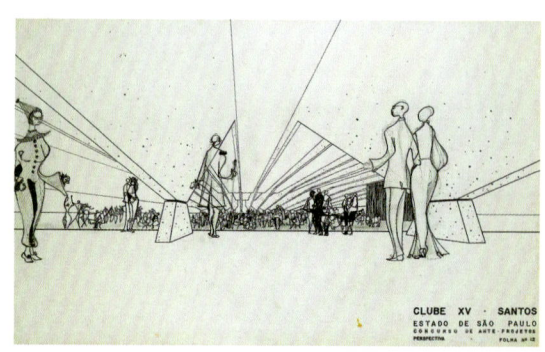

155

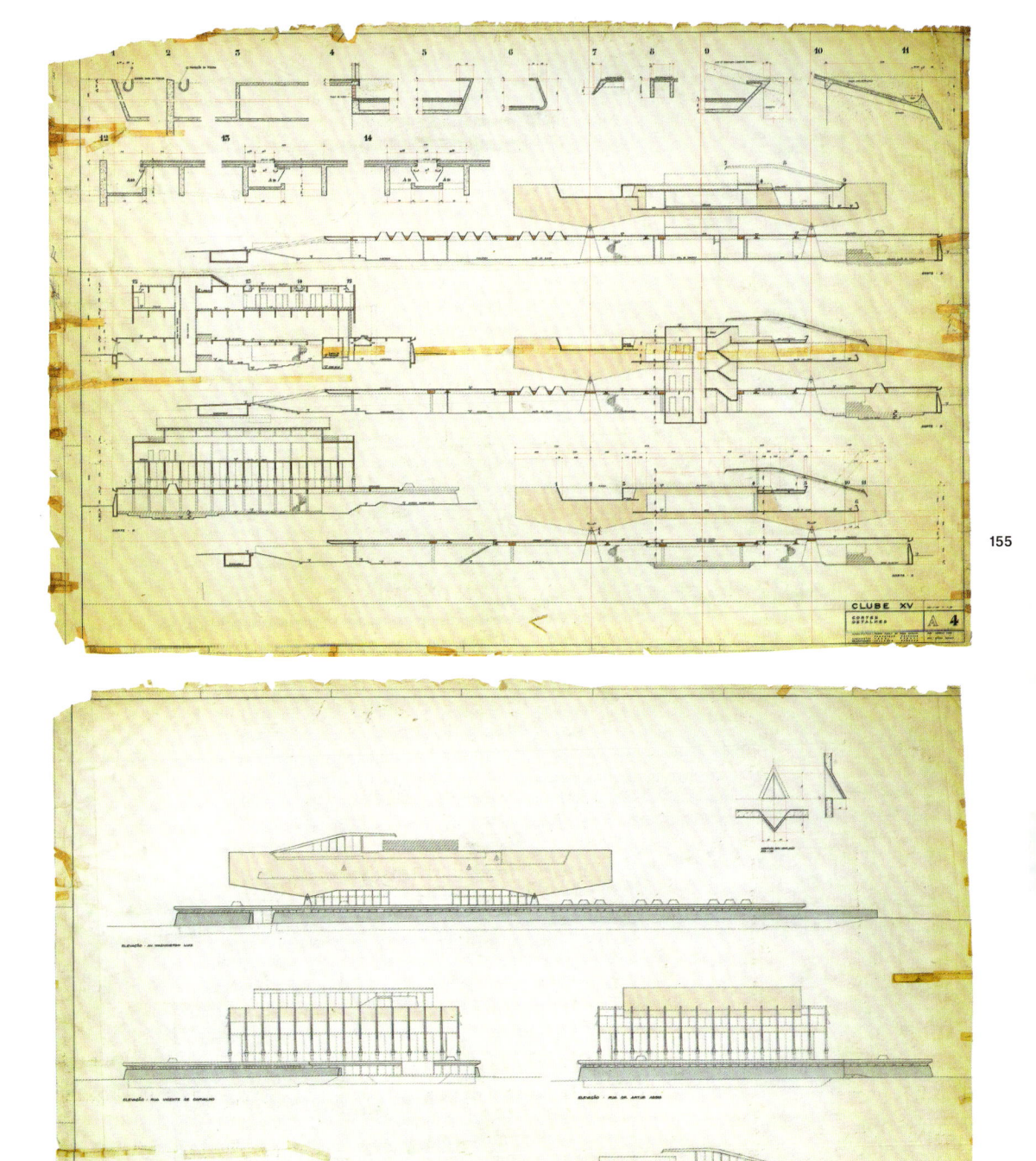

Sede Social do Clube
XV de Santos, plantas
do embasamento,
térreo, 1º pavimento
e 2º pavimento,
Santos, 1963,
arquitetos Pedro
Paulo de Melo Saraiva
e Francisco Petracco

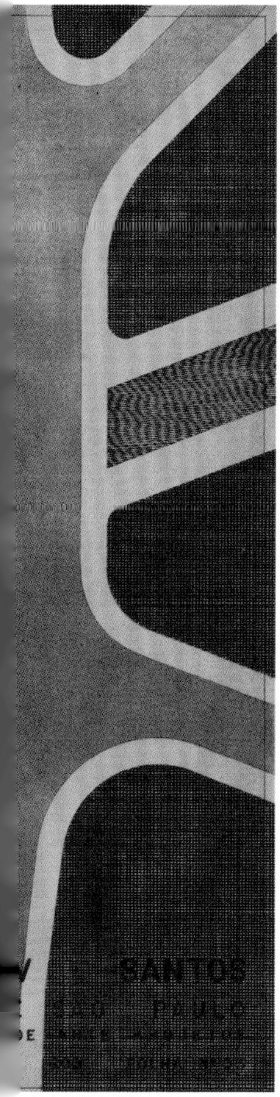
SANTOS
SÃO PAULO

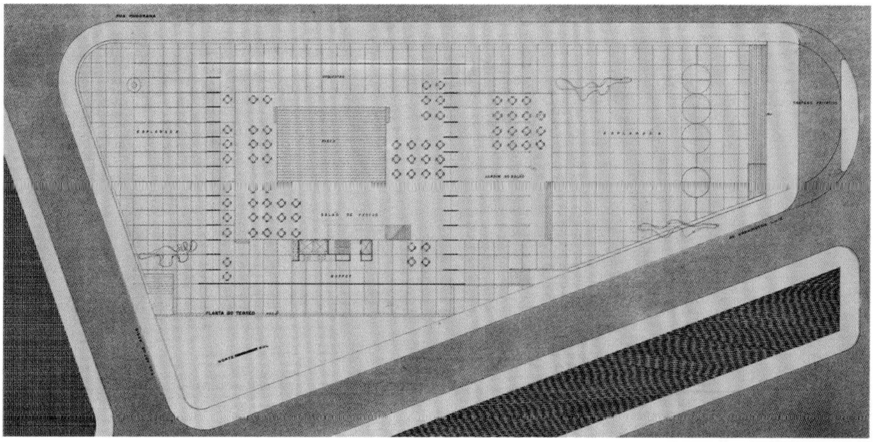

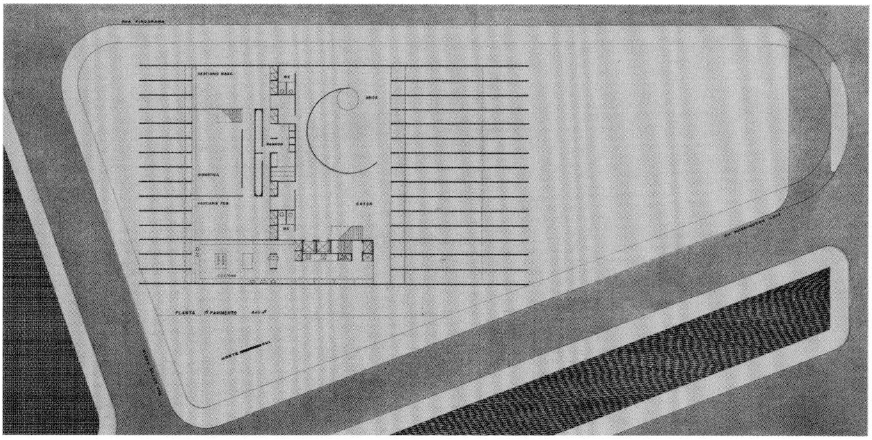

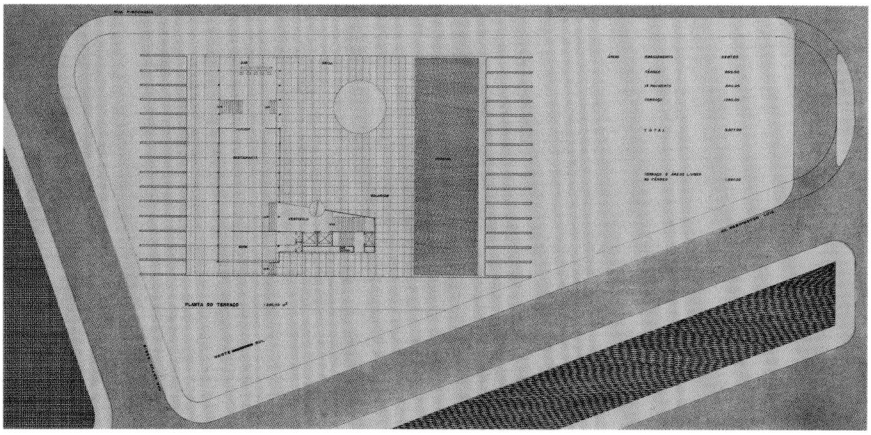

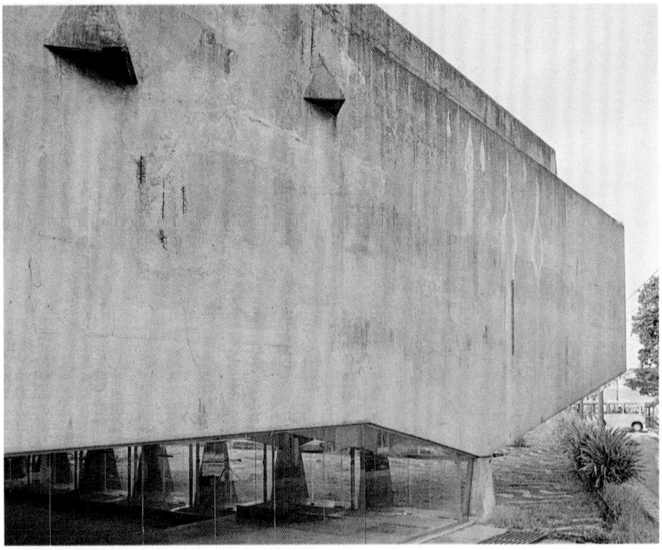

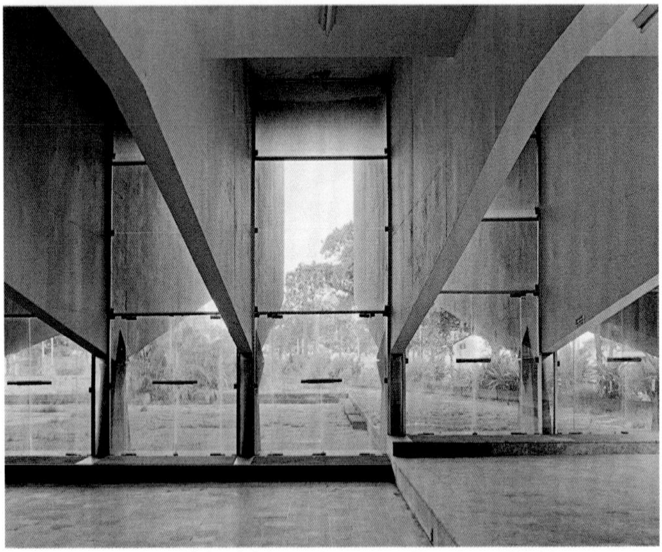

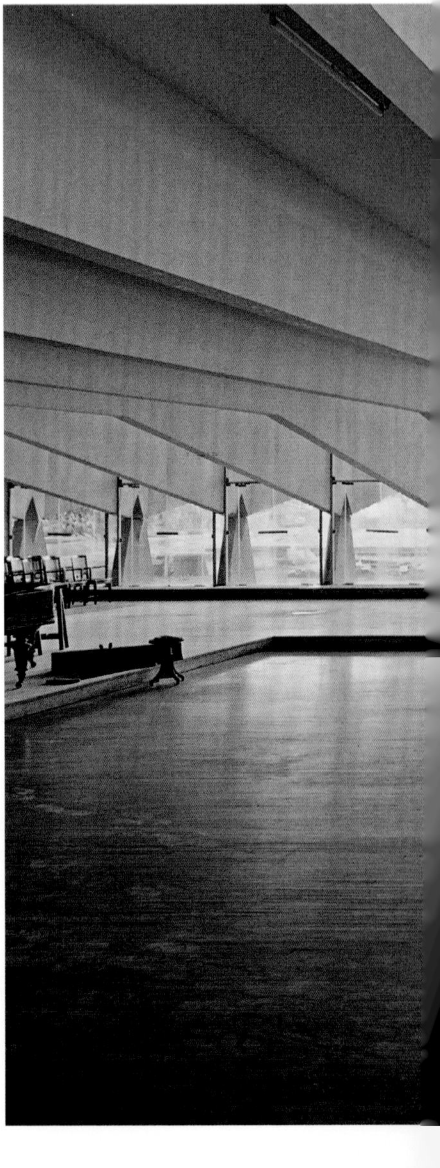

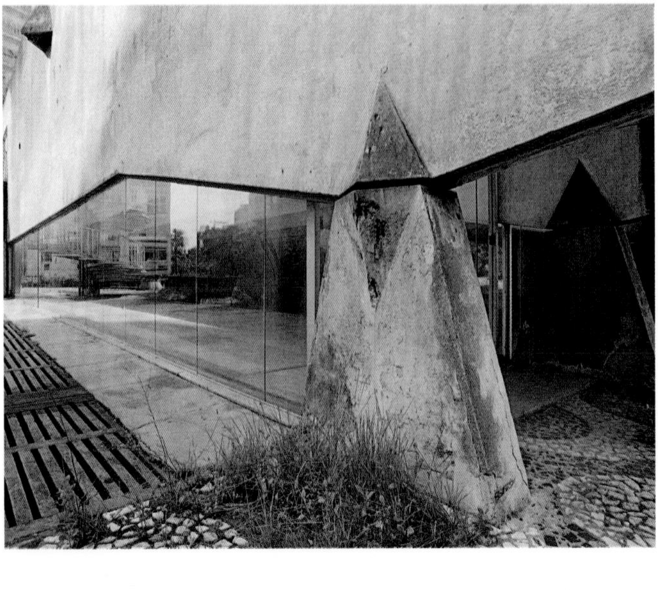

Sede Social do Clube XV de Santos, vistas da empena lateral, estrutura e salão, Santos, 1963, arquitetos Pedro Paulo de Melo Saraiva e Francisco Petracco

Edifício Acal, vista da fachada principal, Cidade Jardim, São Paulo, 1974, arquitetos Pedro Paulo de Melo Saraiva, Sérgio Ficher e Henrique Cambiaghi

apropriado – do Clube XV e do Palácio da Justiça de Santa Catarina, de 1966-1968, com Francisco Petracco. Os intermináveis e comprimidos planos verticais definem fachadas duras e elementares com sombras profundas e dramáticas, sombras que se repetem muitas vezes na obra de Saraiva.

O Clube XV em Santos aparenta ser, simplesmente, uma repetição de quinze vigas isostáticas biapoiadas, muito emparelhadas, com um vão central de 33 metros e balanços para ambos os lados de 11 metros, uma estrutura com proporção de 1:3:1. O vão no sentido transversal dos pórticos é desprezível, vence apenas 2,5 metros. A estrutura principal é importante e está construída com vigas muito esbeltas de 15 centímetros de espessura, porém muito altas, o suficiente para que possam ser calculadas pelo método Vierendeel; portanto, perfuradas e habitadas, com entrega em mísula nos apoios, com um formato que acata o gráfico de esforços, que explicita a expressão brutalista: aparência paulistana, por reivindicar sua fidelidade à forma estrutural. Abaixo, sob, entre e acima dessa estrutura – calculada pelos engenheiros Mário Franco e Júlio Kassoy – acontecem todas as atividades de um clube voltado para eventos sociais. Saraiva cita as vantagens de estabelecer estruturas com vãos tão discrepantes, como uma maneira de dar importância a determinados elementos construtivos encarregados de solucionar o problema estrutural principal e, com isso, liberar, simplificar os demais elementos da estrutura.

O Clube XV desvendado, escondido sob um estrado de réguas é muito mais sofisticado do que aquilo que a sombra de suas vigas emparelhadas de concreto aparente possam sugerir. A implantação no terreno é precisa, o eixo dos pilares dianteiros arranca exatamente da inflexão do terreno, do ponto em que sua forma deixa de ser oblíqua para torna-se regular, para apresentar, apontar o lugar. A construção adquire estabilidade aí, o plano do térreo é elevado o suficiente para cavar 1,8 metros no terreno instável da baixada santista e solucionar parte do programa, a boate, e um dos acessos sob a praça superior e principal. No nível nobre, o feixe de pilares isola um âmbito coberto dos espaços abertos e das projeções de grandes pontas de viga cujos momentos aliviam as cargas dos vão central e principal. Desconsiderados os trinta pilares laminares e a caixa de circulação ajustada ao ritmo estrutural, não há outros obstáculos visuais, todo o terreno de frente para o mar está liberado. Na planta do interior da estrutura estão o restaurante, a cozinha,

161

162 à esquerda

Ginásio Municipal, vista interna e escadaria de acesso, Mogi das Cruzes, 1981, arquitetos Pedro Paulo de Melo Saraiva, Sérgio Ficher e Henrique Cambiaghi

à direita

Concurso para o Edifício Sede Banco Nacional de Desenvolvimento Econômico – BNDE, atual BNDES, Brasília, 1973, arquitetos Pedro Paulo de Melo Saraiva, Sérgio Ficher e Henrique Cambiaghi os sanitários e os salões de jogo que também acessam a cobertura onde estão as piscinas, os solários, um pavilhão e o bar. Saraiva tem razão quando lamenta a demolição de seu projeto, pois suas soluções são únicas, a sua ordem interna parece irretocável.

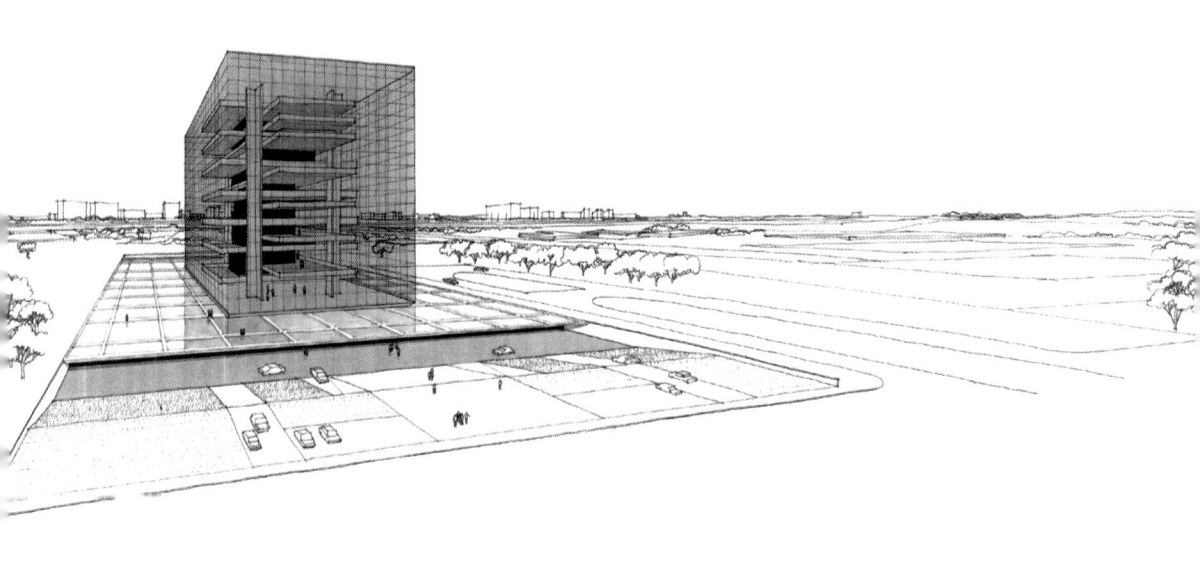

É provável que neste projeto estejam expostos com veemência dois formalismos arquitetônicos independentes e até antagônicos, porém pactuados, já que parece possível identificar nele ambivalência entre as plantas, ou entre a configuração variada, elegante e íntegra do programa e a figura inexorável e severa de pórticos valentes e vizinhos. Ambivalência admissível nesse momento, ou seja, resultado da imposição do entendimento de arquitetura como partido estrutural e estabelecida em São Paulo como provável reflexo ao abalo moderno causado pelas revisões de Team X no campo da arquitetura e ao sucesso de uma atitude artística, monumental e inventiva, além de diversa, contraposta, à arquitetura moderna aprendida e adotada pelos arquitetos brasileiros na década de 1950. De um lado, o preconceito da estrutura dominadora e insensível à conformação do edifício e, do outro, a precisão e sensibilidade formal das plantas e cortes da edificação apreendidas na faculdade, ainda que escondidas sob essa carapaça.

Assim é o Edifício Acal, de 1974, em São Paulo com Sérgio Ficher e Henrique Cambiaghi, colaboração de Carlos Henrique Vieira e cálculo estrutural dos engenheiros Mário Franco e Júlio Kassoy. Tem uma estrutura de concreto que parece evoluir com relação à proposta anterior da mesma equipe de arquitetos e colaboradores no vizinho Edifício Capitânia, em 1973, que posiciona os pilares de maneira análoga, mas convoca uma musculosa viga de transição na base da torre para promover o balanço das arestas. A diferença está nas treliças de doze pavimentos de altura capazes de esforços e balanços surpreendentes, capazes de receber, distribuir e sustentar todas cargas das lajes. Esse é o território em que Saraiva gosta de projetar, em que sabe projetar. Numa planta sucinta, com o mínimo de elementos, podem ser contados oito pilares periféricos alinhados com as quatro paredes estruturais e externas do núcleo de circulação vertical em que alinham-se também as vigas de travamento das lajes; configura-se assim a estrutura perfeita. Os pilares acusam balanços numa proporção incomum de 2:3:2, porque contam com placas estruturais exógenas, com um exoesqueleto que alivia a radiação solar sobre as cortinas de vidro e está apto para receber e apoiar as cargas das áreas

Edifício Acal

"As quatro faces do edifício tiveram tratamento uniforme composto por modulação na relação 2:3:2. Os inusitados "cantilevers" dão ao conjunto uma expressiva leveza". PPMS

Edifício Acal, Cidade Jardim, São Paulo, 1974, arquitetos Pedro Paulo de Melo Saraiva, Sérgio Ficher e Henrique Cambiaghi

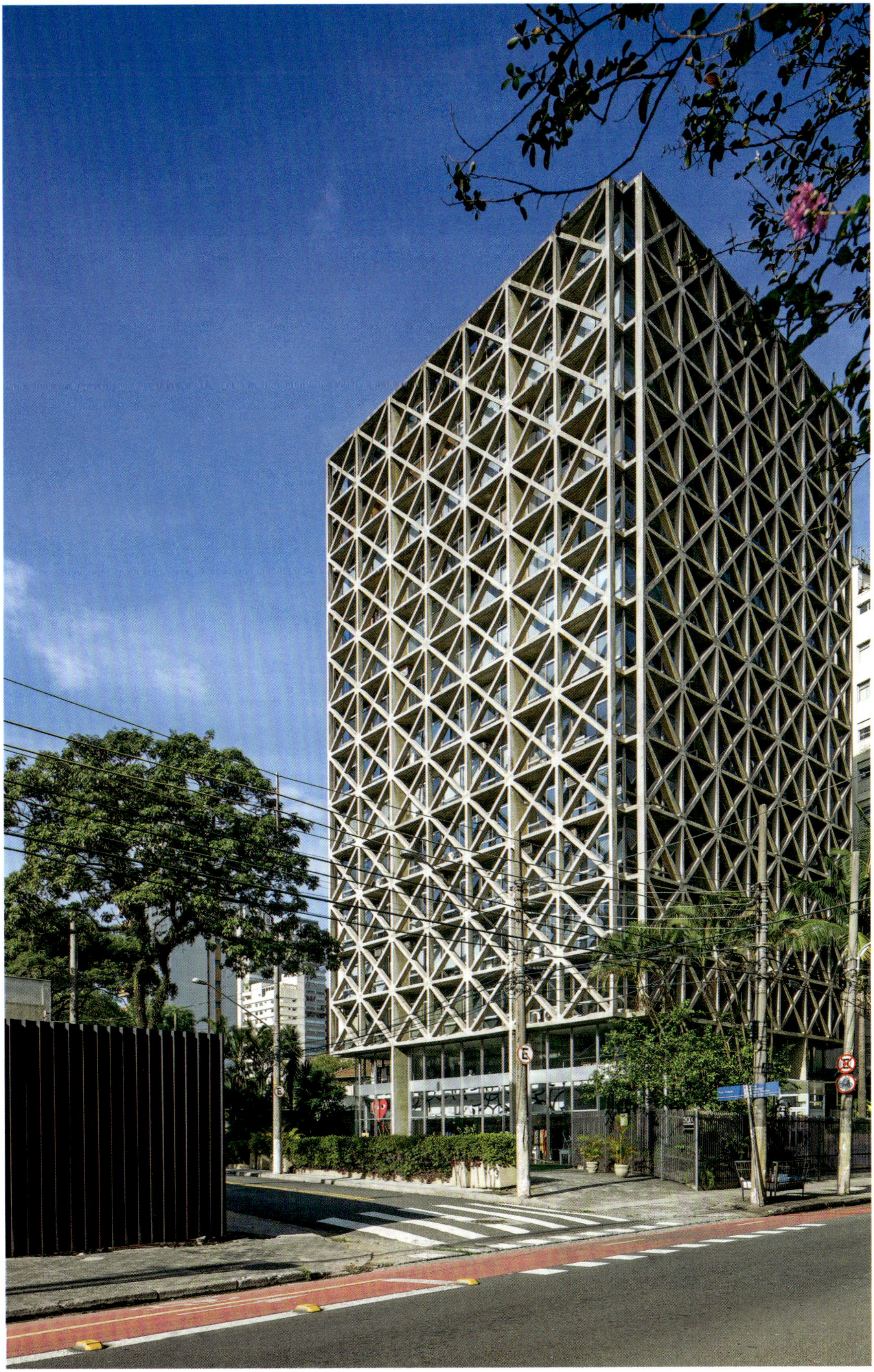

RUA ARAÇARI

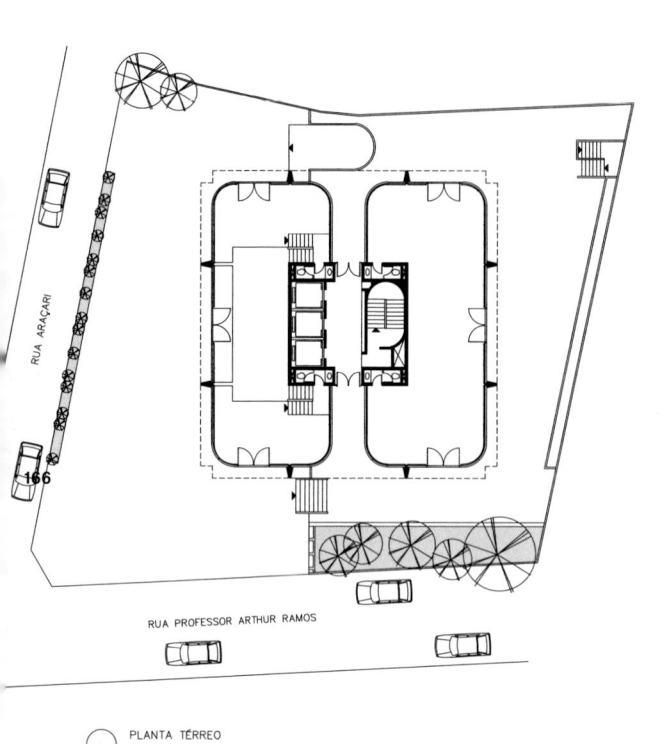

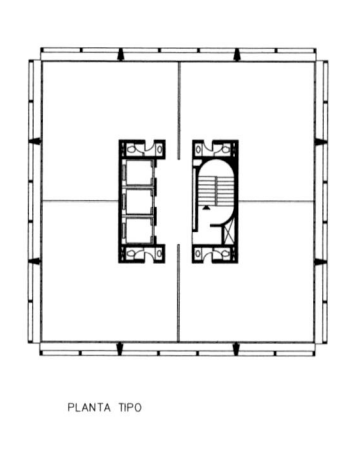

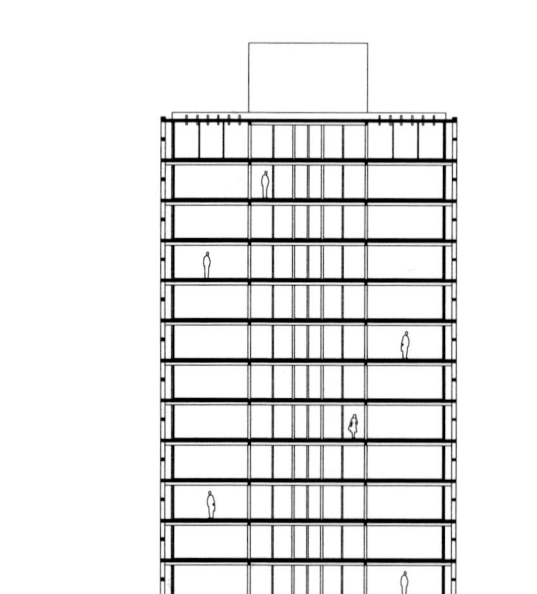

RUA PROFESSOR ARTHUR RAMOS

PLANTA TÉRREO
0 5 10

PLANTA TIPO

CORTE

ELEVAÇÃO FRONTAL

Edifício Acal, Cidade Jardim, plantas, corte e elevação, vista de detalhe estrutural e interior de conjunto, São Paulo, 1974, arquitetos Pedro Paulo de Melo Saraiva, Sérgio Ficher e Henrique Cambiaghi

Edifício Capitânia
"Os pilares trapezoidais assimilam os montantes da caixilharia de tal forma que, desde as salas, apenas as esquadrias são visíveis, pois o perfil dos pilares os torna imperceptíveis". PPMS

RUA AMAURI

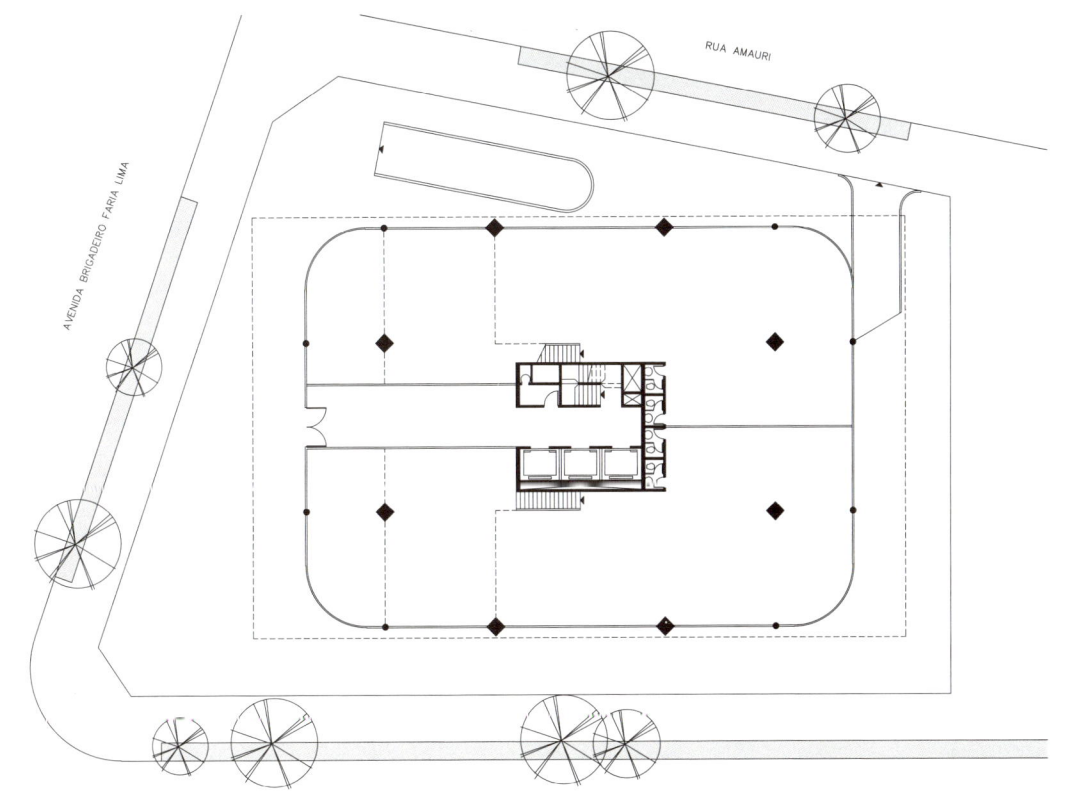

AVENIDA BRIGADEIRO FARIA LIMA

AVENIDA CIDADE JARDIM

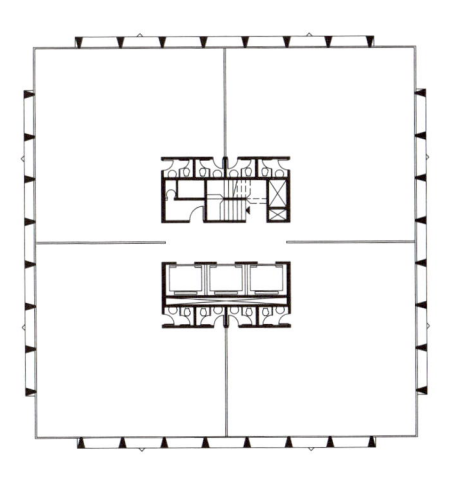

PLANTA TÉRREO
5   10

PLANTA PAVIMENTO TIPO

Edifício Capitânia, vista e plantas térreo e pavimento tipo, Cidade Jardim, São Paulo, 1973, arquitetos Pedro Paulo de Melo Saraiva, Sérgio Ficher e Henrique Cambiaghi

Edifício Pedra Grande

"A planta foi pensada inteiramente livre de pilares e a adoção de um conjunto de pórticos múltiplos constitui toda a estrutura do edifício. Este projeto ensejou inúmeros outros similares na cidade, mas nenhum outro desfruta de um vão total no pavimento". PPMS

Edifício Pedra Grande,
vistas da obra,
Jardim Paulista,
São Paulo, 1962

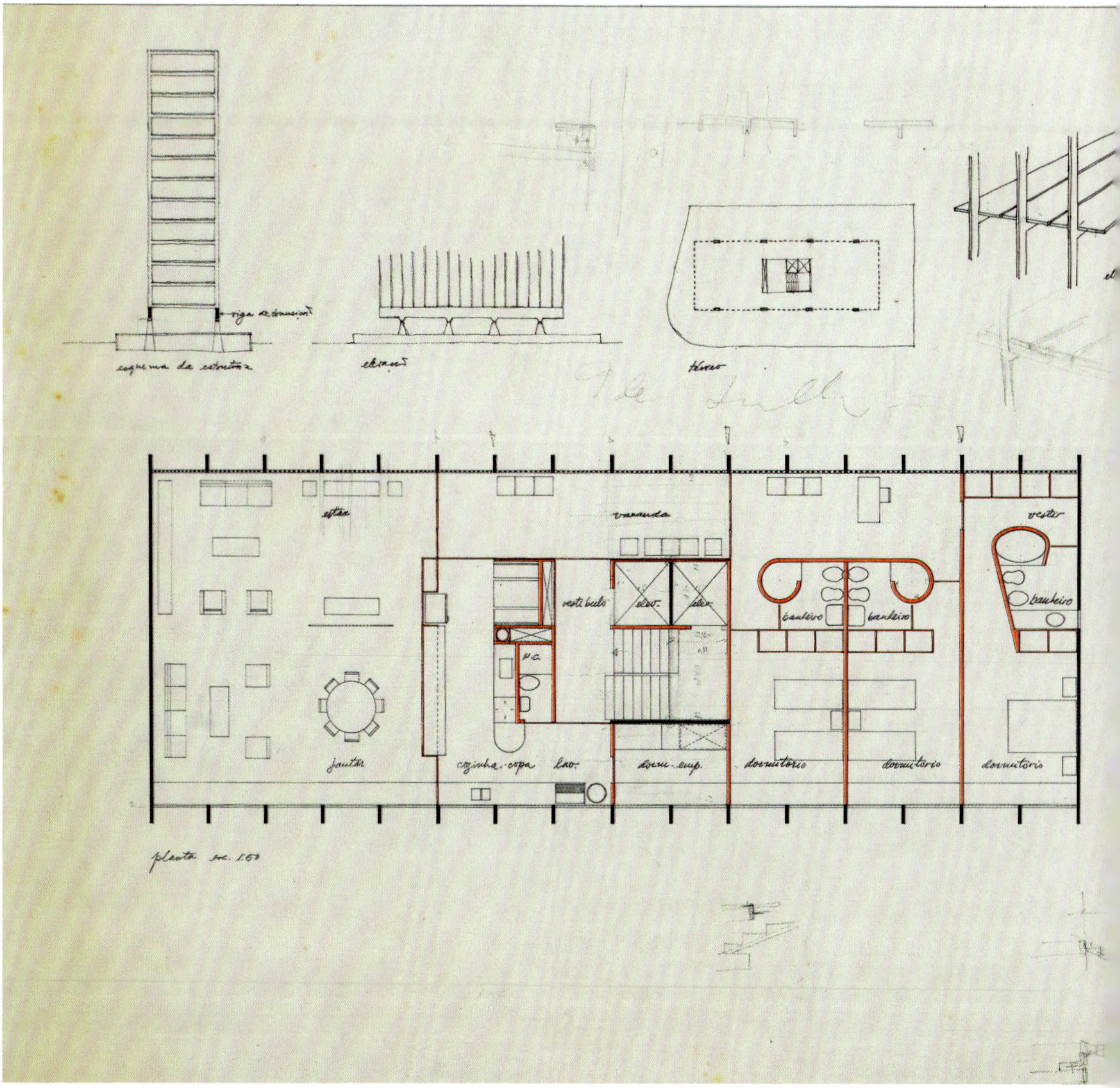
esquema da estrutura
elevação
térreo
estar
varanda
vestíbulo
elev.
elev.
banheiro
banheiro
banheiro
vestir
W.C.
jantar
cozinha-copa
lav.
dorm. emp.
dormitório
dormitório
dormitório
planta esc. 1:50

Edifício Pedra Grande, memorial descritivo original com detalhes construtivos, planta pavimento tipo e detalhes da fachada, Jardim Paulista, São Paulo, 1962

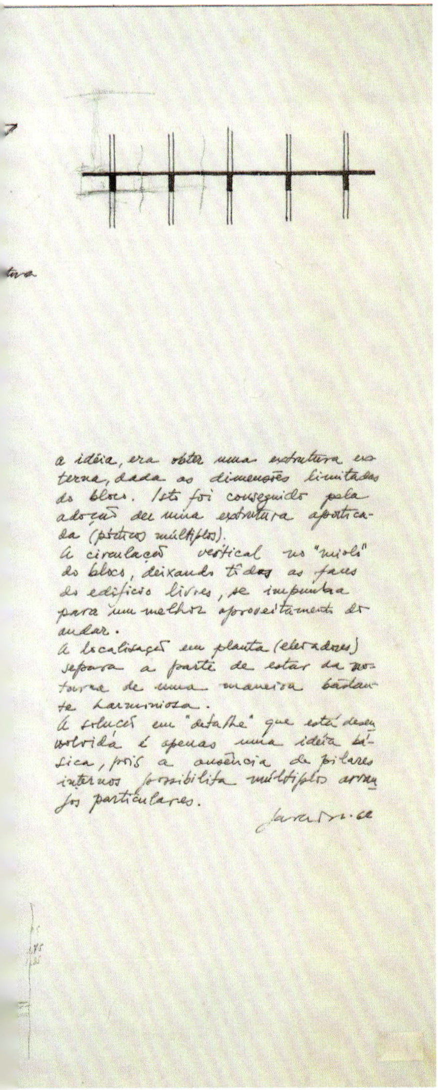

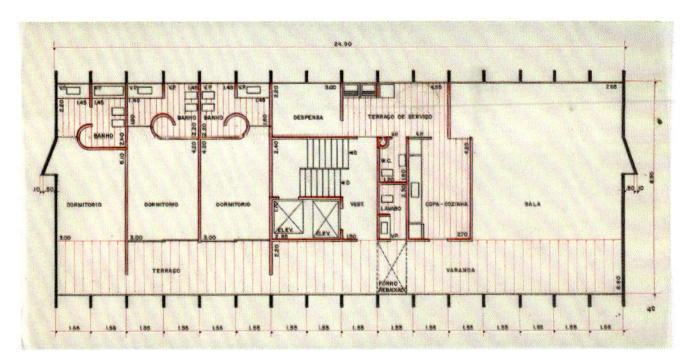

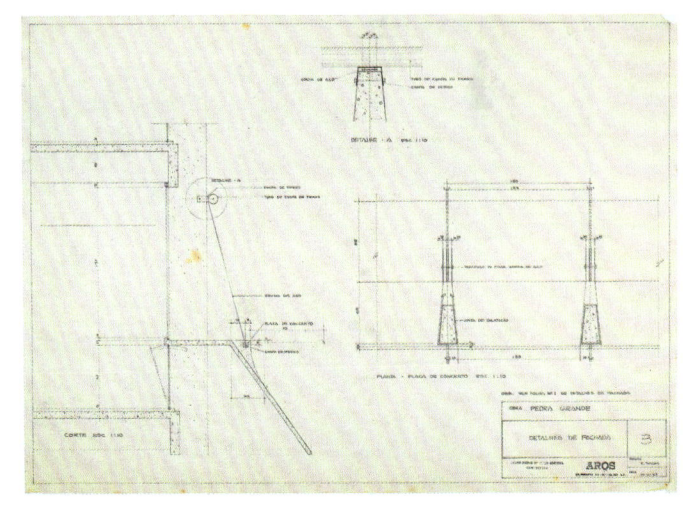

174

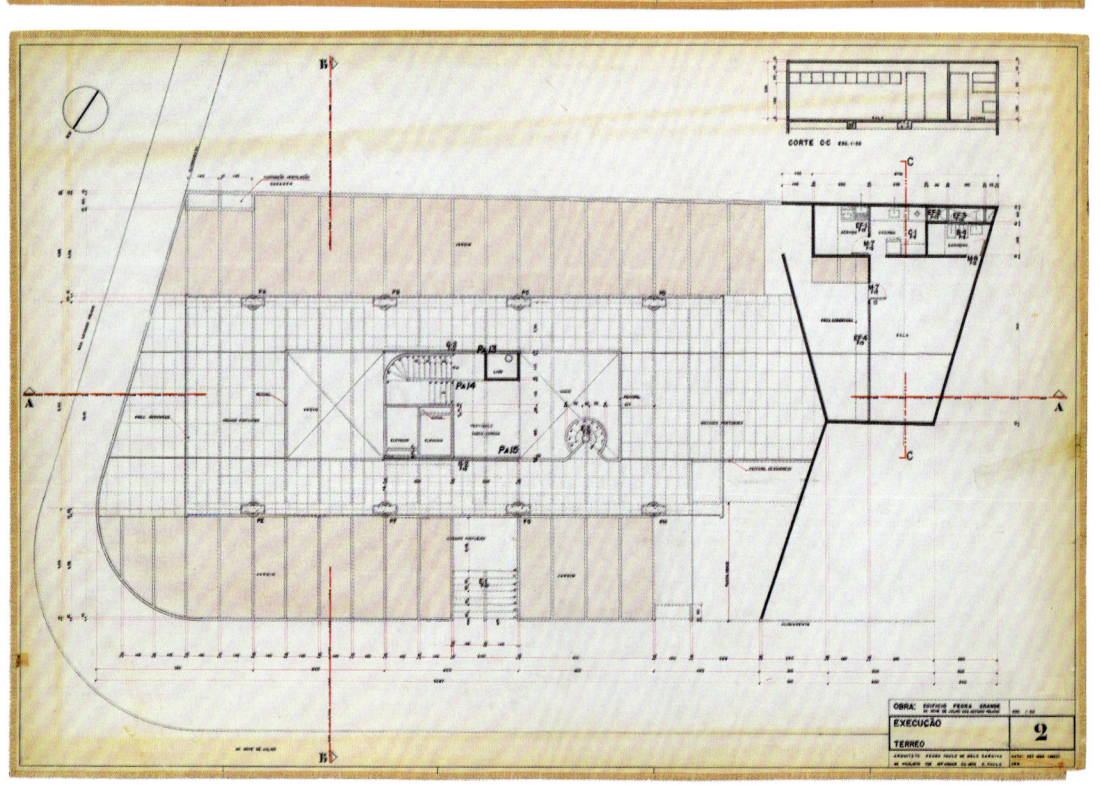

Edifício Pedra Grande, elevações, cortes,
planta térreo e possibilidades de distribuição
dos ambientes no andar tipo, Jardim Paulista,
São Paulo, 1962

175

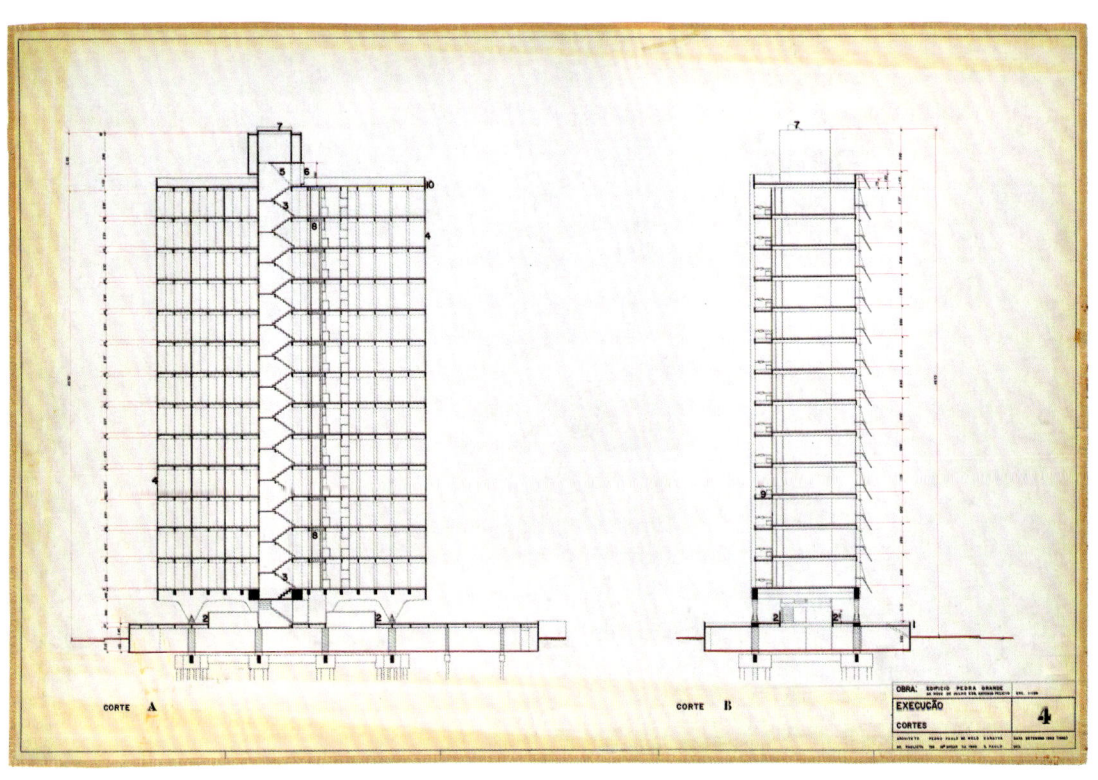

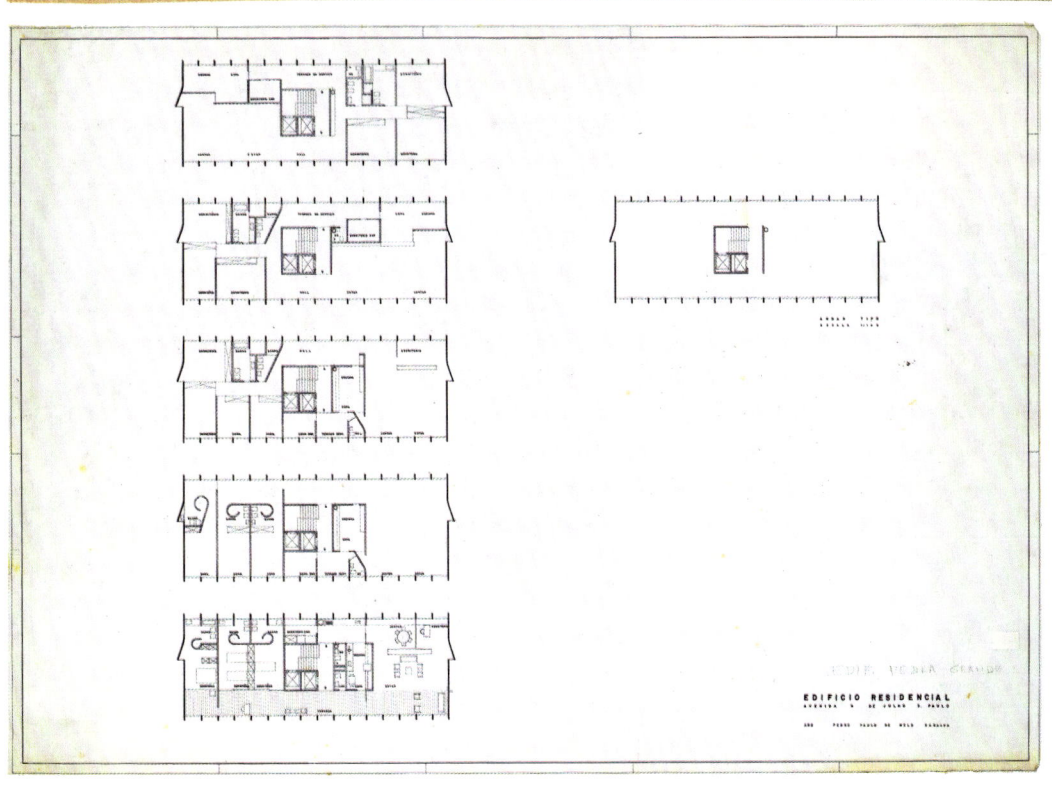

Residência de Praia Ilda e Mário Franco

"Quatro tipos de estrutura se apresentam na casa: paredes de tijolos, colunas e vigas em concreto armado, tirantes metálicos e piso do pavimento superior em madeira laminada". PPMS

Residência de Praia Ilda e Mário Franco, vistas internas, da fachada principal e detalhe da escada, Guarujá, 1974, arquitetos Pedro Paulo de Melo Saraiva, Sérgio Ficher e Henrique Cambiaghi

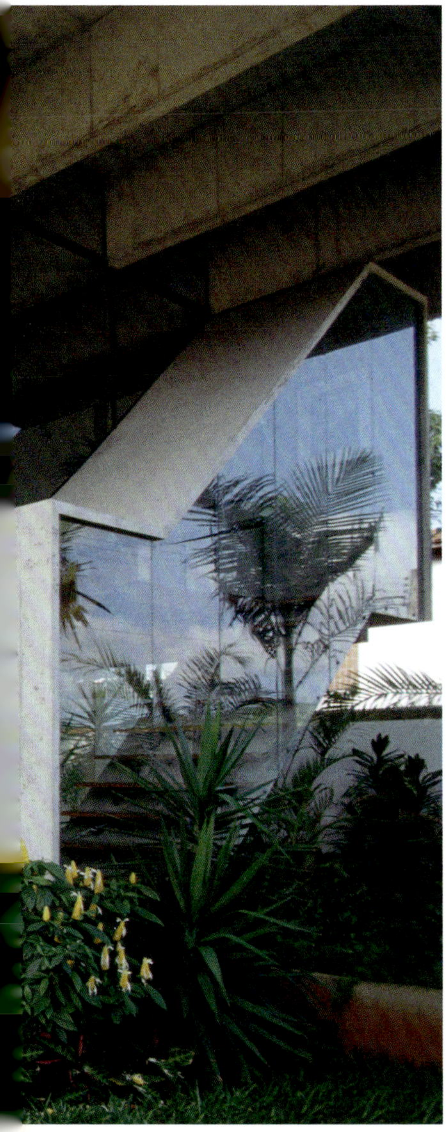
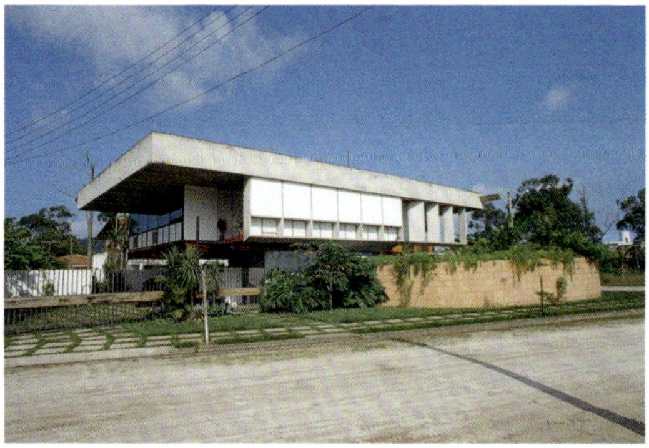
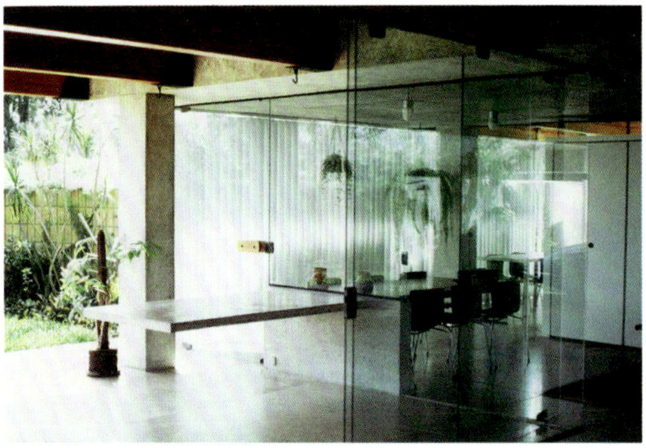
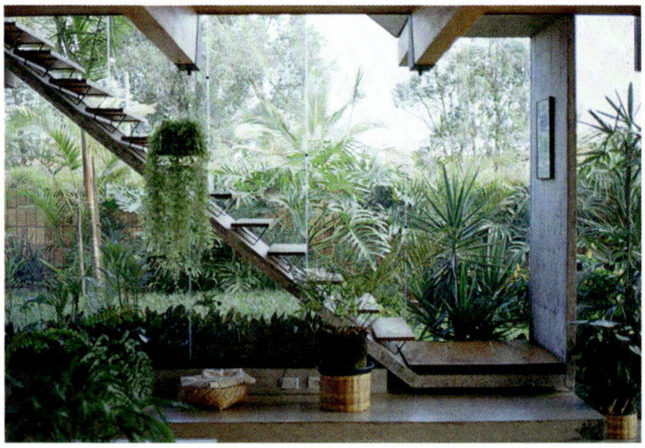

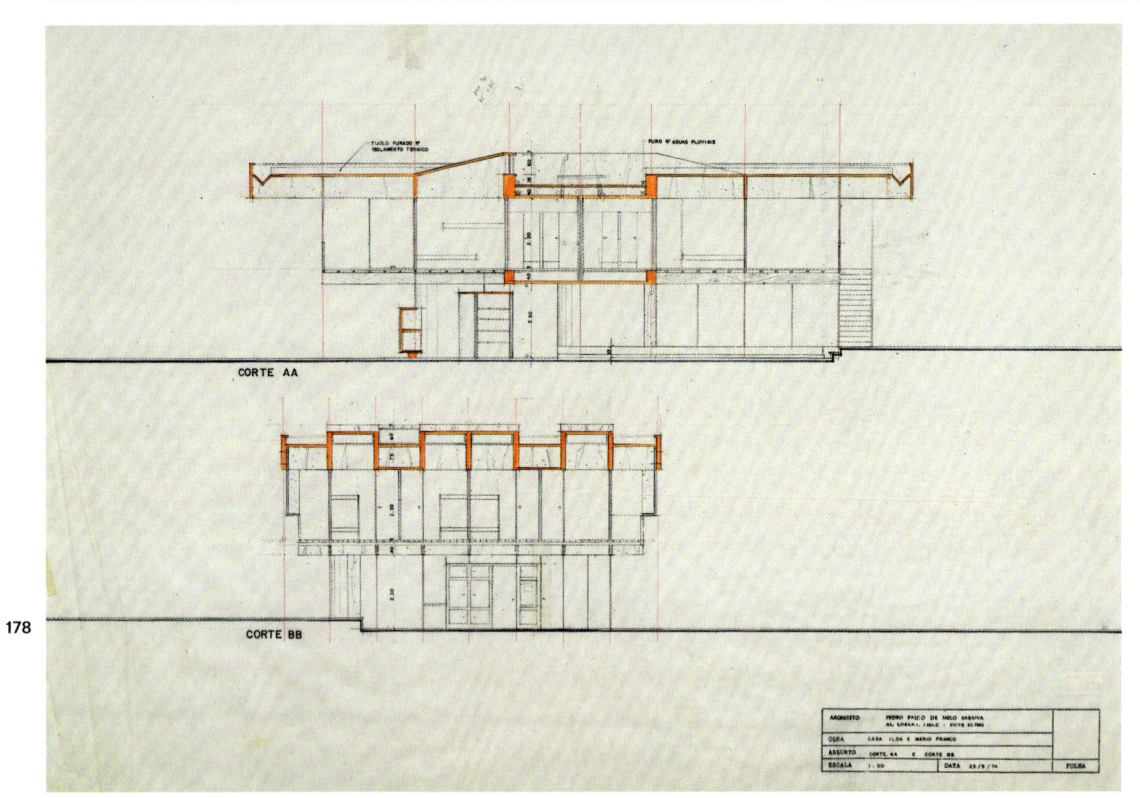

Residência de Praia Ilda e Mário Franco, cortes longitudinal e transversal, plantas térreo, pavimento superior e cobertura, Guarujá, 1974, arquitetos Pedro Paulo de Melo Saraiva, Sérgio Ficher e Henrique Cambiaghi

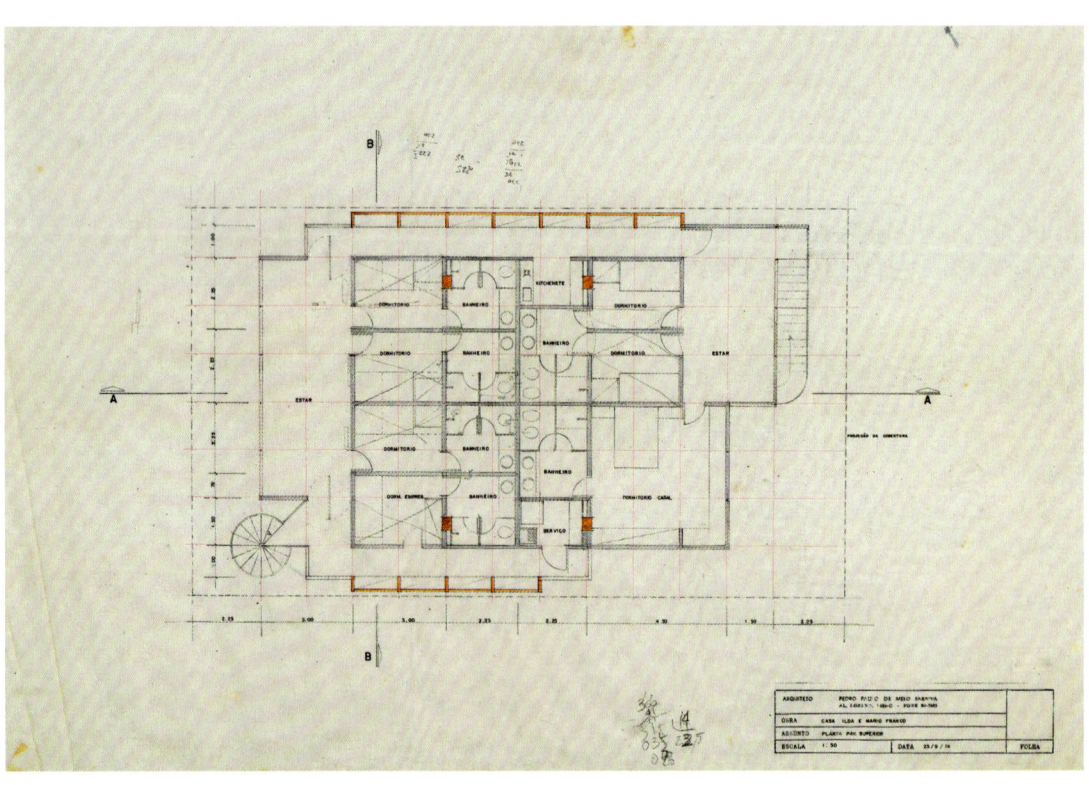

179

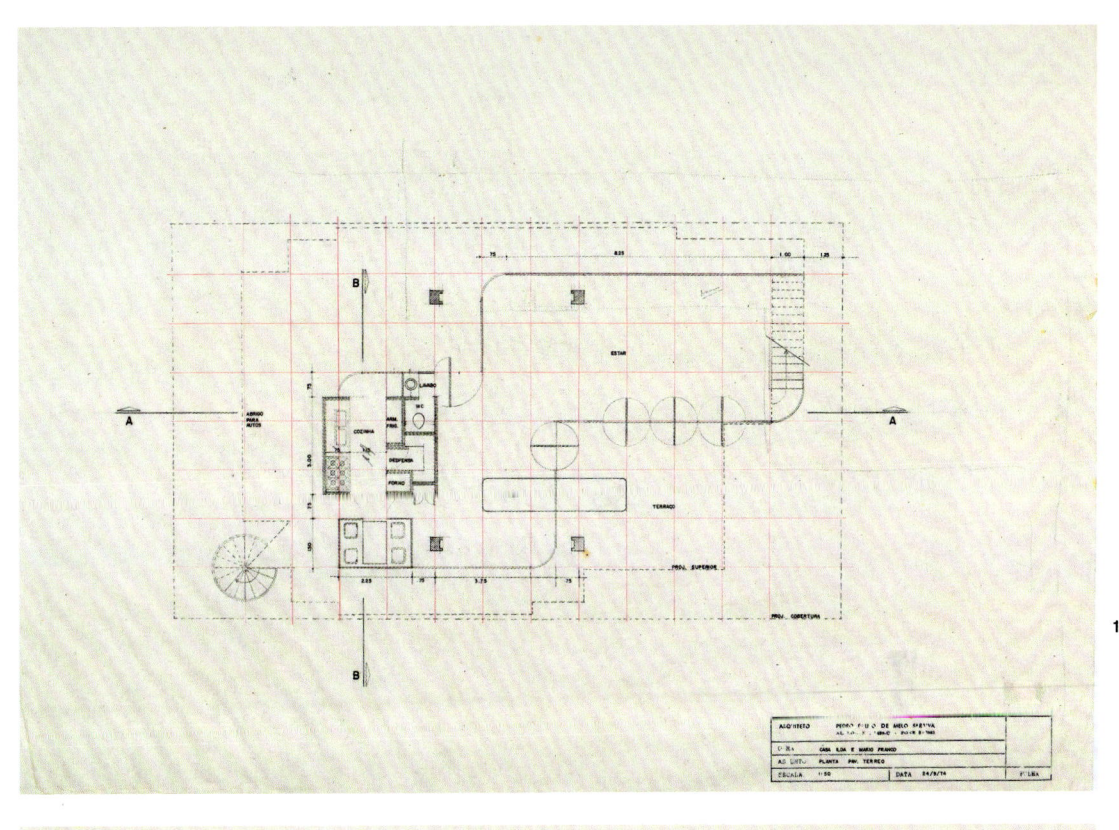

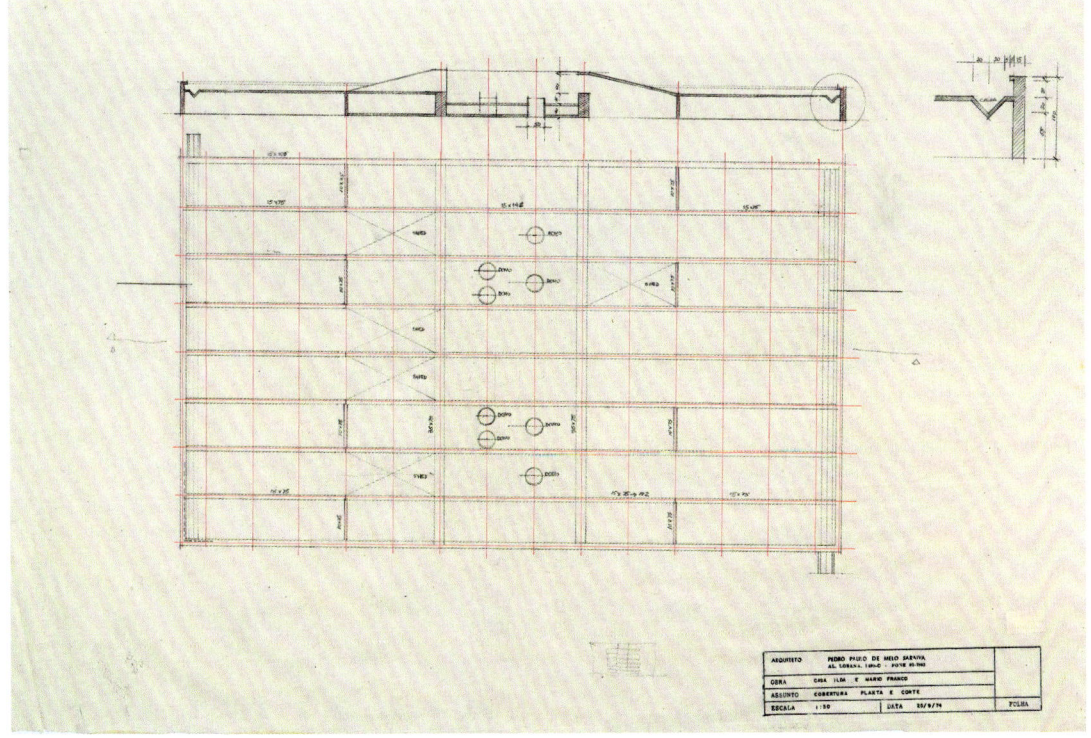

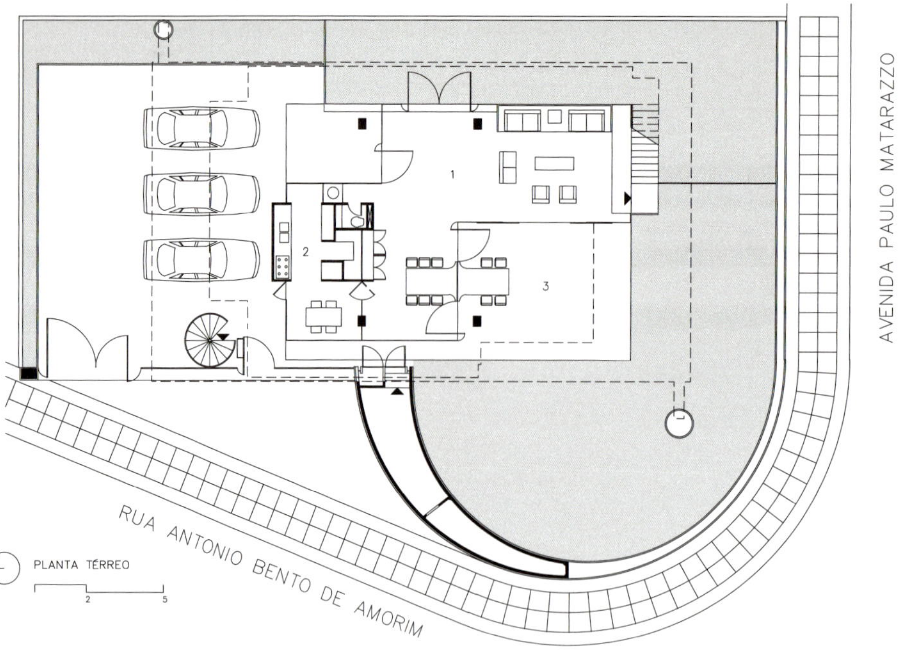

PLANTA TÉRREO

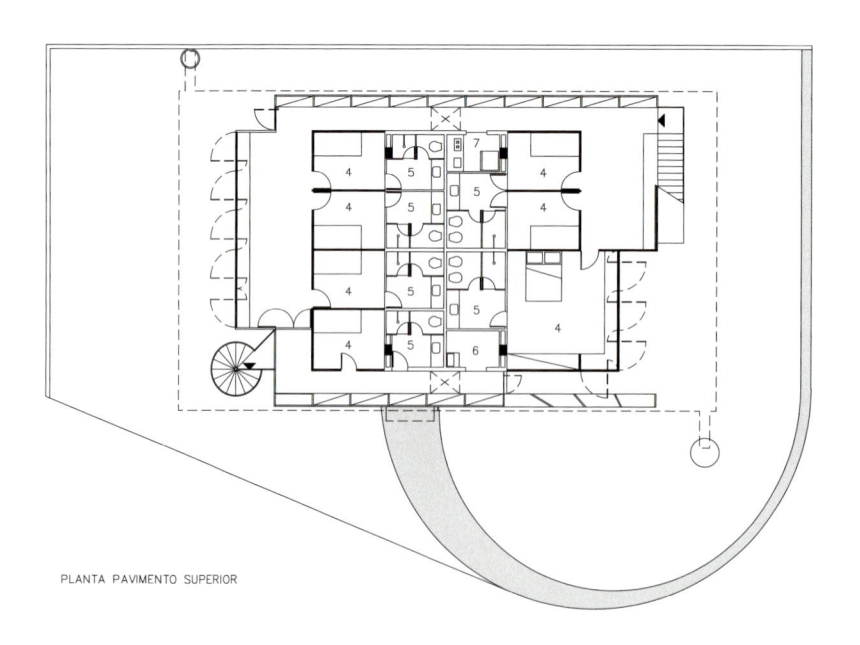

AVENIDA PAULO MATARAZZO

RUA ANTONIO BENTO DE AMORIM

PLANTA PAVIMENTO SUPERIOR

LEGENDA

1 – SALA DE ESTAR
2 – COZINHA
3 – VARANDA
4 – DORMITÓRIOS
5 – BANHEIRO
6 – LAVANDERIA
7 – COPA

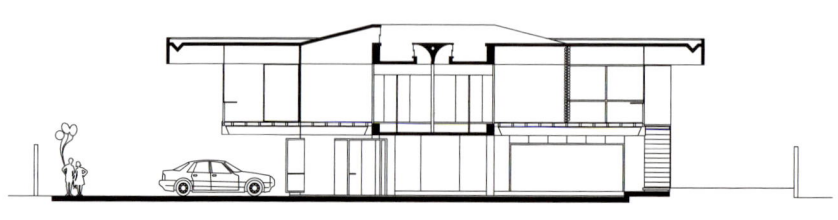

CORTE

Residência de Praia Ilda e Mário Franco, plantas térreo e pavimento tipo, corte longitudinal e vista interna, Guarujá, 1974, arquitetos Pedro Paulo de Melo Saraiva, Sérgio Ficher e Henrique Cambiaghi

181

Agência Pamplona do Banco do Estado de São Paulo - Banespa

"A solução em estrutura mista de concreto e aço resulta em espaços surpreendentes e escamoteia a caixa forte da agência bancária no miolo do andar técnico". PPMS

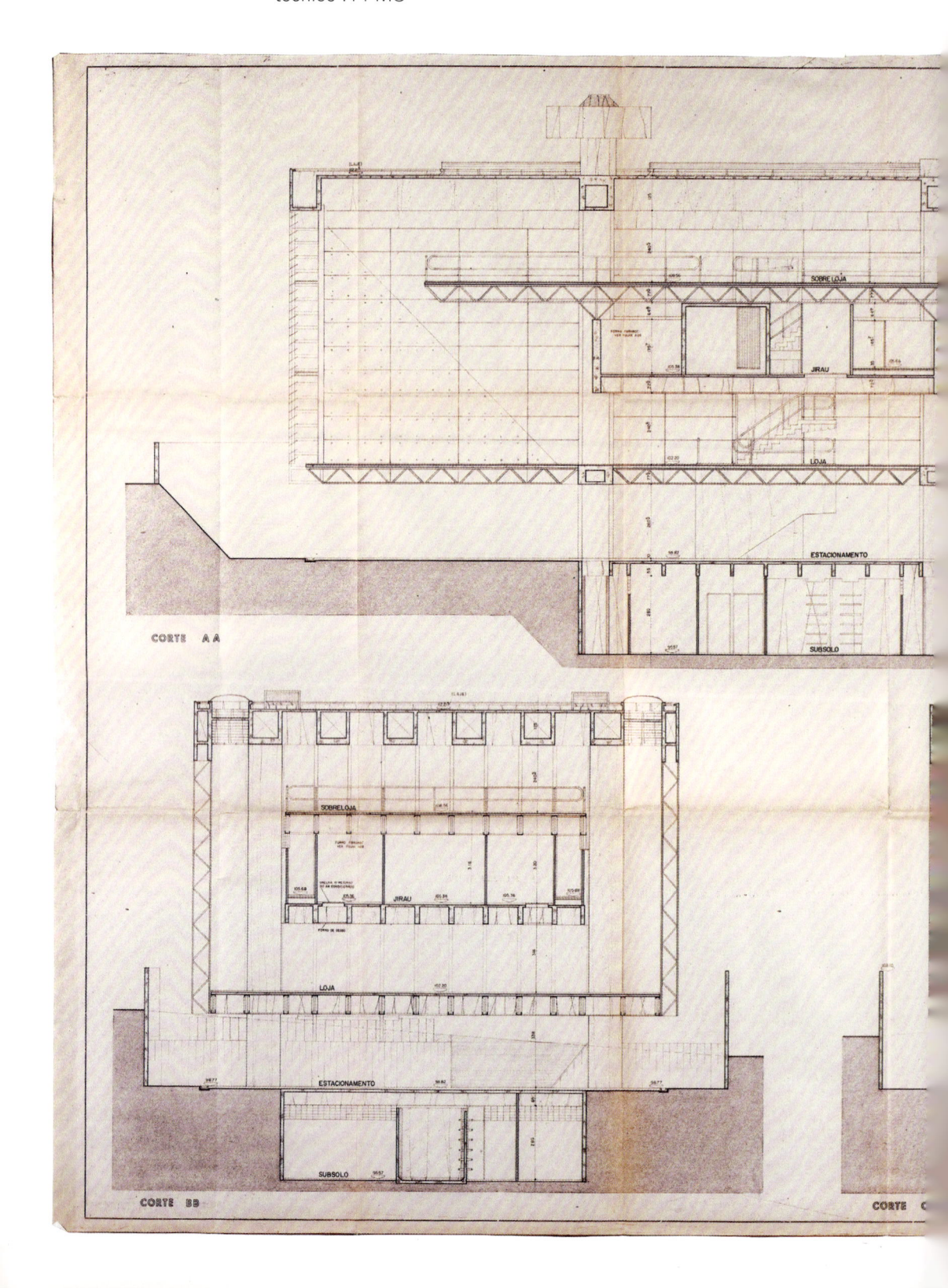

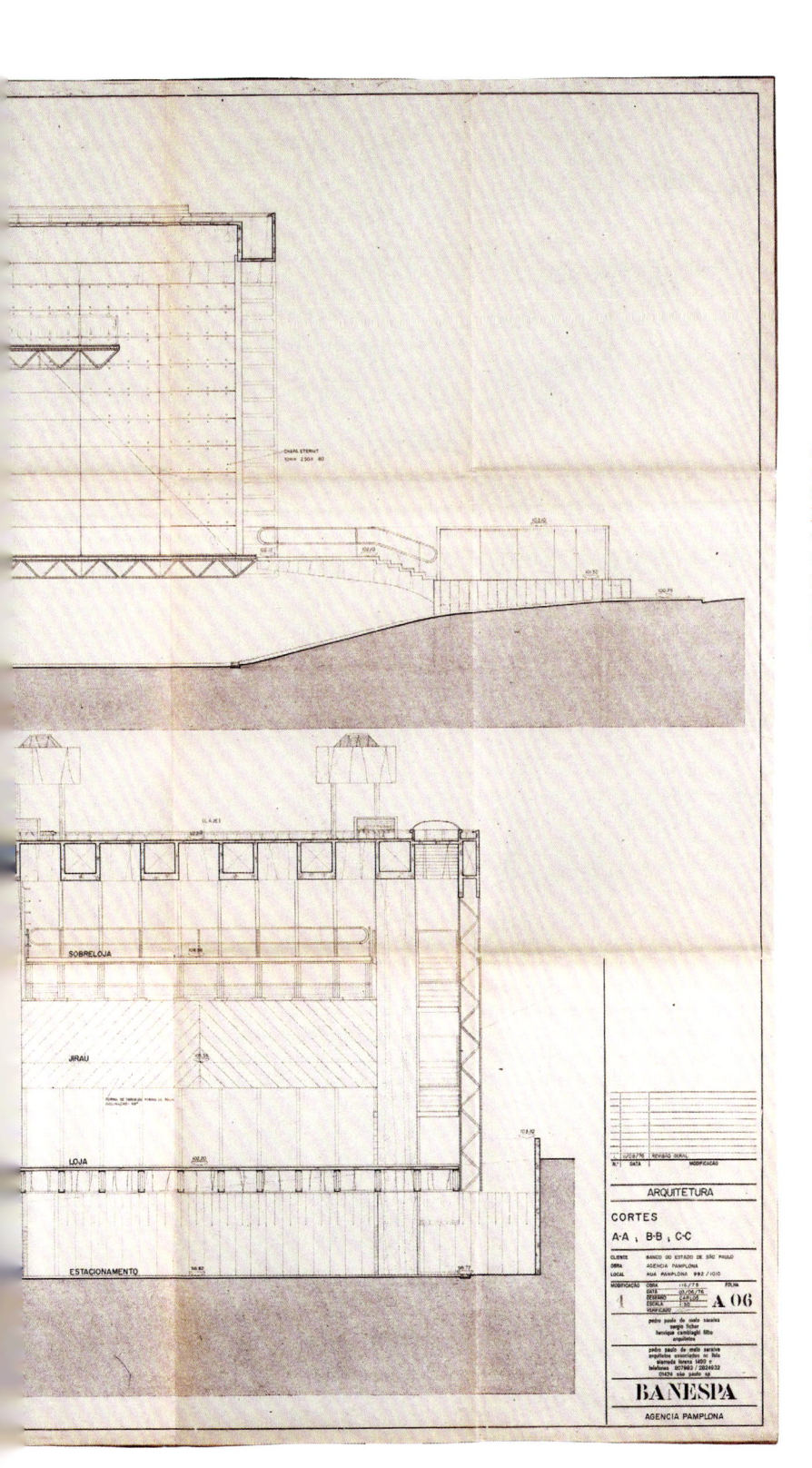

Agência Pamplona do Banespa, atual Santander, cortes longitudinal e transversais, Jardim Paulista, São Paulo, 1976, arquitetos Pedro Paulo de Melo Saraiva, Sérgio Ficher e Henrique Cambiaghi

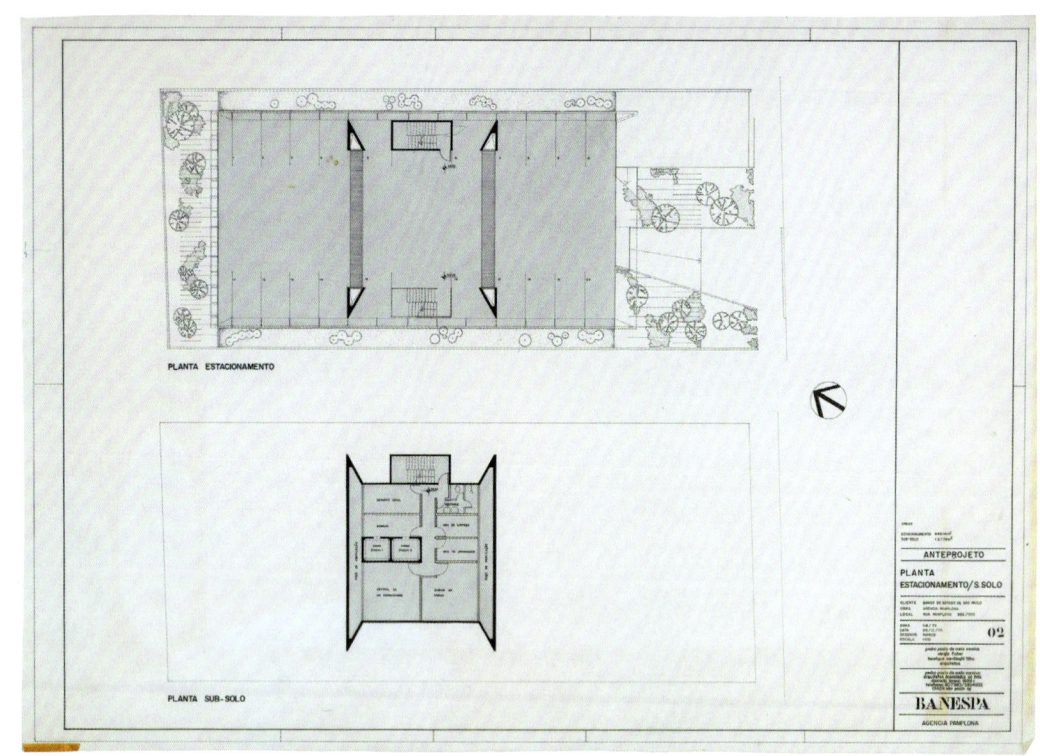

Agência Pamplona do Banespa, atual Santander, plantas estacionamento, subsolo, embasamento, térreo, sobreloja e cobertura, cortes e elevação, Jardim Paulista, São Paulo, 1976, arquitetos Pedro Paulo de Melo Saraiva, Sérgio Ficher e Henrique Cambiaghi

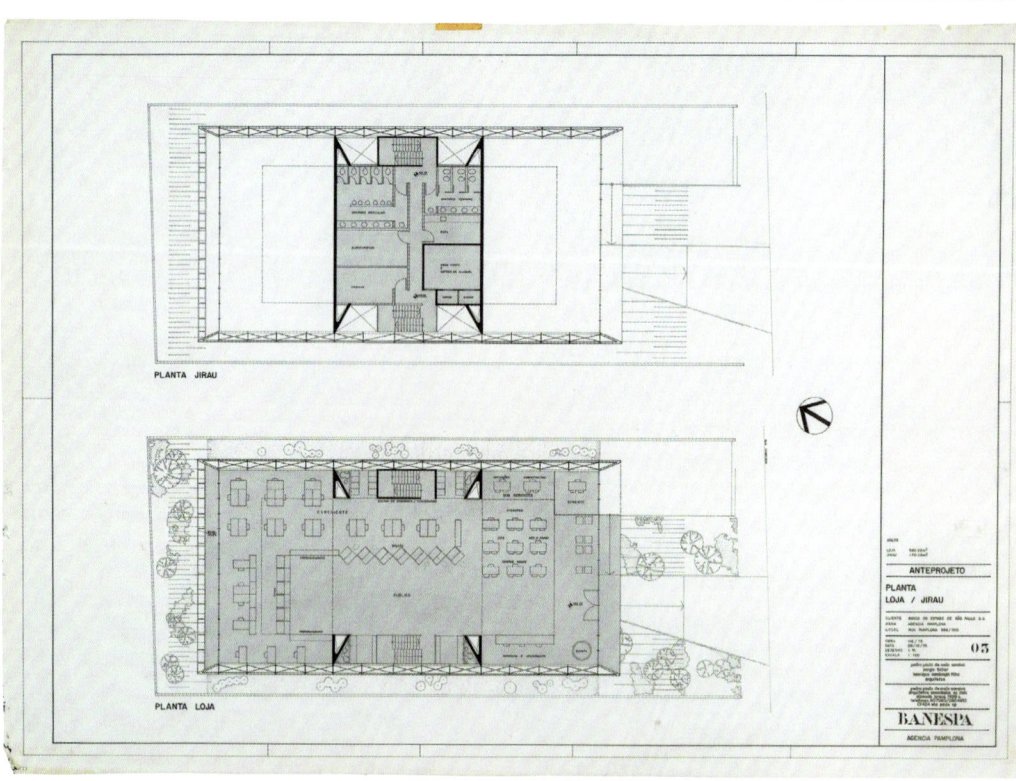

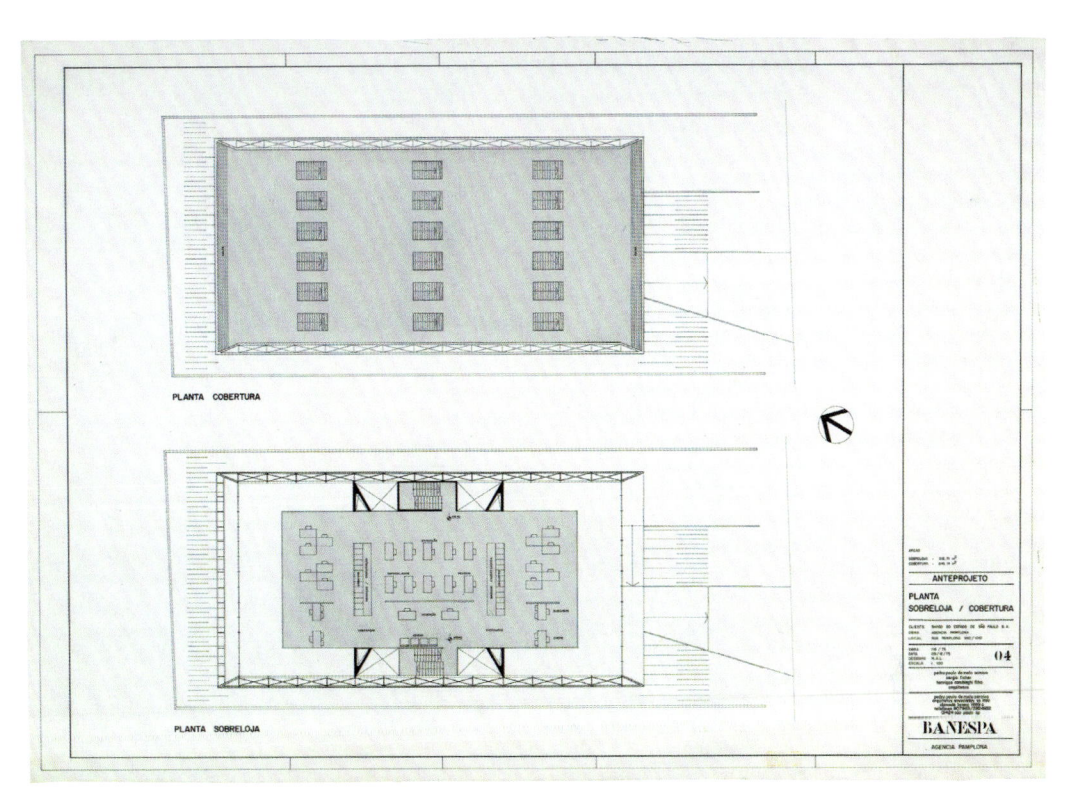

PLANTA COBERTURA

PLANTA SOBRELOJA

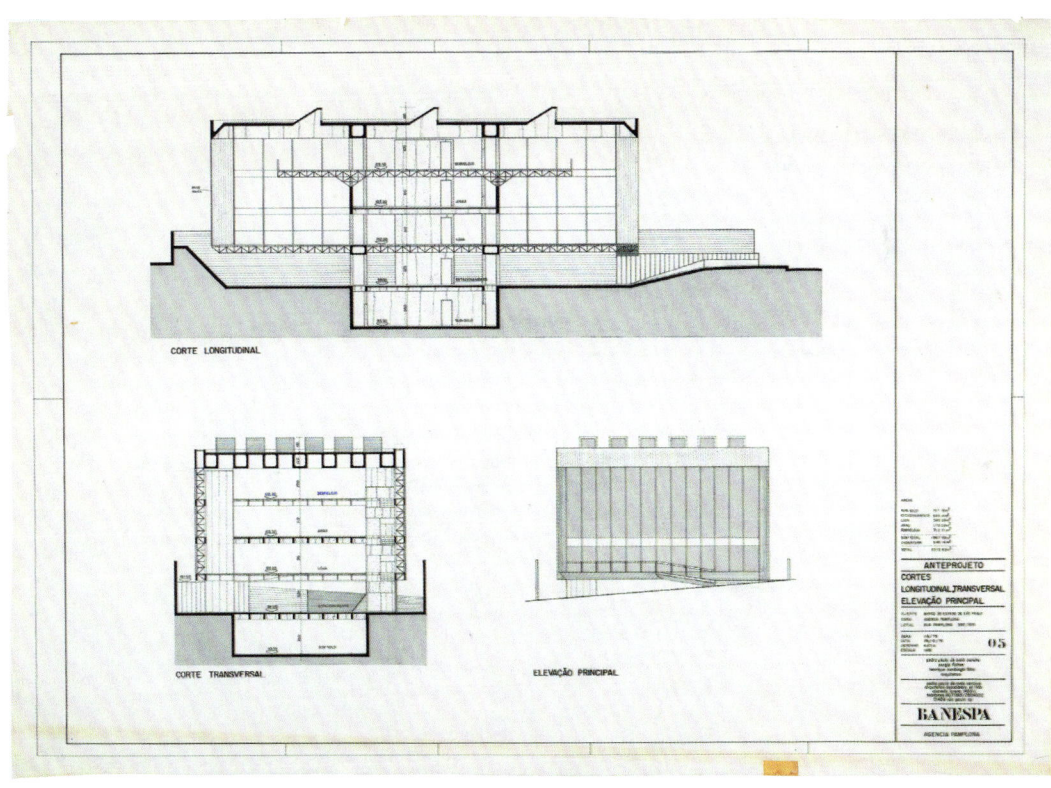

CORTE LONGITUDINAL

CORTE TRANSVERSAL

ELEVAÇÃO PRINCIPAL

Pavilhão Brasileiro na Feira Expo'92 Sevilha

"Com generoso balanço de 30 metros na entrada, o pavilhão seria fabricado no Brasil em decorrência do edital, que preconizava a execução no curto prazo de doze meses e salientava a grande escassez de mão de obra local". PPMS

Concurso Pavilhão Brasileiro na Feira Expo'92, perspectivas, Sevilha, 1991, arquitetos Pedro Paulo de Melo Saraiva e Sidney M. Rodrigues

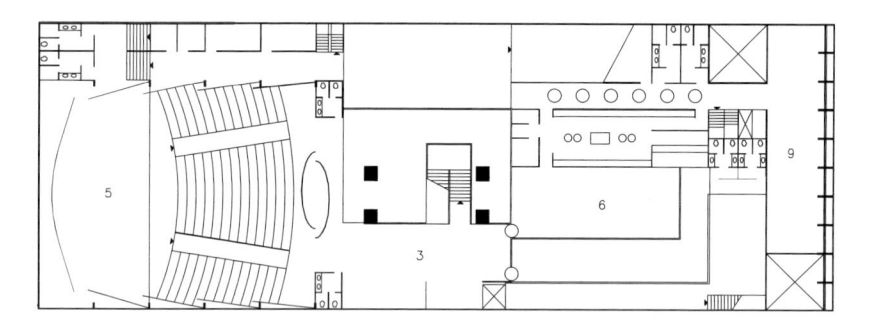

PLANTA PAVIMENTO INFERIOR

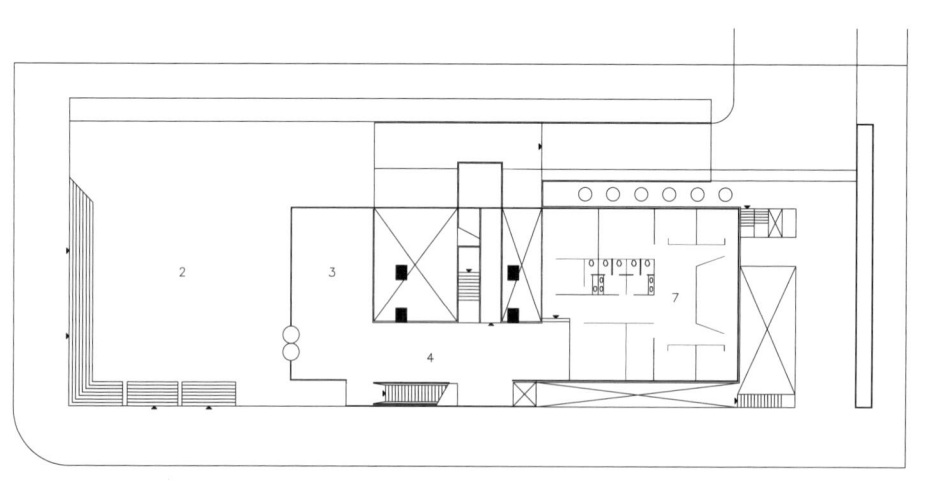

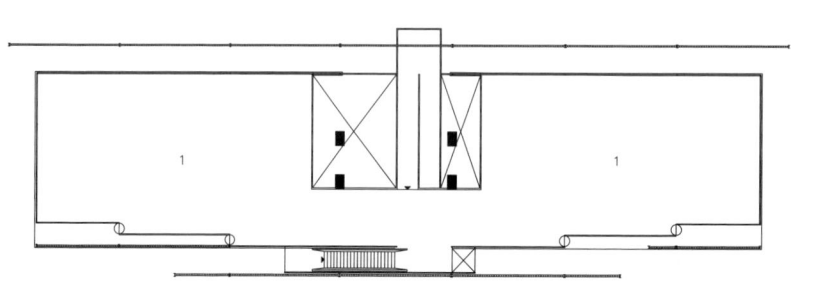

PLANTA TÉRREO
5 10

PLANTA PAVIMENTO SUPERIOR

LEGENDA
1 — SALAO DE EXPOSICOES
2 — ATRIO
3 — HALL
4 — FOYER
5 — AUDITORIO
6 — RESTAURANTE
7 — ADMINISTRACAO
8 — FAN—COIL
9 — DEPOSITO
10 — PATIO DE SERVICO

Concurso Pavilhão Brasileiro na Feira Expo'92, plantas pavimento inferior, térreo e superior, cortes e elevações, Sevilha, 1991, arquitetos Pedro Paulo de Melo Saraiva e Sidney M. Rodrigues

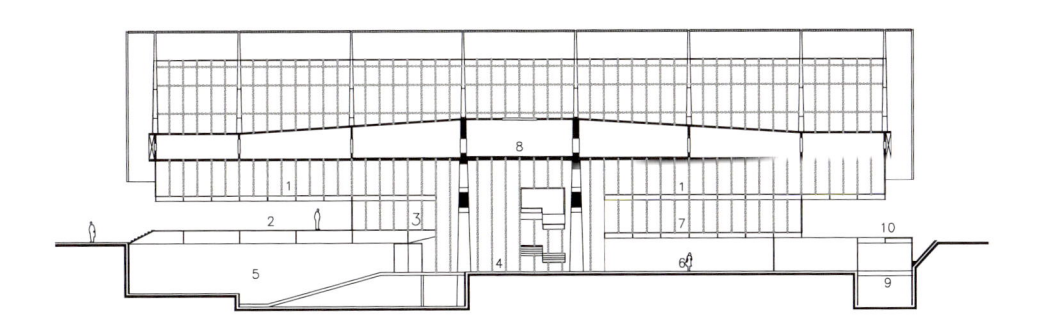

CORTE LONGITUDINAL

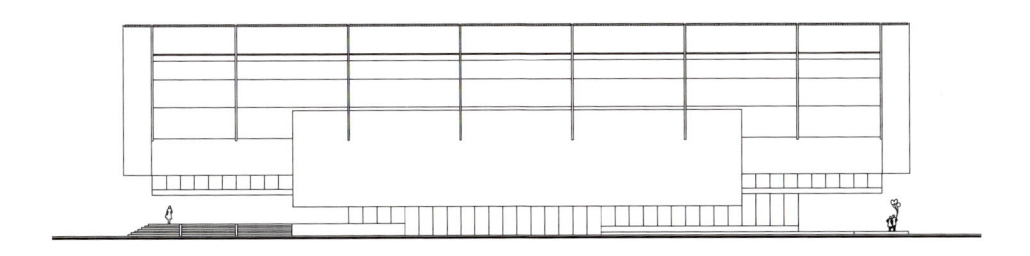

ELEVAÇÃO LONGITUDINAL

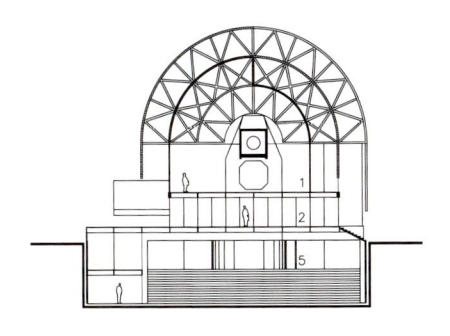

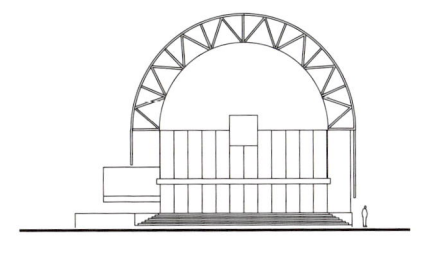

CORTE TRANSVERSAL

ELEVAÇÃO TRANSVERSAL

Sede Administrativa da Prodesp, 1º lugar em concorrência pública, Taboão da Serra, 1975, arquitetos Pedro Paulo de Melo Saraiva e Setsuo Kamada

de influência nos quatro vértices de cada laje, além de enrijecer as arestas do edifício. Na verdade, não existem vigas balcão, porque, a rigor, tampouco existem balanços. Cumpre-se o ideal estético do edifício com poucos apoios e máxima transparência no térreo e andar superior. A estrutura fundamental do edifício – que pode ser tomada por brise-soleil, ou por um mosaico gigante, agregado e fundido à fachada, ao plano que dissolve o volume – isola-se e se decompõe em quatro planos independentes.

A arquitetura corajosa se torna uma questão para Saraiva, e o grande vão, até mesmo o maior vão, passa a ser tema de sua arquitetura, certamente porque, além de reconhecer a concisão e o valor superior dos espaços livres e mais amplos, também sente prazer em exercer soluções audaciosas. Mesmo os pequenos encargos, como são as residências familiares, são submetidos ao maior recurso técnico. Essa característica é correlata da maneira como os arquitetos veem a profissão no país, de como entendem o papel, a obrigação da arquitetura transformadora e enérgica. Pode-se fazer alguma distinção quanto aos critérios usados para estabelecer o vão de uma estrutura, distinguir entre o que seja o melhor vão e o maior vão de uma estrutura. Por exemplo, no caso do Edifício Pedra Grande – de 1962-1966, com cálculo estrutural inicial de Roberto Rossi Zucullo, integralmente revisto por Mário Franco – a série de pilares perimetrais define uma laje única, nervurada e desimpedida. Decisão que proporciona vantagem do ponto de vista do arranjo de programas. Numa situação dessas, a flexibilidade é máxima, portanto plantas e leiautes são livres e variados. Os pilares periféricos constituem uma solução estrutural consagrada, já que proporcionam a maior estabilidade da construção e não causam qualquer constrangimento às plantas. Ainda melhor, como no caso do Edifício Pedra Grande, quando a medida do pórtico permita, sem pilares intermediários, que o vão principal da laje seja sustentado por suas nervuras transversais e que a distribuição e carregamento nos pilares defina o intervalo entre os pórticos múltiplos. Dessa forma, a estrutura do edifício é mínima, sistemática e eficiente, como o que se espera da arquitetura moderna, a tal ponto que o destino dessa construção extrapola o que seu arquiteto prevê para ela. Mais além da possibilidade vislumbrada de plantas versáteis e diferentes nas lajes, assiste-se a completa mudança de uso destinado ao edifício, que acaba transformado, sem qualquer restrição, em edifício de escritórios.

50. O projeto contou também com a participação do engenheiro Júlio Kassy e a colaboração do arquiteto Carlos Henrique Vieira.
51. O projeto da agência Pamplona do Banespa contou com a colaboração do arquiteto Carlos Henrique Vieira e a participação dos engenheiros Jorge Kurken Kurkdjian e Jorge Zaven Kurkdjian.

Por outro lado, a residência de praia que Saraiva desenha para o calculista e colaborador de tantos projetos, o engenheiro calculista Mário Franco, acata essa acepção moderna com sentido local. Juntam-se dois profissionais estimulados pela demonstração e engenho que uma construção possa exibir: um que deseja diminuir o número de pilares, aumentar balanços e muscular seções, e outro que aprecia construir uma estrutura ousada, atingir o limite das fórmulas. Arquiteto e calculista fascinados com levar a engenharia ao extremo. Subvertem-se as noções modernas de eficiência, economia e desempenho em nome do prazer do risco calculado.[50]

O prazer pelo balanço e pelo equilíbrio das estruturas é constante e motiva muito projetos de Saraiva. Projetos com balanços notáveis em ambas as direções podem ser representados pela agência do banco Banespa, de 1976, na rua Pamplona[51] e pelo o projeto premiado no concurso do Pavilhão Brasileiro para a Expo 92 de Sevilha, em equipe com Sidney Meleiros Rodrigues.

Residência Linésio Laus, perspectiva, Florianópolis, 1953

Residência de Praia do arquiteto, Engenho D'Água, Ilhabela, 1983

Residência Carvalho Pinto, Praia da Enseada, Guarujá, 1985

193

52. A associação do projeto vencedor do concurso para o Edifício 5ª Avenida, de 1958, em São Paulo, com o Edifício Lever House de 1952, coordenado por Gordon Bunshaft do escritório Skidmore, Owings & Merrill, em Nova York é conhecida. É certo que, nos dois casos, há coincidência de uma solução cujo tipo combina uma lâmina vertical com uma placa horizontal dimensionada segundo as medidas do terreno. No entanto, a comparação promissora entre esses dois exemplos não é a que estabelece breves similitudes, mas a que comenta as diferenças entre os dois projetos, a que desvenda sentidos diferentes do mesmo arquétipo.
53. A mesma contrariedade em relação às pressões extra-arquitetura ocorre – segundo depoimento de Pedro Melo Saraiva, filho do arquiteto – quando Saraiva se vê obrigado a perfurar as testeiras dos Edifícios Solar do Conde e Portofino para diferenciar os dormitórios principais e para que se possa ver o mar.

194 Edifício 5ª Avenida, 1º lugar em concurso privado, fotomontagem, Bela Vista, São Paulo, 1958, arquitetos Pedro Paulo de Melo Saraiva e Miguel Juliano

A forma e a aparência

Quando indagado sobre a fachada frontal e cega do Edifício 5ª Avenida, de 1958, na resposta de Saraiva surge, imediatamente, a comparação com o Edifício Lever House, projeto de Skidmore, Owings & Merrill de 1952, na cidade de Nova York, conjunto ao qual o projeto de Saraiva pode ser equiparado pelas evidentes similitudes formais presentes na mesma relação entre base horizontal e lâmina vertical deslocada para a direita, mesmo considerando que a lâmina nova-iorquina seja revestida em todas as faces por pano de vidro esverdeado.[52] Algo típico dos americanos, emenda o arquiteto para referir-se à opção pela maior área de iluminação. Também são lembrados os edifícios que expõem paredes cegas voltadas para a rua, como são os Edifícios Louveira de Vilanova Artigas no bairro de Higienópolis, São Paulo, de 1946, que tiveram grande dificuldade para obter aprovação na prefeitura, e o posterior Banco Sul-Americano de Rino Levi, de 1960-1963, na mesma Avenida Paulista, com configuração análoga à sua. Edifícios modernos que correspondem a variações do arquétipo moderno muito construído nas cidades do século 20, um tipo indicado quando há muito valor comercial no térreo para o máximo de atividades na calçada, em oposição às atividades remotas, resguardadas e passíveis de verticalização. Mas a explicação dada à empena cega descarta a arbitrariedade, assevera a fidelidade de Saraiva à ortodoxia moderna. Não quer desenhar salas com importância diferente e, ademais, é certo que a caixilharia lateral seja suficiente para dotar ambientes de trabalho com boa luz e ventilação. A fachada não é cega por capricho, tampouco pela rebeldia de um jovem arquiteto, apenas porque a parede revestida de mármore branco equivale às paredes transversais que separam as salas comerciais no corredor. Quando acaba o corredor, o esquema distributivo acaba em uma parede: simples assim, a regra sempre prevalece. Pertence ao sentido construtivo do edifício, acata a noção de tipo com que se constrói e reconhece a idoneidade do sistema configurador como condição necessária e artística da arquitetura. Descarta convenções e interesses imobiliários, a opinião de corretores que costuma deteriorar a arquitetura com a profetização do que se vende.[53]

Chama a atenção também no Edifício 5ª Avenida que a placa horizontal esteja tão recuada e enfraqueça a demarcação do plano horizontal que compõe a fachada do edifício. Essa decisão faz com que a lâmina vertical se apresente

195

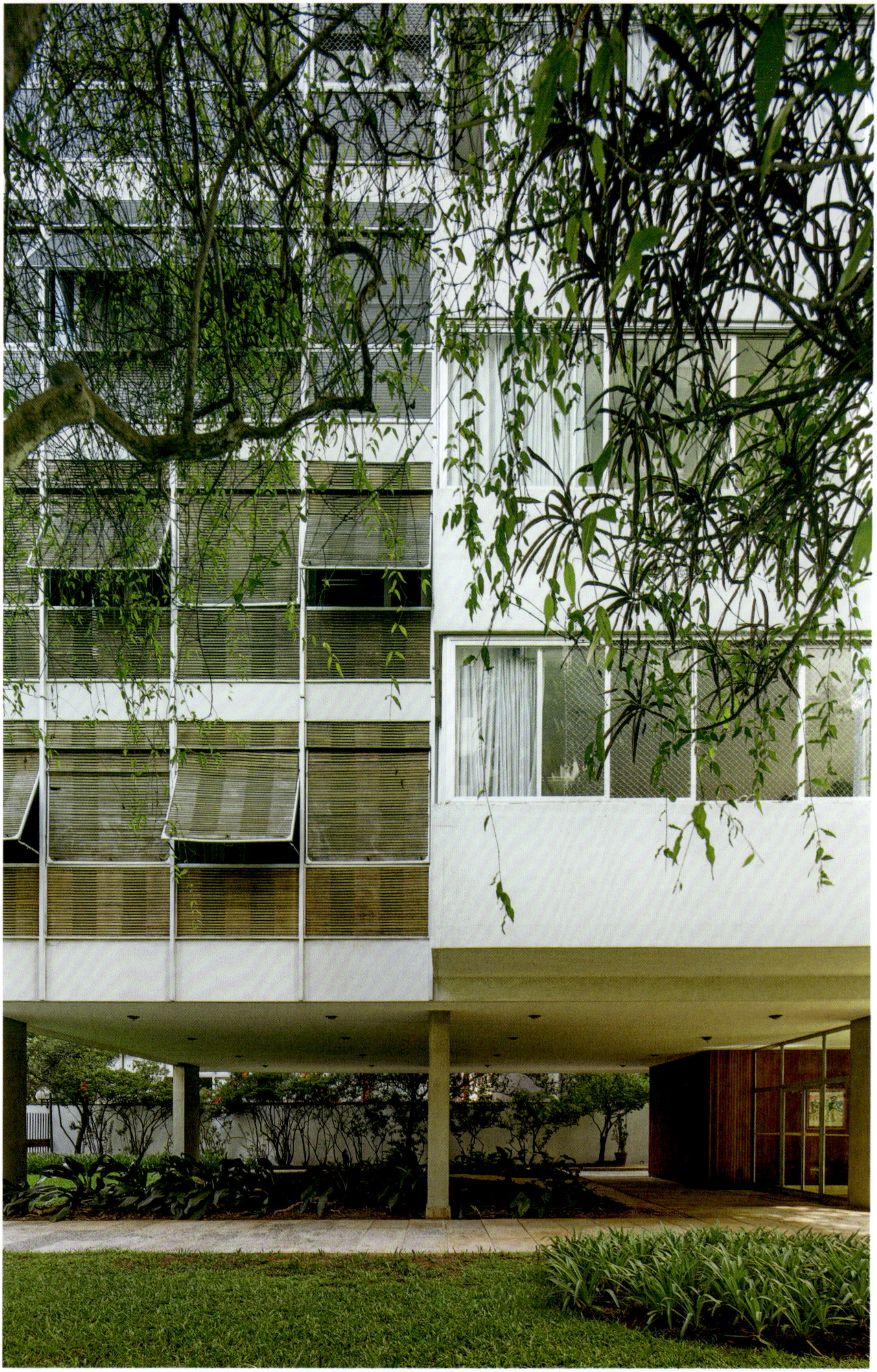

sozinha na avenida e que a composição não seja percebida de lugares mais afastados. É possível que essa configuração resulte de artifício utilizado na avenida Paulista que rebaixa o nível térreo para construir mais lajes e obter vantagem, por causa das rampas e da necessidade de um terraço que dê acesso à elegante loja Vogue que vai instalar-se nesse pavimento. A composição tem sua peculiaridade, os quatro primeiros pilares revestidos de granito que sustentam a laje frontal do edifício com oito metros de altura são monumentais, uma solução apreciada pela arquitetura moderna brasileira. O Edifício Lever House é desenhado para que haja coincidência da placa com o alinhamento público e sistematicidade estrutural, todos os pilares sejam iguais. Pode ser um exemplo para a solução que o escritório Botti Rubin Arquitetos vai dar ao Edifício Nestlé, atual reitoria da Universidade Mackenzie, de 1961 e, outra vez, rememora o desnível nos Edifícios Louveira.

Saraiva lamenta que os brise-soleils especificados pelo projeto tenham sido substituídos por outros mais econômicos, talvez mais frágeis, que se deterioram e precisam ser arrancados das fachadas. Faz autocrítica e afirma que isso resulta de detalhamento insuficiente, pois acredita que o envelhecimento precoce do edifício seja sintoma do descuido nas soluções técnicas das fachadas. O edifício está entre as grandes obras do final dos anos 1950 da cidade de São Paulo, obra que inspira e a qual poderia ter-se somado outro edifício da mesma linhagem na proposta vencedora do concurso para o edifício do Jockey Club de São Paulo no Largo do Ouvidor, em 1959, vencido pelos colegas de Mackenzie Carlos Barjas Millan, Jorge Wilheim e Maurício Tuck Schneider, com projeto estrutural de José Gabriel Oliva Feitosa.

O Edifício Solar do Conde – de 1962-1965, com colaboração de José Maria Gandolfi e participações dos engenheiros Rubens Paiva e Roberto R. Zuccolo, responsáveis respectivamente pela obra e cálculo –, e especialmente, sua planta e sua disposição, tem lugar de destaque entre os irretocáveis projetos do arquiteto, ao expor os critérios de forma mais elevados alcançados com arquitetura moderna; a qualidade do projeto faz lamentar a infrequência do trabalho de bons arquitetos no mercado imobiliário, faz imaginar o que pode ser uma cidade. Sua planta constitui um tipo e o esforço do arquiteto é aperfeiçoar o tipo. A concisão é máxima. A adesão entre estrutura e espaços é perfeita. Núcleo único com corredor transversal entre escada e elevadores obriga ao acesso extremo no apartamento. Os critérios

Edifício Solar do Conde, Higienópolis, São Paulo, 1962, arquitetos Pedro Paulo de Melo Saraiva e José Maria Gandolfi

Edifício 5ª Avenida
"O térreo foi concebido como uma generosa varanda de recepção que contempla os transeuntes com jardim e espelho d'água visíveis da ponte de acesso e da calçada". PPMS

Edifício 5ª Avenida, 1º lugar em concurso privado, vista da fachada principal e da fachada com brises, Bela Vista, São Paulo, 1958, arquitetos Pedro Paulo de Melo Saraiva e Miguel Juliano

I Considerações gerais

A importância da implantação na escolha do partido, obriga-nos a algumas considerações de ordem urbanística. A av. Paulista se transforma rapidamente, e alí ocorre o que recentemente aconteceu com a rua Augusta, que passou de residencial a comercial. Êste fato em si não teria muita importância se houvesse um plano urbanístico em que tal ocorrência fôsse prevista. Assim, tendo os exemplos, da rua São Luiz que atingida pelo "boom" imobiliário, mercê da ignorância dos especuladores, modificou-se, piorou, perdendo grande parte de interêsse e beleza, e também o bairro de Copacabana no Rio de Janeiro que foi inteiramente comprometido: adotamos uma solução que, na medida em que fôsse aplicada, poderia evitar o pior. As figuras I e II dão uma ideia da justeza de nossas considerações.

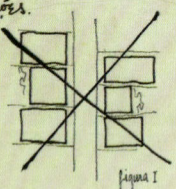

figura I

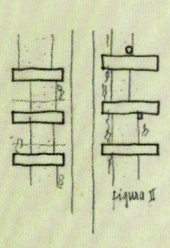

figura II

II Partido adotado

Em função das considerações feitas, e tomando uma posição realista frente ao problema proposto, que envolve um justo e lícito objetivo comercial, resolvemos o tema adotando um bloco vertical no sentido perpendicular a av. Paulista, e um corpo horizontal paralelo a esta, onde localizamos as lojas e a entrada do edifício. Desta maneira e com o uso de dois planos de acessos obtivemos uma loja que ocupa tôda a frente do terreno, respeitados os recuos de 3,5 m. das divisas laterais. A entrada do edifício foi dada grande ênfase e conforto, pois com o uso de duas rampas laterais (que também levam à garage) conseguimos uma rua e estacionamento cobertos por onde se penetra num hall de proporções condignas.

Ainda nesse plano foi localizada uma loja, adiante descrita.

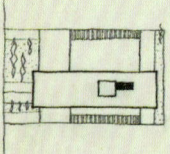

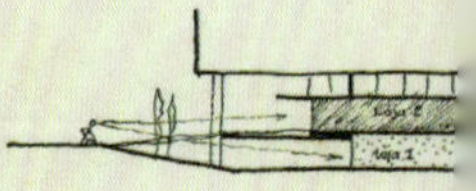

áreas

TERRENO	2.142,00 m²
aproveitamento 6 vezes	12.852,00 m²
Lojas:	
loja 1:	186,00 m²
loja 2:	1344,00 m²
sobreloja:	230,00 m²
Andar tipo: 672,10	
16 vezes	10.753,60 m²
salão do 17º pav.	343,20 m²
Total parcial (de acôrdo com a lei 5.261 e sua regulamentação	12.856,80 m²
hall de entrada	209,00 m²
17º pav. (- salão)	328,90 m²
1º sub-solo	1820,00 m²
2º sub-solo	1820,00 m²
Total construido:	**17.034,70 m²**

III As lojas

Um exame do local e suas vizinhanças não permite seja o lugar ideal para [insta]lação de pequenas lojas. Assim, optamos, em nível [infe]rior, por uma loja gran[des] proporções com depend[ências] e circulação de serviço c[om] escritório e depósito, pa[r]ticamente complementad[a por] um espelho d'água, local para um grande maga[zine] de modas, por exempl[o]. Em outro plano foi res[ervado] um local ao lado do hal[l de] entrada do edifício por [uma] loja de proporções mai[s mo]destas de certa manei[ra li]gada à vida do edifíci[o pró]pria para uma agênci[a ban]caria, tabelionato, flori[cultu]ra etc.

Na sobreloja foi previ[sto] bar e barbearia para conforto maior dos c[ondô]minos do edifício.

IV andar tipo

O andar tipo imaginado resolve as múltiplas divisões que podem ocorrer na sua venda ou arrendamento. Foram previstas instalações sanitárias (iluminadas naturalmente) junto das prumadas de elevador e escada, bem como junto as fachadas cegas. A tubulação do ar condicionado se faria no espaço compreendido entre os pilares e os caixilhos, evitando o corte das vigas principais.

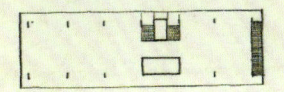

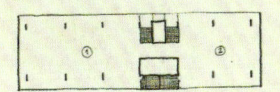

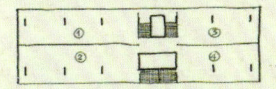

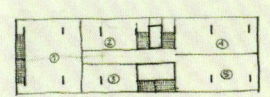

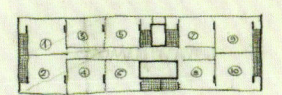

V ar condicionado

O sistema previsto foi o de "self-contained", mais flexível e mais próprio para escritórios. Reservou-se no último pavimento local para instalação da torre de arrefecimento e nos andares tipo cubículo para colocação das unidades condicionadoras. Para melhorar as condições gerais de temperatura, higiene e condicionamento de ar foi imaginado um "brise-soleil" de lâminas horizontais e reguláveis (com cerca de 0,10 m de largura) de chapa de ferro, alumínio ou plástico.

VI estrutura

A - nos andares tipo:
modulada - painéis de 7,2 x 14,3 m.
vãos teóricos -
longitudinal 7,2 m
transversal 11,20 m + balanço.
Expessuras
estrutural útil 38 cm.
acabamento 7 cm.
Estrutura com armadura normal, consumo da ordem de 20 kg de ferro/m²
travamento obtido pela caixa de elevadores e pela estrutura espacial pilares - laje nervurada.

b) No corpo horizontal
Estrutura nervurada análoga.
Vãos maiores compensados pela maior continuidade da estrutura.

c) Obviamente a execução em concreto protendido permitiria na mesma solução estrutural grande economia nos consumos de materiais, sendo perfeitamente aplicável.

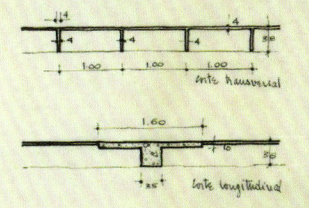

INVICTA SA
EDIFICIO NA AV. PAULISTA
MEMORIAL
CONCURSO DE ANTE-PROJETOS

1

Edifício 5ª Avenida, memorial descritivo original do concurso, Bela Vista, São Paulo, 1958, arquitetos Pedro Paulo de Melo Saraiva e Miguel Juliano

202

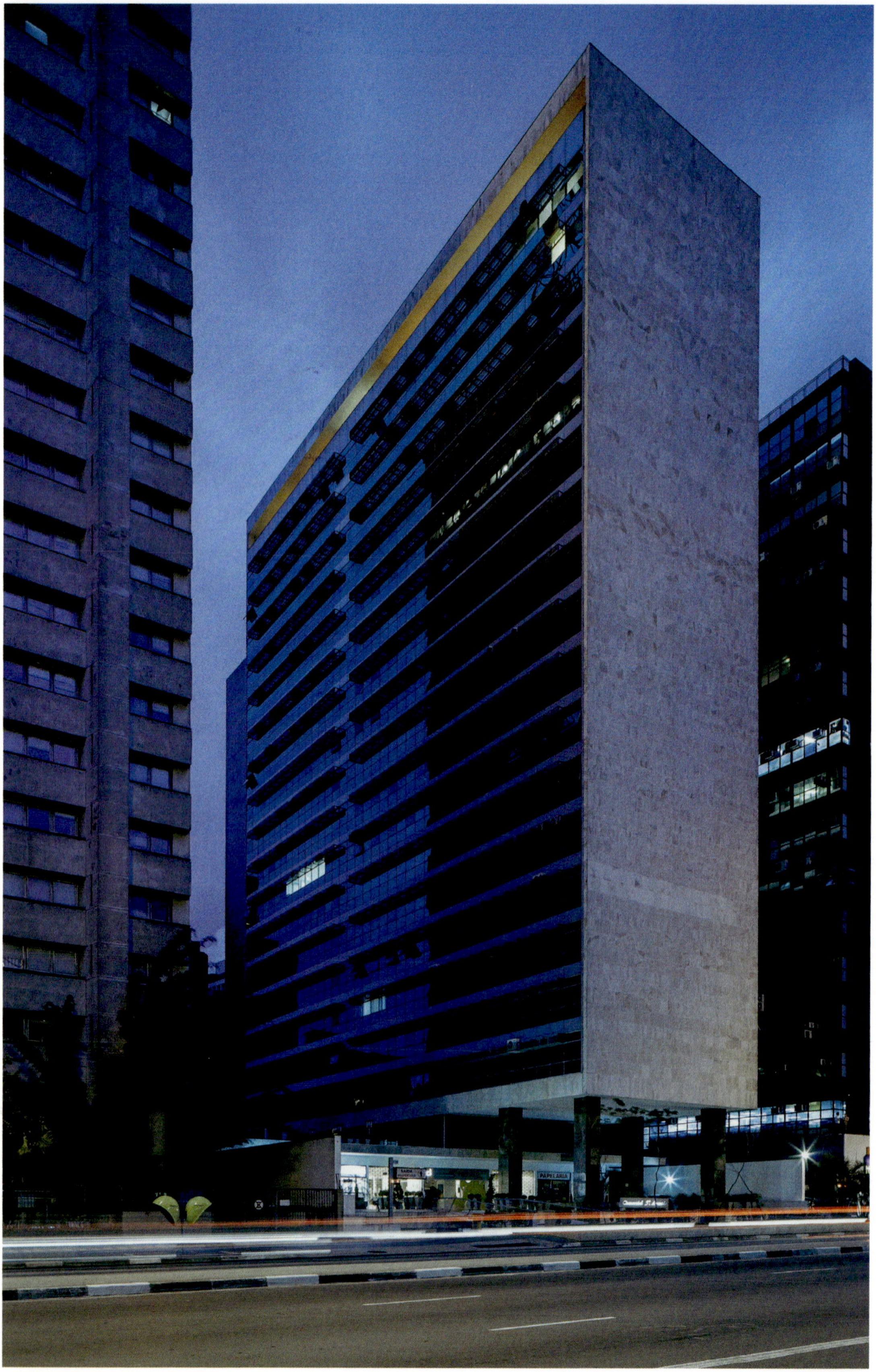

Edifício 5ª Avenida, foto atual, prancha original do concurso com perspectiva interna e detalhe do banheiro, Bela Vista, São Paulo, 1958, arquitetos Pedro Paulo de Melo Saraiva e Miguel Juliano

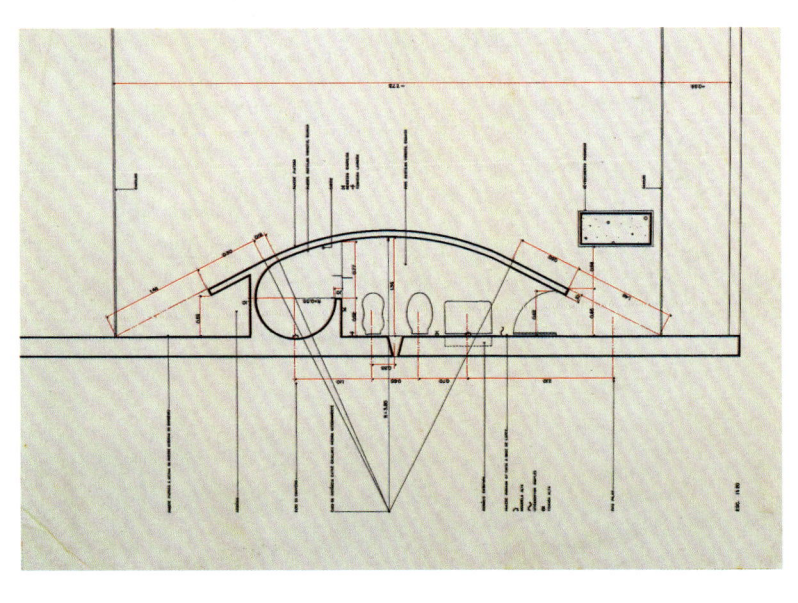

FACHADA ESQUERDA
ESC. 1:200

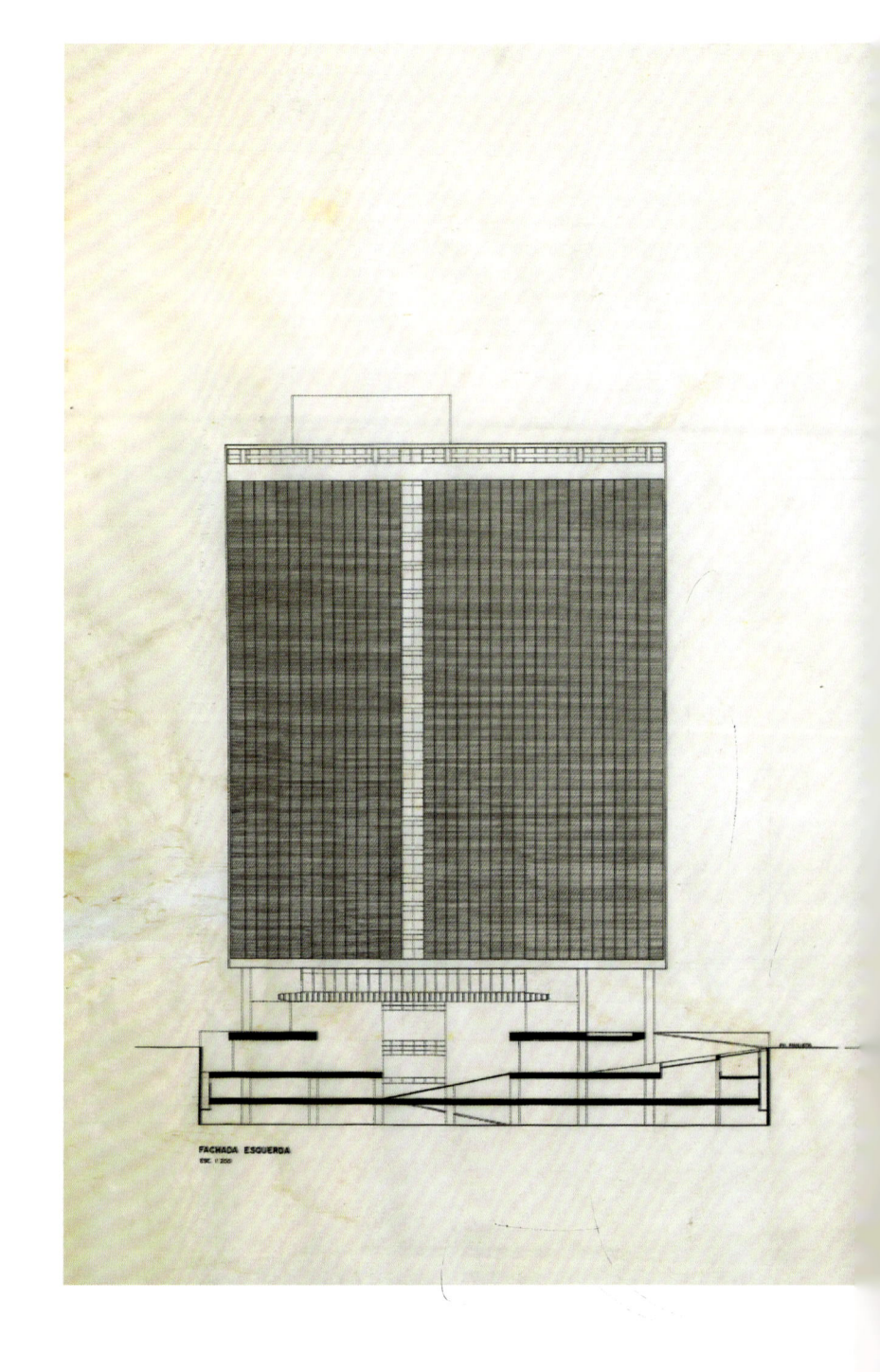

Edifício 5ª Avenida, elevações, Bela Vista, São Paulo, 1958, arquitetos Pedro Paulo de Melo Saraiva e Miguel Juliano

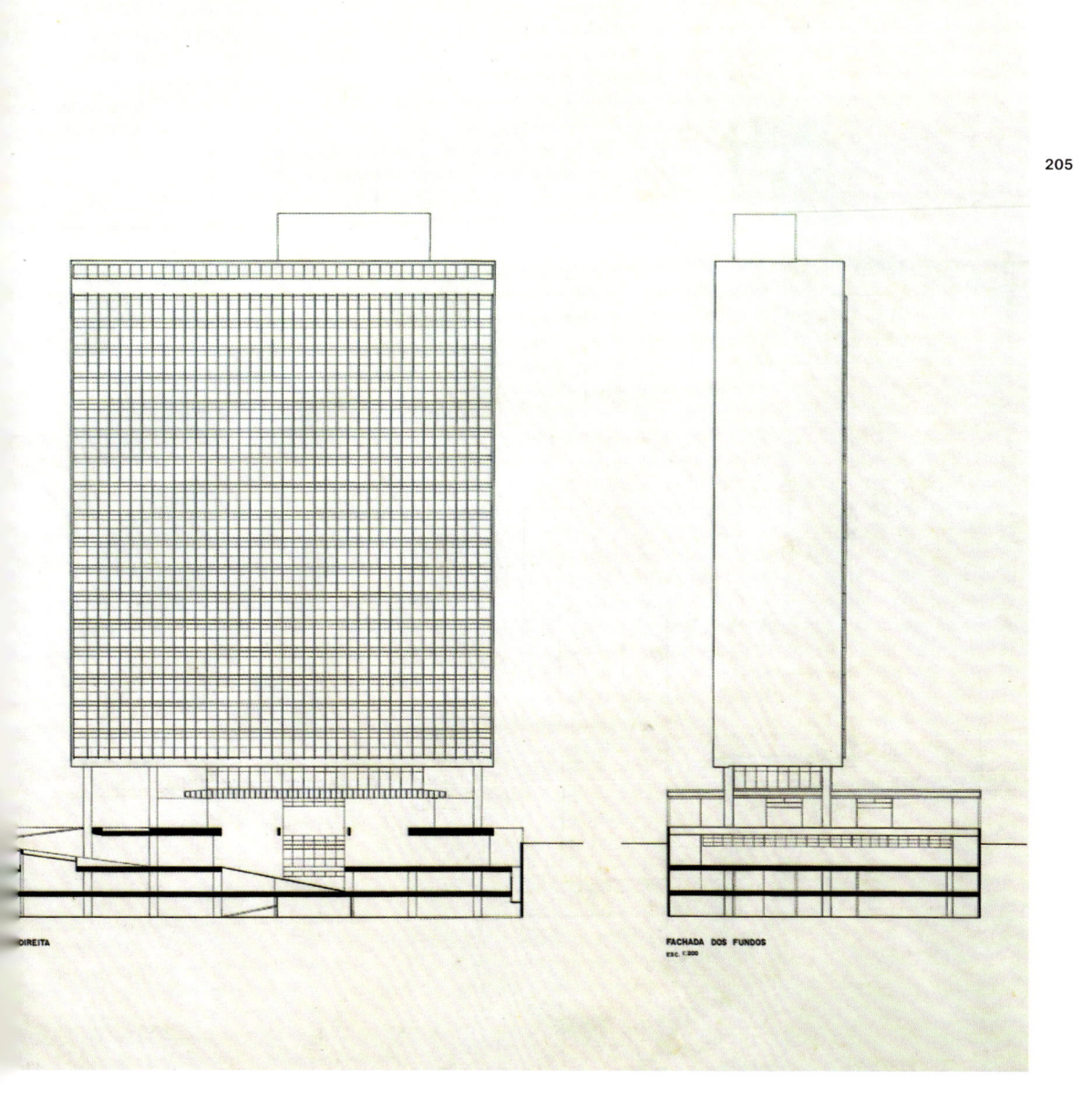

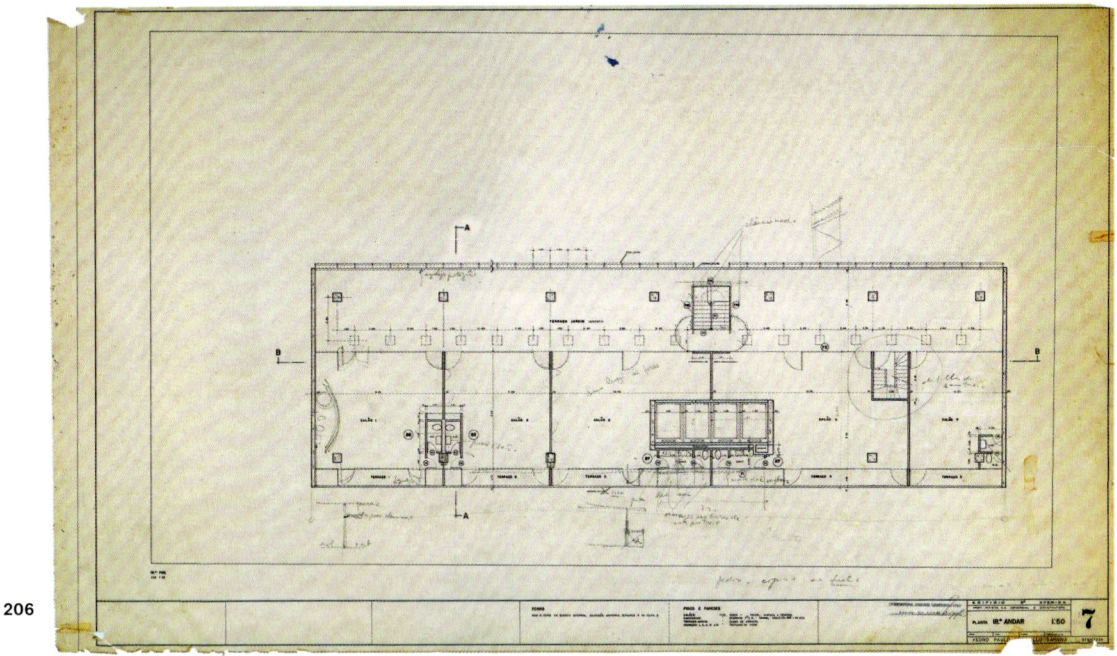

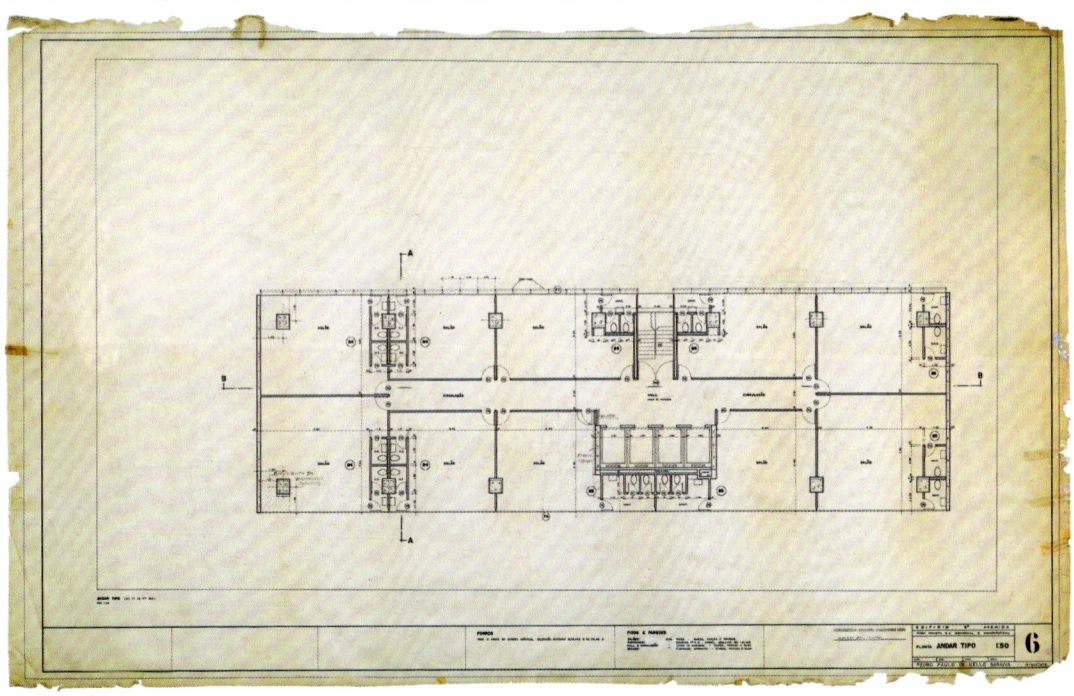

Edifício 5ª Avenida, plantas tipo e 18º pavimentos, subsolo, térreo, mezanino e elevação lateral esquerda, Bela Vista, São Paulo, 1958, arquitetos Pedro Paulo de Melo Saraiva e Miguel Juliano

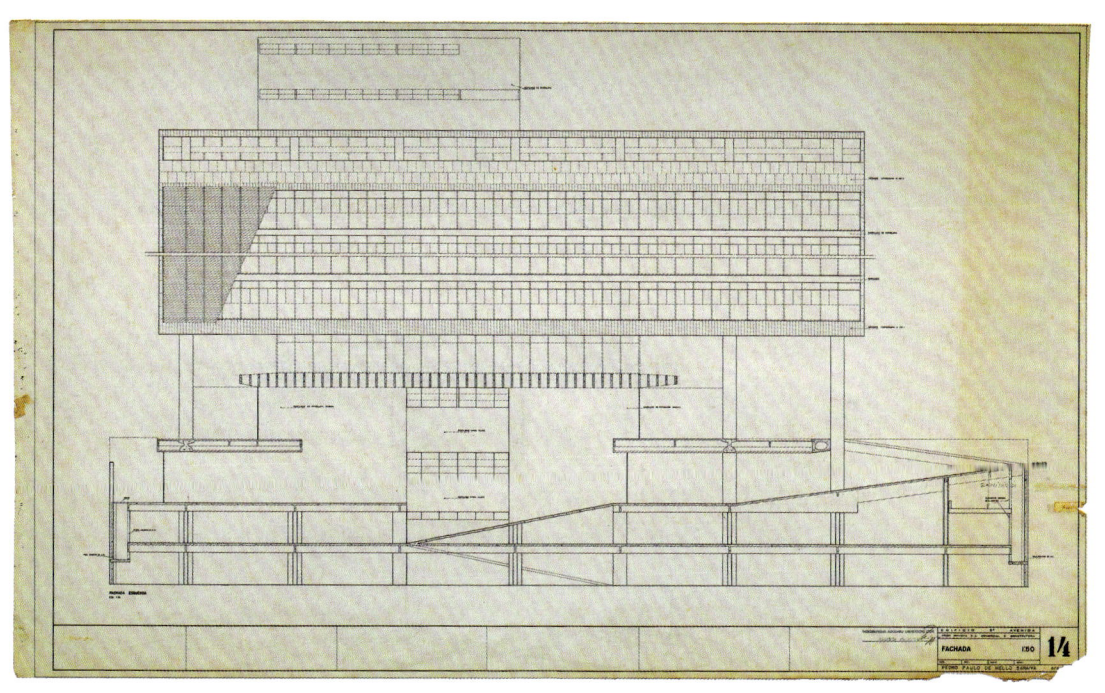

FACHADA

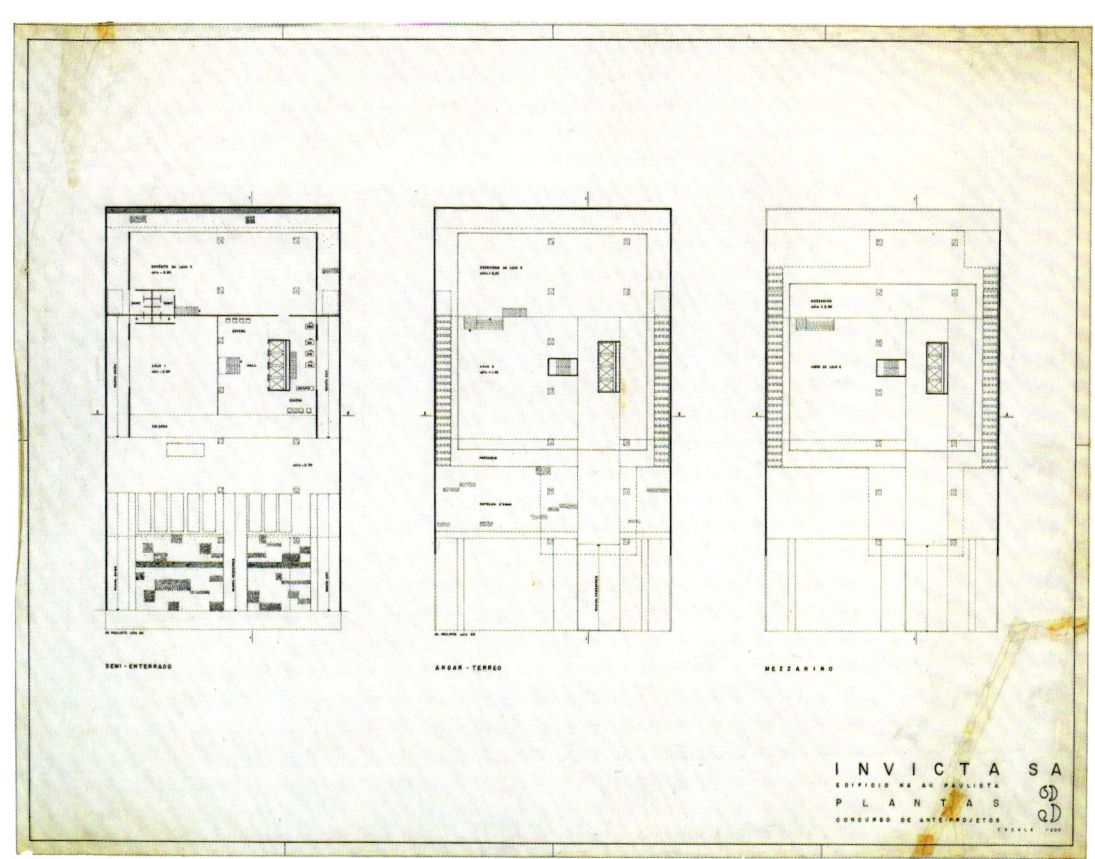

SEMI-ENTERRADO · ANDAR-TERREO · MEZZANINO

INVICTA SA
EDIFICIO NA AV. PAULISTA
PLANTAS
CONCURSO DE ANTE-PROJETOS

Edifício Solar do Conde

"O uso de concreto de alta resistência, o oxicret, resultou em estrutura esbelta, calculada por Roberto Zuccolo, com dez pilares e core, e uma laje de apenas 5 cm de espessura". PPMS

Edifício Solar do Conde, Higienópolis, São Paulo, 1962, arquitetos Pedro Paulo de Melo Saraiva e José Maria Gandolfi

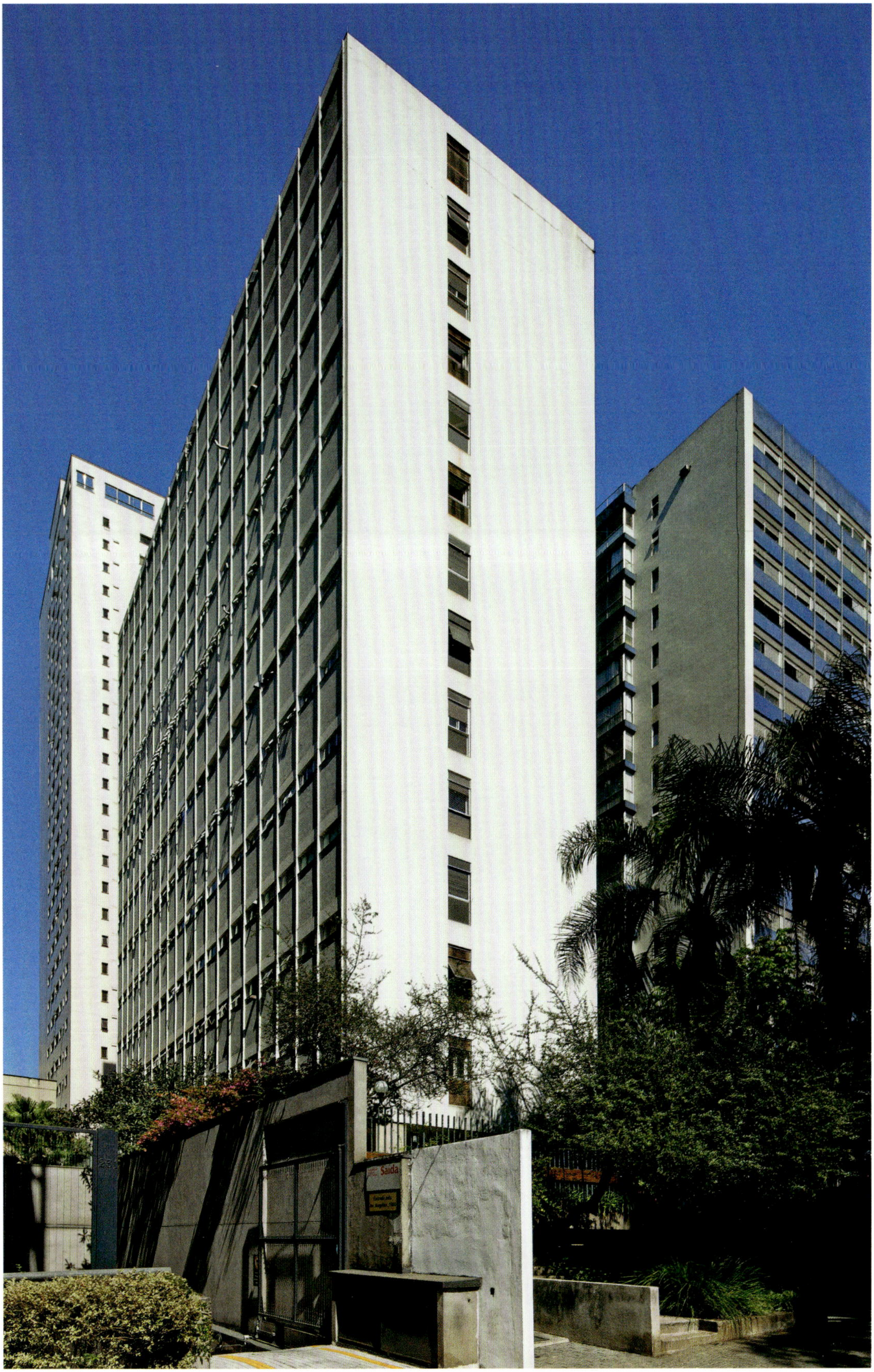
Saída

Edifício Solar do Conde, planta pavimento tipo, cortes transversais e longitudinal, Higienópolis, São Paulo, 1962, arquitetos Pedro Paulo de Melo Saraiva e José Maria Gandolfi

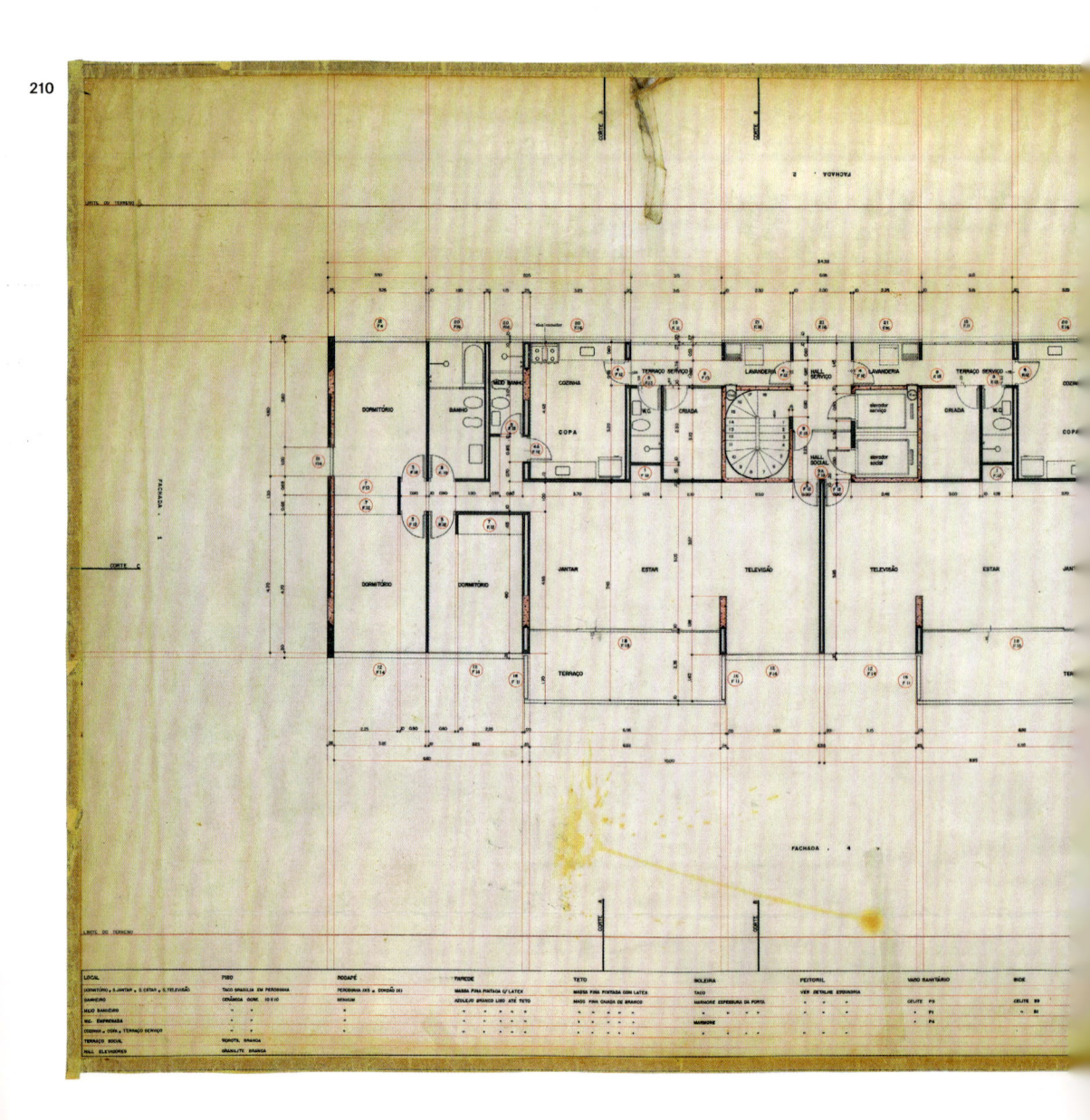

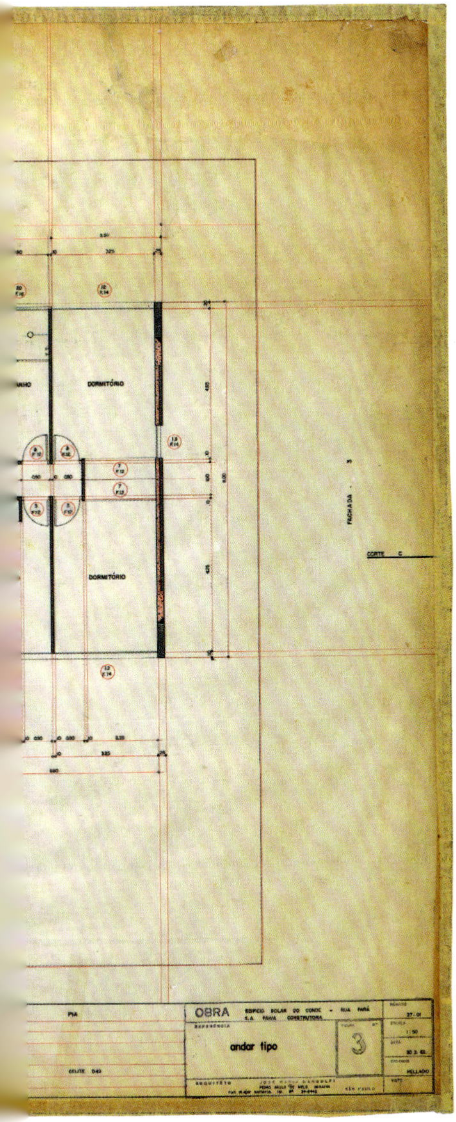
DORMITÓRIO
DORMITÓRIO
FACHADA 3
CORTE C
OBRA
EDIFICIO SOLAR DO CONDE - RUA PARÁ
S.A. PAIVA CONSTRUTORA
andar tipo
3
1:50
HELLADIO

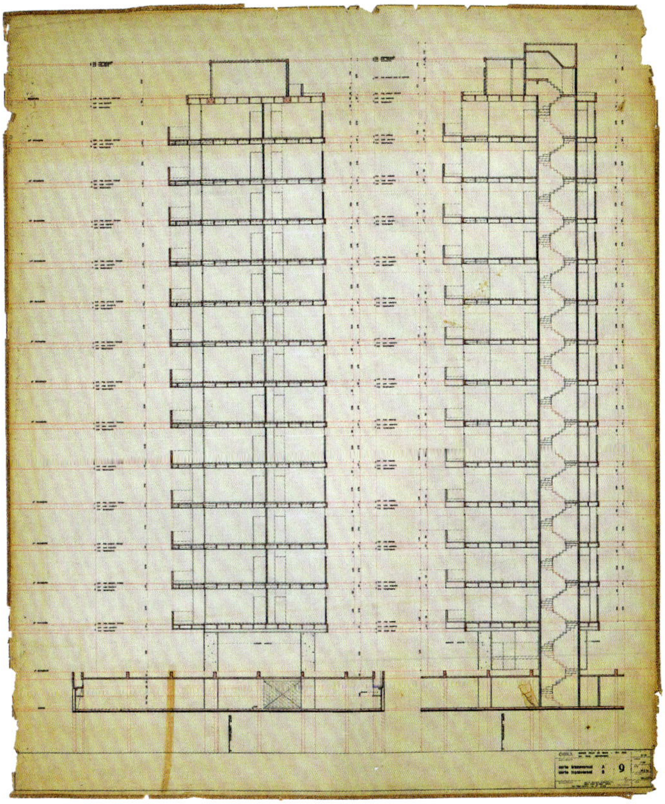
9

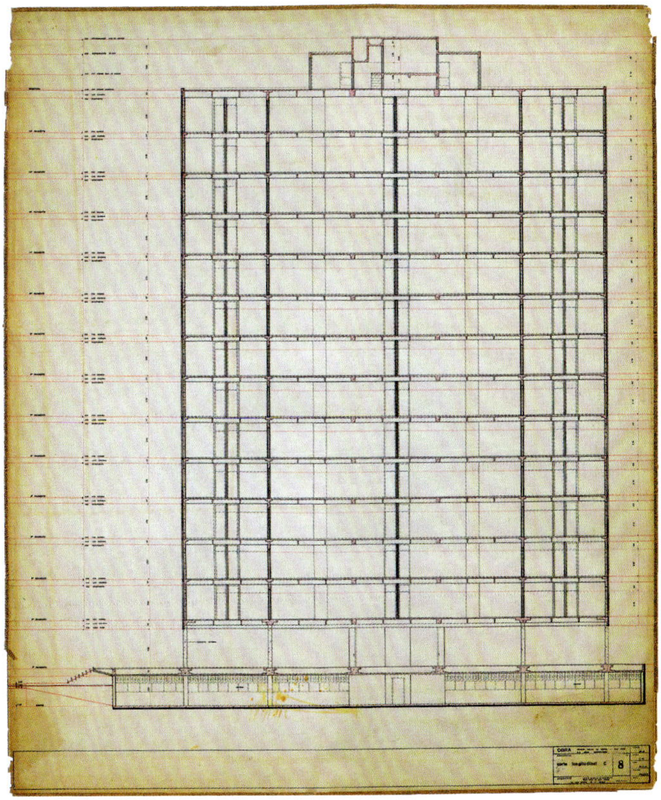
8

212 Edifício Solar do Conde, vistas da sala de estar e do térreo e detalhe da fachada, Higienópolis, São Paulo, 1962, arquitetos Pedro Paulo de Melo Saraiva e José Maria Gandolfi

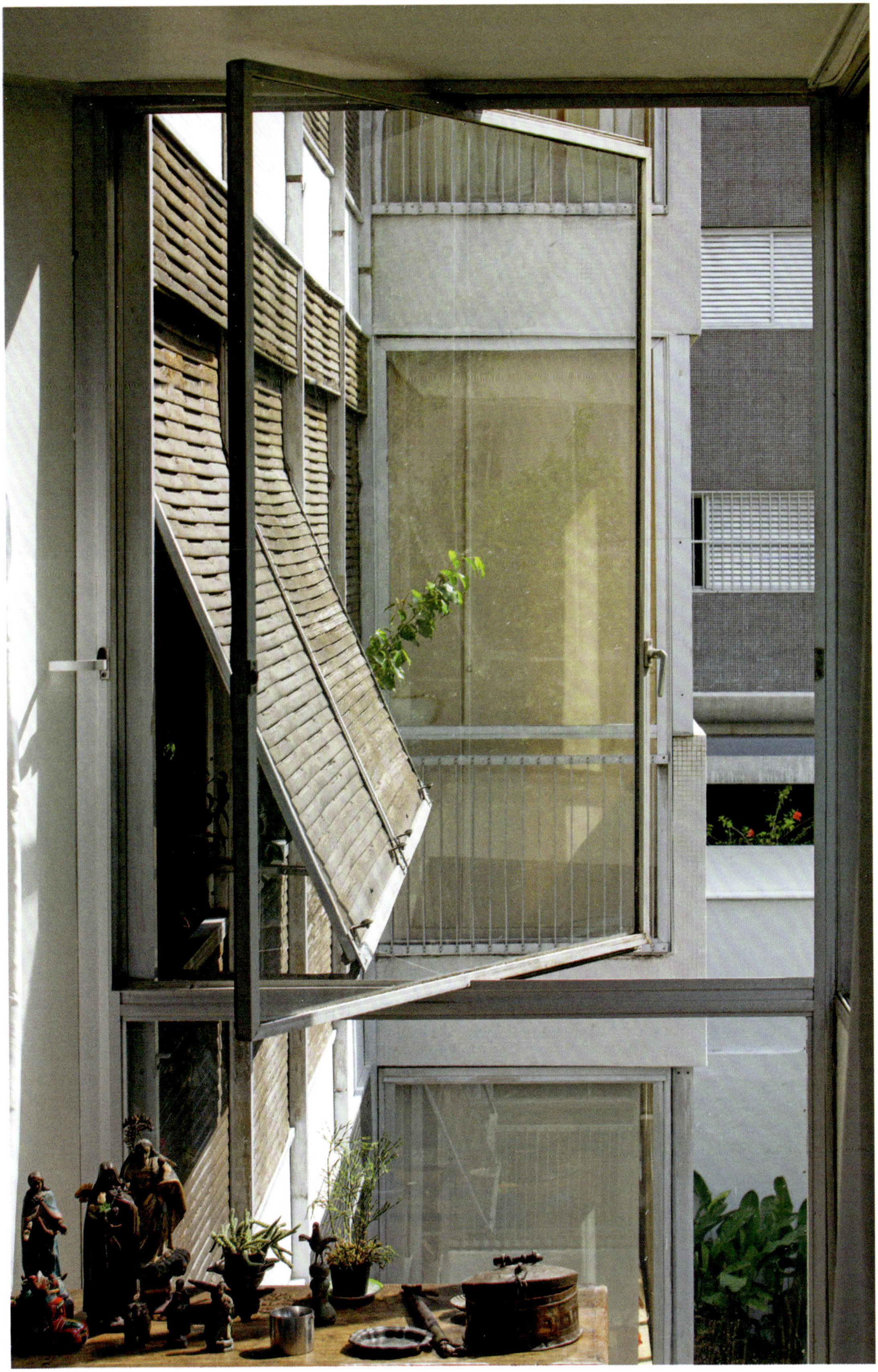

213

Edifício Albar, croqui da implantação, vistas lateral e frontal, Higienópolis, São Paulo, 1963, arquitetos Pedro Paulo de Melo Saraiva e Maurício Tuck Schneider

de compartimentação são claros e efetivos: um setor sudeste, longitudinal de ambientes pequenos com serviços e áreas molhadas iluminados com idênticas esquadrias altas encaixadas nos entrepanos da modulação. Outro setor, aberto para o recuo maior do terreno, tem salas e dormitórios ordenados a partir de uma circulação em linha, amparada na parede da sala e alinhada com o corredor dos dormitórios, e com uma outra circulação, separada, para a cozinha. Assim, ficam antecipadas as soluções de fachada. Um módulo e meio nas salas interpõe um pilar solto que define o domínio de avolumados balcões e um âmbito para o caixilho que ilumina a sala de jantar. Depois de explicar detalhes da planta, decisões sobre a posição, tipo de caixilharia e outros aspectos técnicos, como a posição do aquecedor d'água no desvão do pequeno corredor de acesso aos dormitórios com pé-direito de 2,10 metros, Saraiva pondera que essas plantas se tornam improváveis com a incidência e sobreposição de normas legais difíceis de atender em projetos simples, íntegros, e com a proliferação de ambientes e espaços especiais que entulham o programa da moradia burguesa, de um modo de morar que copia a vida palaciana. Saraiva está certo, o espaço generoso, versátil e flexível cede lugar a compartimentações intermináveis. O arquiteto deve acostumar-se a uma sociedade que prefere viver numa profusão de ambientes mesquinhos.

O Edifício Portofino – de 1961 e situado na cidade de Santos, com cálculo de Roberto Zuccolo –, também chama a atenção pela concisão formal e pela reprodução de um formalismo admirável. A estrutura reduzida e recuada dos balanços das lajes deixa solta a lâmina de sua base, a planta com duas unidades por núcleo vertical tem orientação para leste e oeste com sala e dormitório principal voltados para o espaço amplo do canal da avenida Senador Pinheiro Machado e atrás, a cozinha, escada, circulação de serviço e o segundo dormitório. A organização funcional define a ordem da fachada constituída por um só caixilho de venezianas projetáveis com braços para conformar um brise-soleil com sua abertura. Três núcleos de apartamentos agregados conformam único plano em estrutura leve de concreto celular, que considera em seu cálculo o alívio do peso próprio da estrutura e acrescenta vantagem para fundações em solos frágeis. Os caixilhos formam um plano contínuo, solução de *cladding* no plano horizontal, e as réguas verticais sobre a testa das lajes sugere um pano contínuo de fechamento com esquadrias. O elevador de serviço, geminado ao elevador social no centro da planta, faz

215

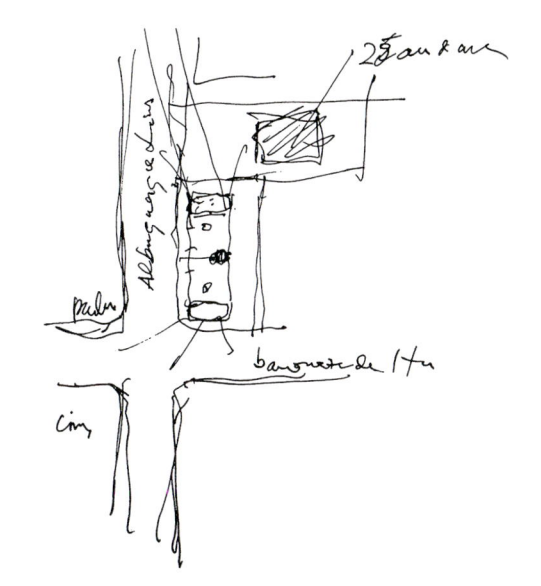

54. SERAPIÃO, Fernando. Entrevista: Pedro Paulo de Melo Saraiva, p. 4-6.

as paradas nos meios níveis dos patamares da escada de tal maneira que o patamar de acesso na fachada e em nível com as lajes não apresenta descontinuidade, e esse elevador conta com parada a cada duas lajes.

As plantas com dois apartamentos de dois dormitórios remetem às plantas do Edifício Solar do Conde, têm critérios formais análogos, certamente considerados melhores para conformar esse programa. Essa arquitetura se destaca na cidade para os que estão atentos e reconhecem a pertinência do que está bem desenhado e construído, porque percebem as decisões apropriadas, a experiência e as soluções oportunas de arquitetura. Trata-se de uma arquitetura contrária ao inventivo, ao experimental e ao espetacular.

O Edifício Albar, em 1963, de Saraiva e Maurício Tuck Schneider, construído por Biro Zeitel, chama muito a atenção. A implantação no terreno é justa, porém precisa. A utilização de três elevadores em três núcleos possibilita implantar as salas de estar nas fachadas menores da planta retangular. Os grandes panos de vidro se destacam das demais fachadas. Se na esquina as salas contam com o vazio da Rua Albuquerque Lins, no lado oposto, o generoso e providencial recuo, o átrio do condomínio vizinho, projeto do arquiteto e colega Jorge Wilheim, providencia amplo espaço lateral para onde abrir as grandes esquadrias. Saraiva intui as vantagens das implantações desencontradas entre edifícios verticais mesmo em lotes e projetos diferentes, não perde a oportunidade de qualificar edifício e cidade.

A revitalização do Mercado Municipal,[54] em 2002, na cidade de São Paulo, apresenta a particularidade de um projeto de intervenção em edifício existente, em que não há concepção da edificação, mas a interpretação de um tipo existente, a identificação de uma situação construída; no caso, uma planta em matriz neoclássica com adornos ecléticos e grandes lunetas romanas marcadas com quatro torres que confirmam a divisão tripartite clássica, projeto do escritório Ramos de Azevedo, inaugurado em 1933.

Para Saraiva, a intervenção é uma grande oportunidade para corrigir, consertar e melhorar, para obter vantagens, eficiência e conforto para um mercado, fundamentalmente restaurá-lo; atualizar, programar infraestrutura e serviços e revelar, explorar, na atividade de abastecimento, um sentido cultural apenas implícito até aquele momento. A restauração concentra-se na demolição das partes e usos degradados, em alterações, ampliações e puxados que ao longo da história desfiguraram o conjunto, na recuperação das obras artísticas, – como são os vitrais –, na limpeza e na recuperação dos lanternins da cobertura, o eficaz sistema que ilumina o edifício. A ideia é associar o mercado às atividades gastronômicas e a um ponto de encontro, portanto, ao circuito turístico da cidade para explorar novas atividades no mercado e expor sua gente, seus produtos e uma vida conhecida por poucos. Isso se faz com um mezanino metálico onde instala-se um setor de lazer com bares e restaurantes. E, finalmente, a equipe desenvolve um projeto de infraestrutura para equipar o centro de abastecimento com serviços e redes. Propõe um subsolo para estacionamento de veículos, uma doca de caminhões para carga e descarga de mercadorias, um recinto resfriado para guardar o lixo recolhido, e áreas para vestiários, sanitários e serviços administrativos; um sistema de canaletas no piso para conduzir as redes subterrâneas com visita e fácil manutenção e uma central única de refrigeração para distribuir água fria a centenas de frigoríficos, que utilizam compressores agregados que desperdiçavam energia, fazem ruído e trocam calor com o ambiente. O arquiteto defende essa lista como o programa necessário para atualizar as atividades do mercado e proporcionar condições melhores de funcionamento. Lamenta que muitas dessas melhorias tenham sido descartadas por decisões políticas sobrepostas à recomendação técnica. Dá-se conta que, na hora de cortar orçamentos e abreviar uma obra com prazo de inauguração, prevalecem os itens de projeto mais vistosos, em detrimento dos itens invisíveis, considerados, portanto, irrelevantes.

  No entanto, o mais importante desse projeto, além do programa meticuloso imaginado pelo arquiteto, parece ser o notável sentido de ordem que controla as decisões. Mais uma vez Saraiva reitera sua fidelidade aos pressupostos decisivos do projeto de arquitetura a tal ponto que sua solução – longe de ser um conjunto de respostas imediatas, isoladas, ou esparsas, de atendimento a circunstâncias e demandas – opta pelo mais difícil e definitivo, concebe uma estrutura ao mesmo tempo complexa e amistosa; perfeita para uma estrutura rígida como é a do mercado. Sua intervenção moderna com estrutura metálica autônoma e ajustada às circulações, às medidas existentes, define pontos de circulação vertical com escadas e elevadores que estruturam e atendem com eficiência todos os níveis, usos e atividades. O desenho do subsolo, das docas e do mezanino são aspectos de uma única intervenção, e o desenho das redes é um desdobramento da

Edifício Portofino
"O subsolo muito delicado, com presença de argila marinha, levou à independência estrutural das três caixas de circulação vertical, para absorver eventuais recalques diferenciais". PPMS

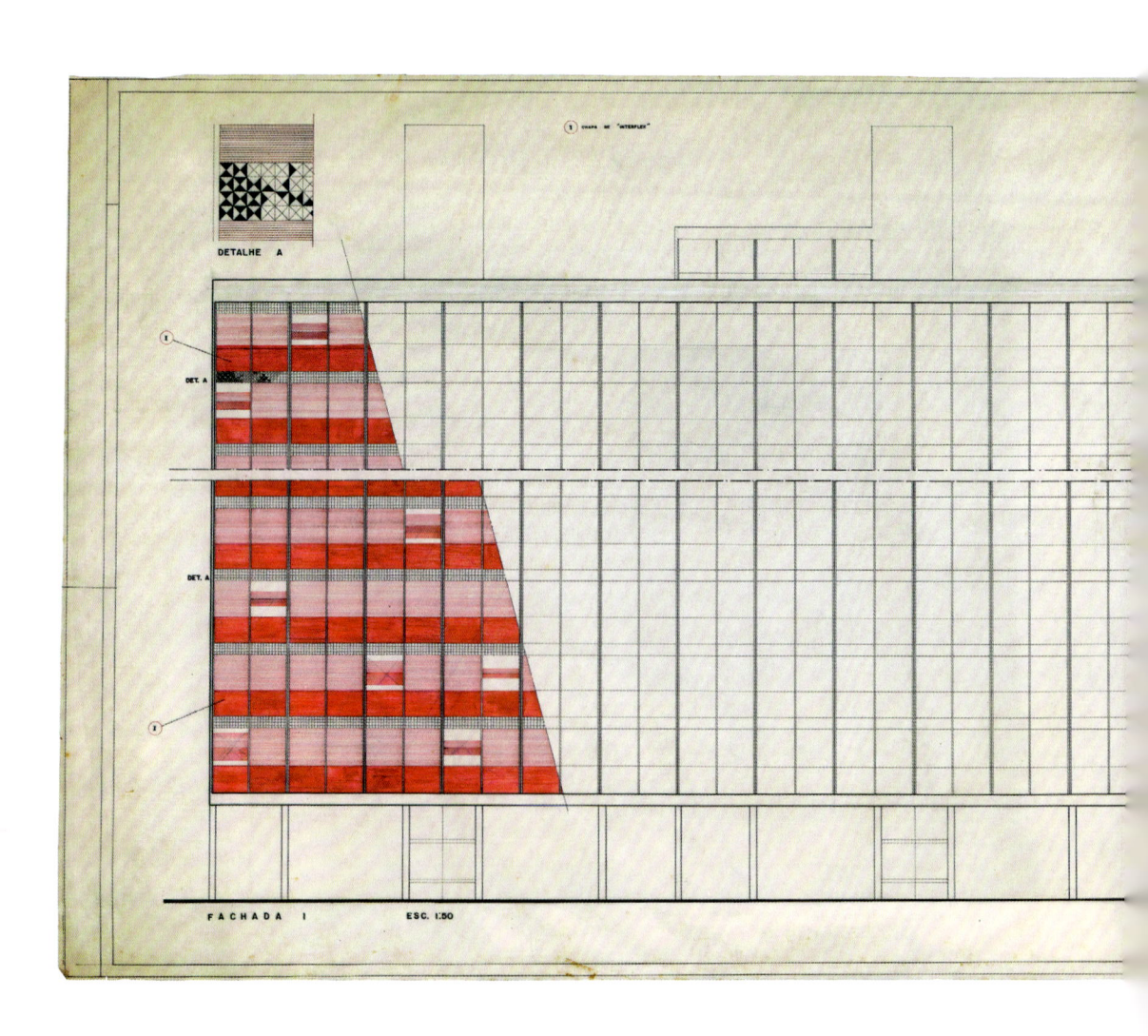

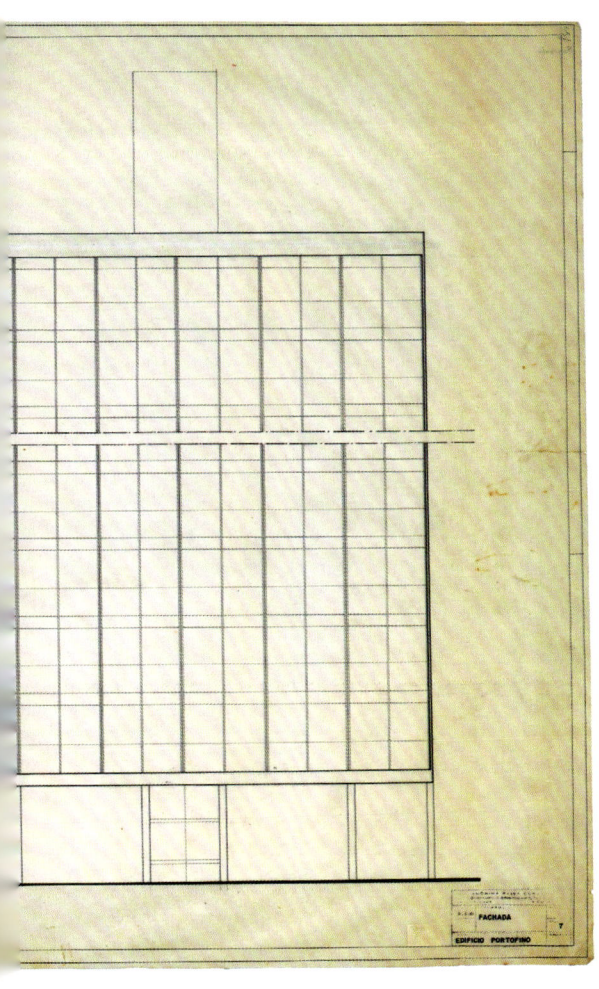

Edifício Portofino, vista, elevação principal e detalhe da fachada, Santos, 1961

220

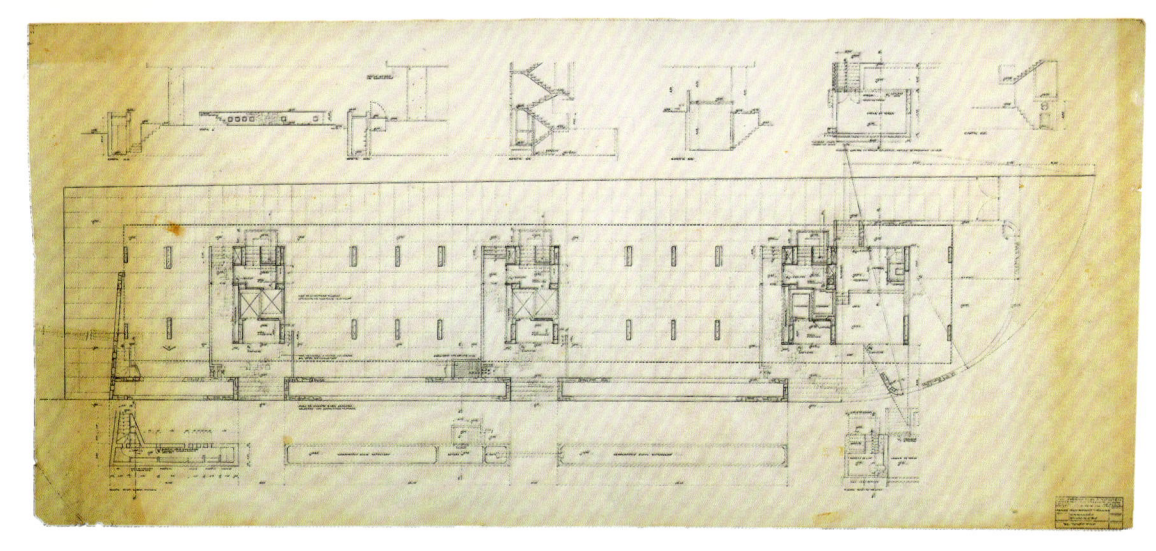

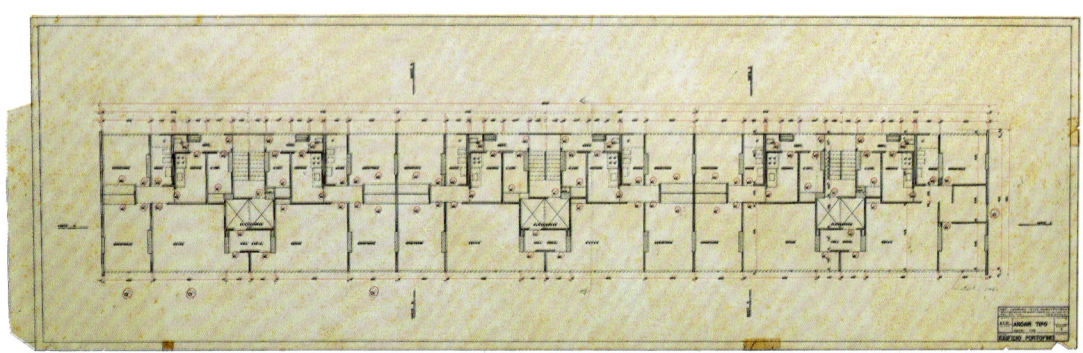

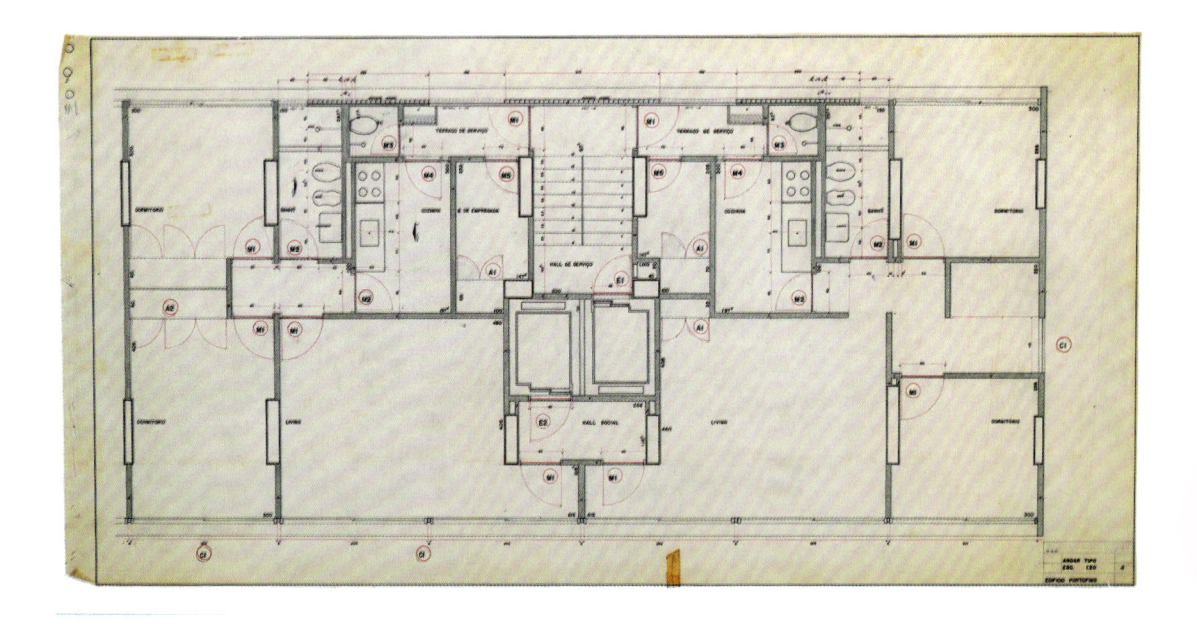

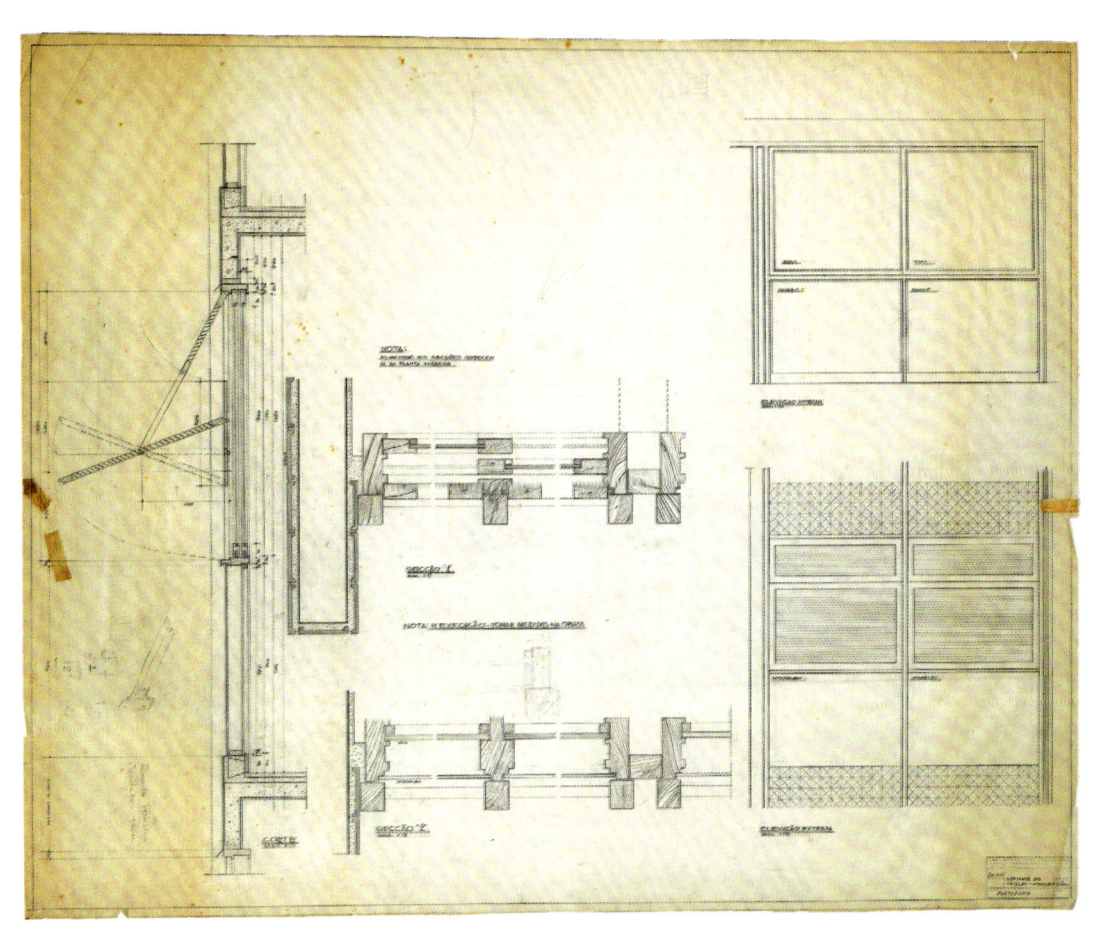

Edifício Portofino, detalhes das escadas e elevadores, plantas térreo, pavimento tipo e ampliação dos apartamentos de 2 e 3 dormitórios, detalhes e perspectiva do caixilho, Santos, 1961

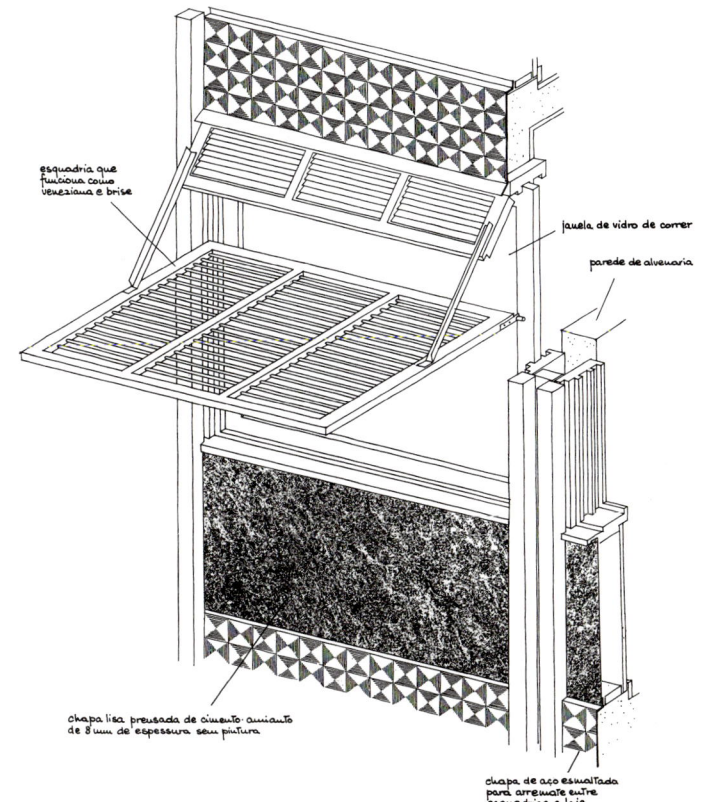

Requalificação do Mercado Municipal Paulistano

"A necessária adequação do equipamento à atualidade teve como respostas a disposição do mezanino-varanda sobre as bancas e a incorporação de quatro torres nunca antes utilizadas". PPMS

Mercado Municipal Paulistano, São Paulo, projeto original do Escritório Técnico Ramos de Azevedo, 1928-1933; reforma dos arquitetos Pedro Paulo de Melo Saraiva, Fernando de Magalhães Mendonça e Pedro de Melo Saraiva, 2002

224 Requalificação do Mercado Municipal Paulistano, croqui, vistas da entrada principal e do mezanino, São Paulo, 2002, arquitetos Pedro Paulo de Melo Saraiva, Pedro de Melo Saraiva e Fernando de Magalhães Mendonça

CORTE ESQUEMÁTICO

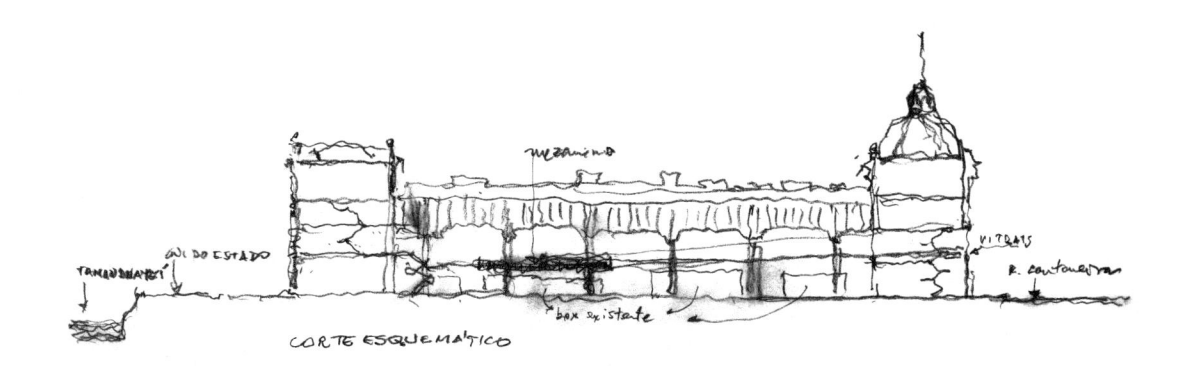

Breve aqui um restaurante da cozinha árabe.
Rua C
Peixaria
Avícola
Açougue

Requalifiação do Mercado Municipal Paulistano, detalhe do piso e restaurantes do mezanino, vistas do mezanino, escada rolante e bancas, São Paulo, 2002, arquitetos Pedro Paulo de Melo Saraiva, Pedro de Melo Saraiva e Fernando de Magalhães Mendonça

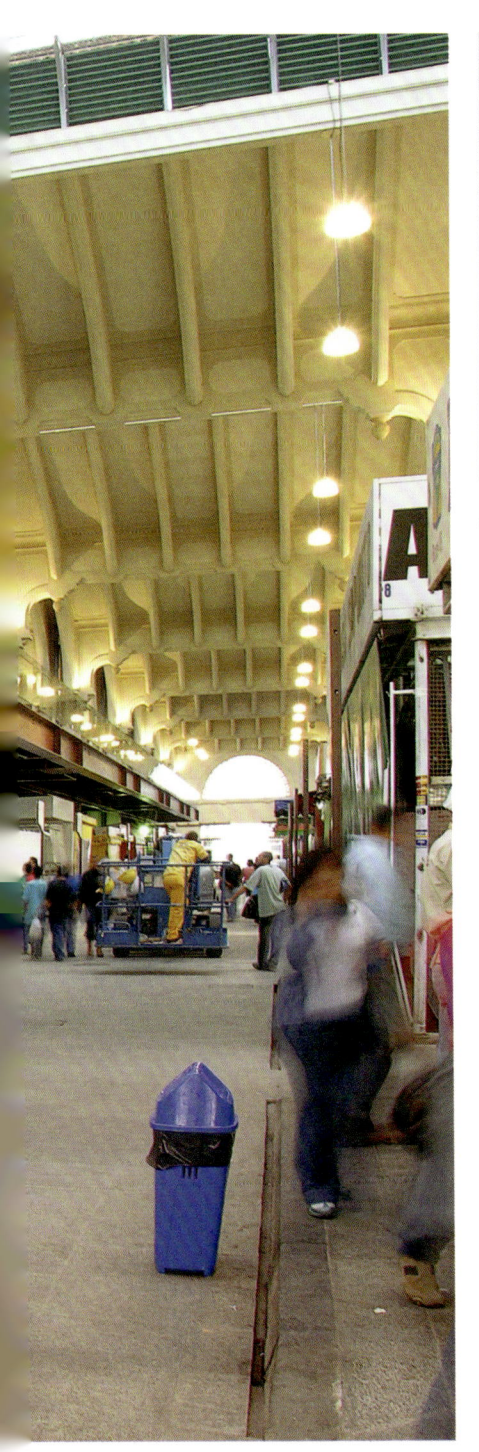

Requalificação do Mercado Municipal Paulistano, plantas térreo, subsolo e mezanino, São Paulo, 2002, arquitetos Pedro Paulo de Melo Saraiva, Pedro de Melo Saraiva e Fernando de Magalhães Mendonça

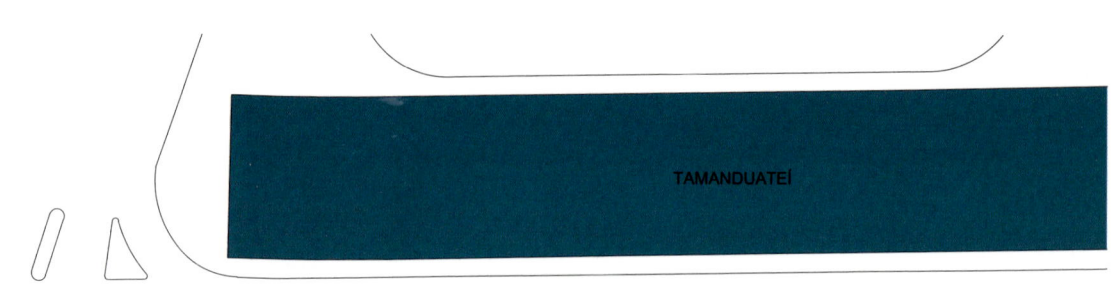

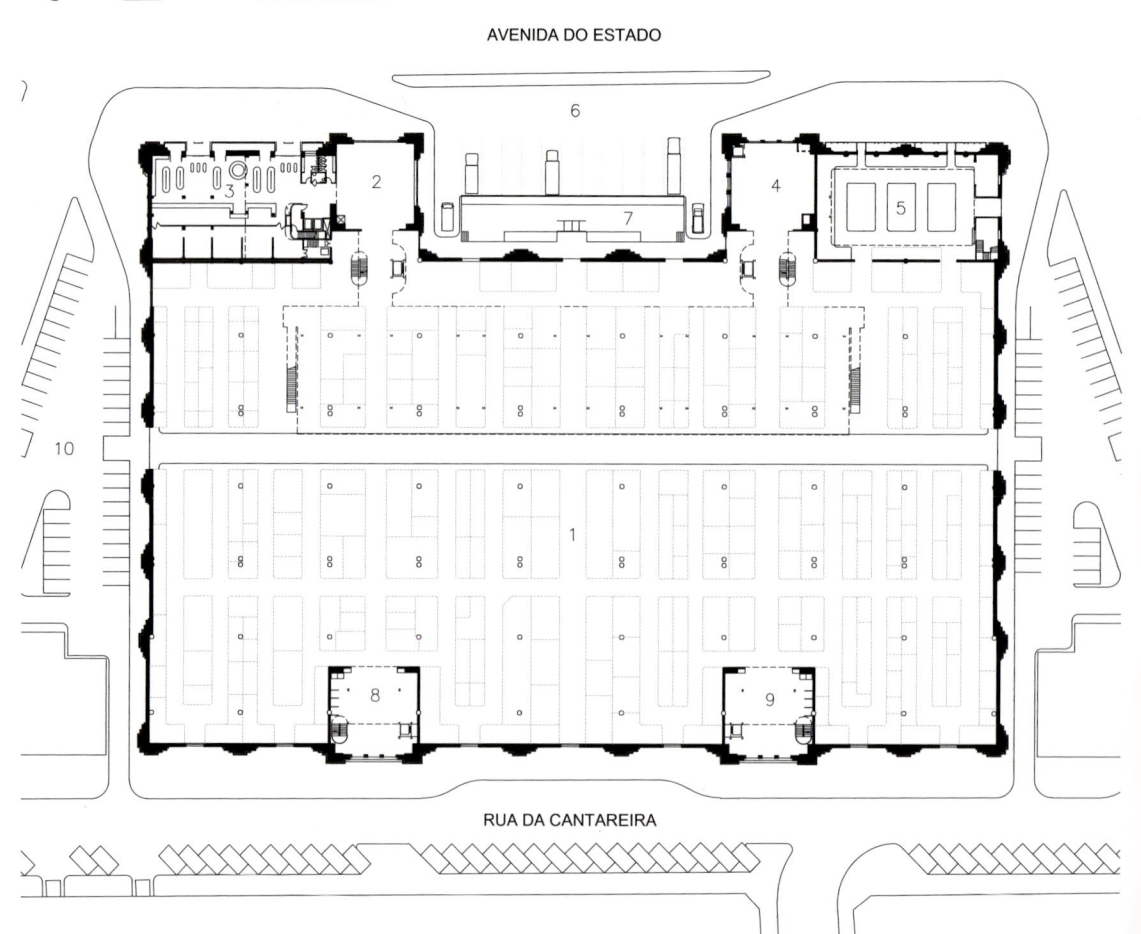

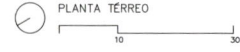

TAMANDUATEÍ

AVENIDA DO ESTADO

RUA DA CANTAREIRA

PLANTA TÉRREO

PLANTA SUBSOLO

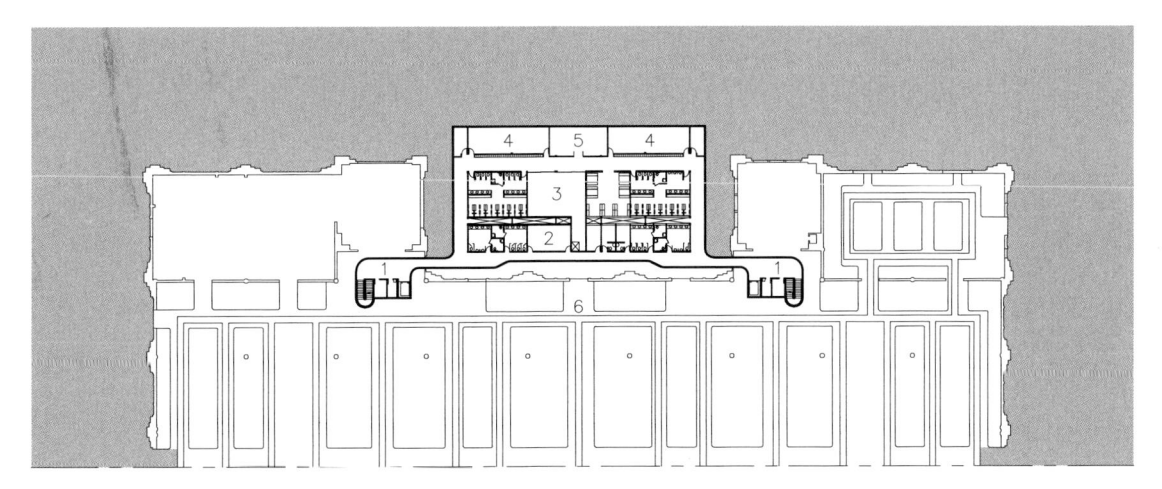

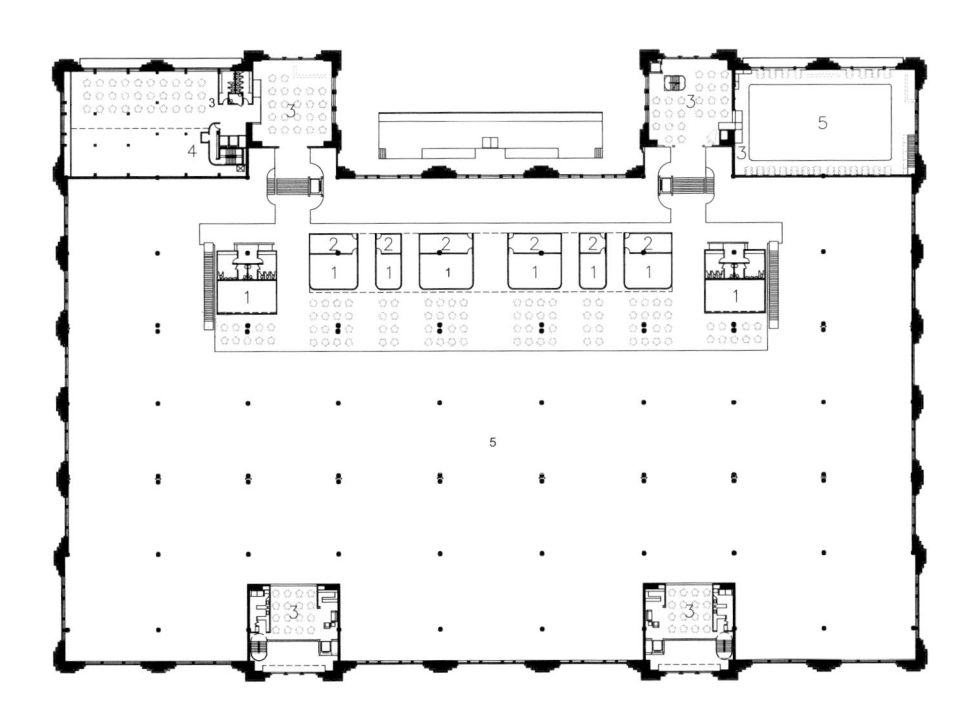

229

PLANTA MEZANINO

LEGENDA SUBSOLO

1 - SAGUÃO
2 - SALA DE INFORMÁTICA/
AGRONEGÓCIOS
3 - TRIAGEM DE LIXO
4 - SALA DE EQUIPAMENTOS
5 - SALA DOS TRANSFORMADORES
6 - CANALETAS TÉCNICAS

LEGENDA TÉRREO

1 - BOXES
2 - TORRE A
3 - PANIFICADORA
4 - TORRE B/RESTAURANTE
5 - SALA DE EVENTOS
6 - PÁTIO DE MANOBRAS
7 - DOCAS
8 - TORRE C
9 - TORRE D
10 - ESTACIONAMENTO

LEGENDA MEZANINO

1 - LOJA/ATENDIMENTO
2 - LOJA/DEPÓSITO
3 - RESTAURANTE
4 - COZINHA
5 - VAZIO

CORTE LONGITUDINAL

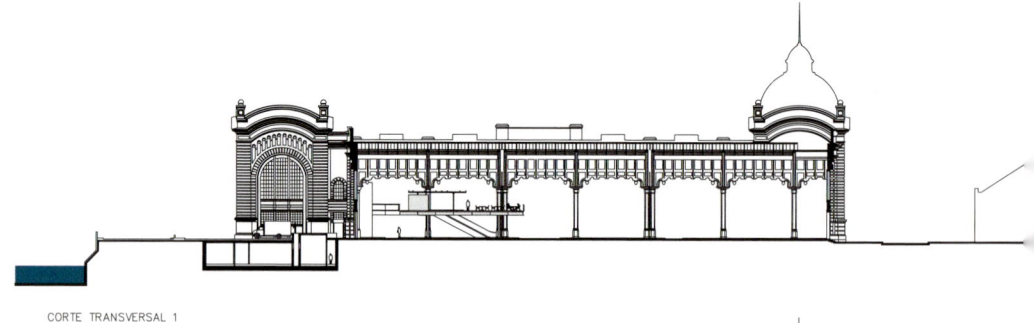

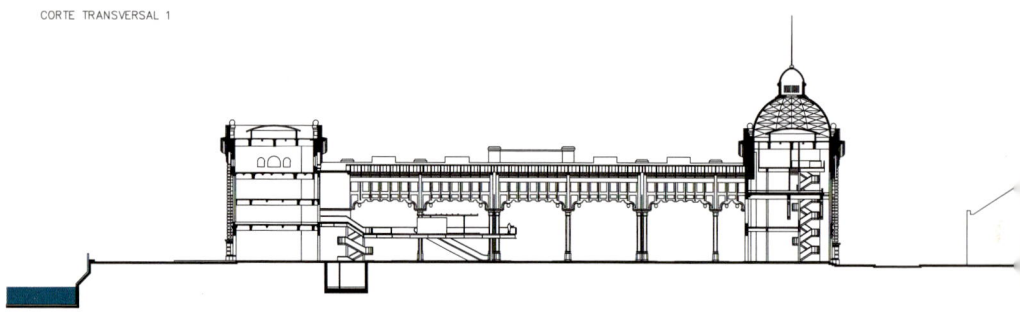

CORTE TRANSVERSAL 1

CORTE TRANSVERSAL 2

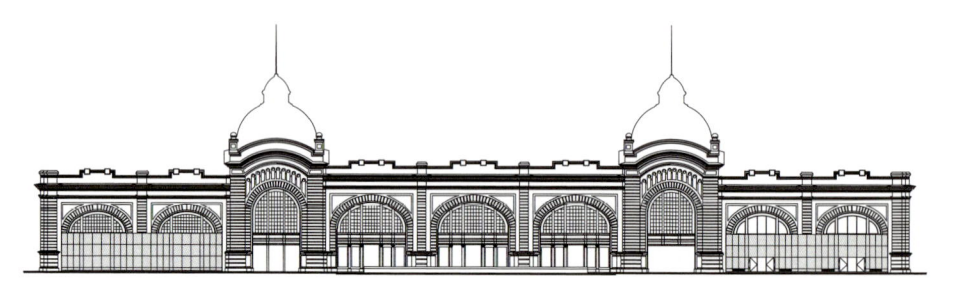

ELEVAÇÃO FRONTAL

Requalificação do Mercado Municipal Paulistano, cortes, elevação e vista de uma das entradas, São Paulo, 2002, arquitetos Pedro Paulo de Melo Saraiva, Fernando de Magalhães Mendonça e Pedro de Melo Saraiva

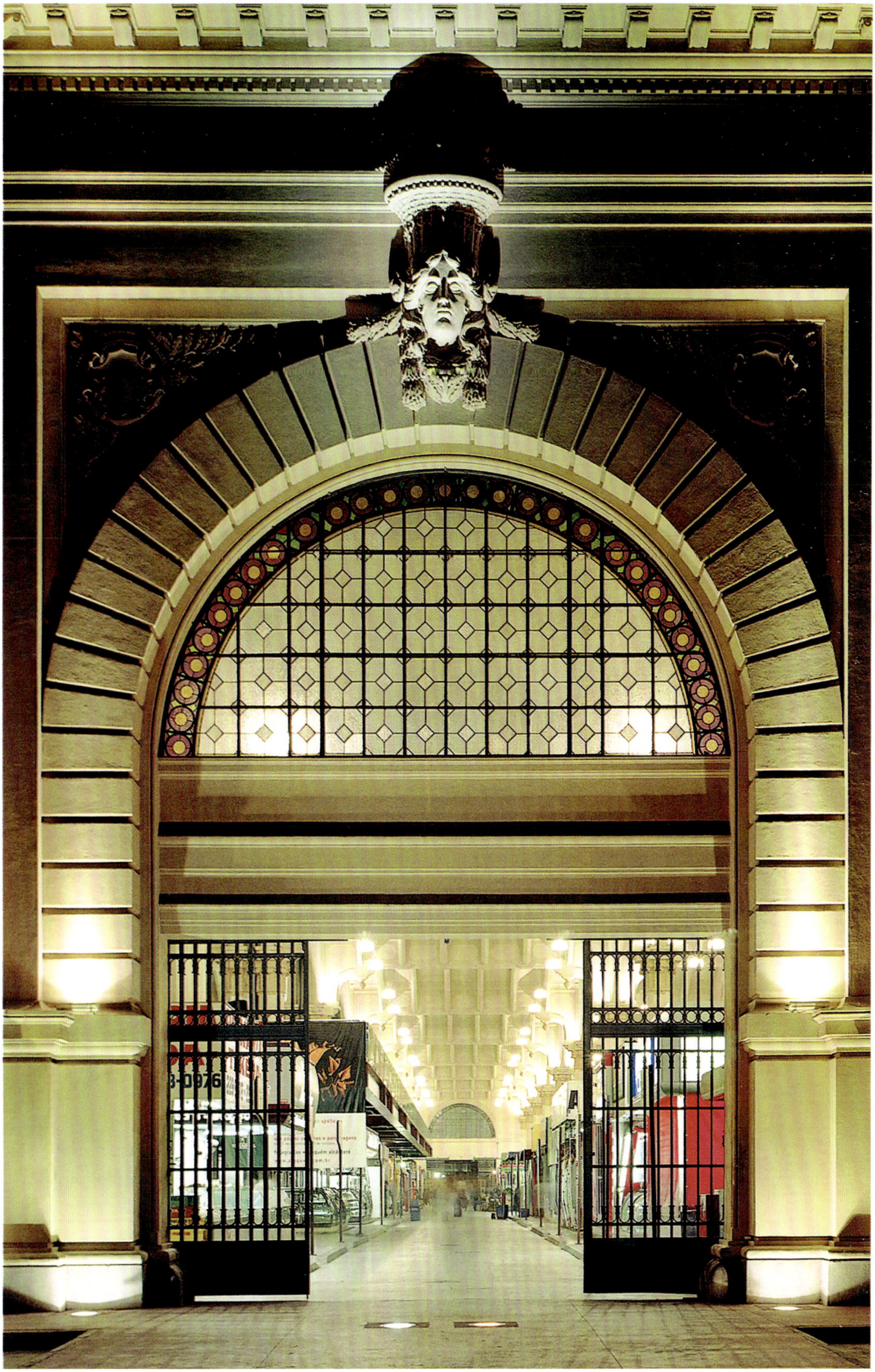

55. O projeto – em parceria com Sérgio Ficher, Henrique Cambiaghi, José Carlos Lodovici e Carlos Henrique Vieira – demorou de 2002 a 2004 para ser desenvolvido e implantado e contou com a participação de expressivo número de profissionais e empresas especializados: Carlos Alberto Guimarães, Fernanda Berlfein, Vivian Hori Hawthorne, Luciano Gouveia Braga de Lima, Maria Cristina Correia e Emerson Cabrera, arquitetos colaboradores; Emmanuel Prado Lopes, engenheiro; Maria Luiza Dutra (coordenadora) Carolina Martinez, Ana Carolina Giusti e Michelle Ticci, especialistas em restauro; Figueiredo Feraz Consultoria e Engenharia, projeto das instalações gerais; D&V Serviços Técnicos, levantamento as built; Michel Sola Consultoria e Engenharia, sistema viário; Franco e Forte Lighting Design, iluminação e luminotécnica. **56.** A difusão na arquitetura e no design da super elipse ou do super elipsoide – super ovo –, se deve ao dinamarquês Piet Hein (1905-1996), porém a notação cartesiana dessa forma geométrica é estabelecida pelo matemático francês Gabriel Lamé (1795-1870).

Torre Protótipo, planta pavimento tipo e corte, São Paulo, 1973

lógica formal que controla a intervenção de uma só vez. O reconhecimento da estrutura formal do mercado antigo é a condição fundamental, o respeito ao patrimônio. Quando prevalece a sensibilidade dos projetistas, não é necessário apelar para historicismos.[55]

Assim são também as plantas do Clube XV de Santos quando explicitam os critérios de ordem. A escolha da posição da caixa vertical de elevadores e escadas determina a facilidade e a naturalidade com que os ambientes se posicionam e relacionam. As atividades são ordenadas e separadas como o melhor da tradição moderna, com ilhas cegas que delimitam os grandes grupos de atividade do clube. Assim é o recente projeto de reurbanização de Ilhabela, parte dele sobre antigo campo de pouso. Atualizam-se os edifícios, mas a equipe de Saraiva continua a reconhecer a geografia e a estrutura preexistente para acomodar um programa linear de atividades e uma marina flutuante quadrada, alinhada com a costa e bem conectada com o assentamento local.

Como deve o arquiteto moderno, Saraiva não teme a industrialização dos componentes de construção civil, tampouco a verticalização da cidade moderna. Nesse caso, os edifícios em altura tornam-se um dos temas preferidos do arquiteto. Uma posição isolada, se for considerado o preconceito entre os arquitetos e das escolas de arquitetura, onde costuma repudiar-se a arquitetura de arranha-céus e onde professores evitam o tema nos exercícios de projeto; assim, os arquitetos que aceitam essa demanda são vistos como profissionais cooptados pela cidade da especulação e do congestionamento.

Saraiva acredita que a solução da cidade moderna passa pela construção vertical, pelo projeto de edificações em altura que apresentam problemas estruturais específicos, fabricação e especificação de equipamentos de transporte e sistemas de fechamento e vedação especiais. A tal ponto que a torre, o arranha-céu, acaba por tornar-se o tema de sua pesquisa acadêmica, sua tese, seu projeto preferido. Gosta de especular sobre as plantas adequadas e faz considerações sobre o tipo de estrutura e de forma mais favoráveis. Chega à conclusão que uma planta desenhada a partir da figura geométrica de uma super elipse,[56] do "quadrado arredondado", é melhor se considerada a ação dos ventos sobre as fachadas, além de tolerar leiautes produzidos pelo esquema ortogonal. Considera melhor a estrutura de pila-

PLANTA

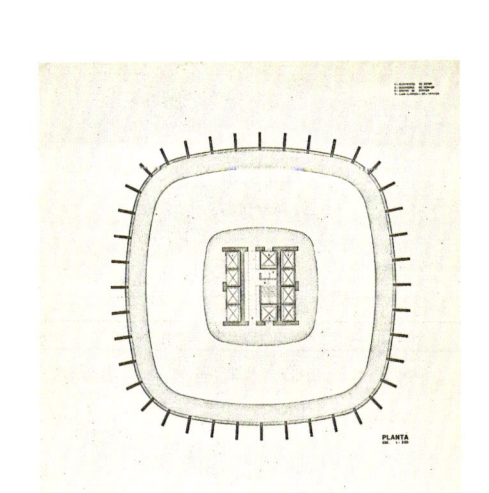

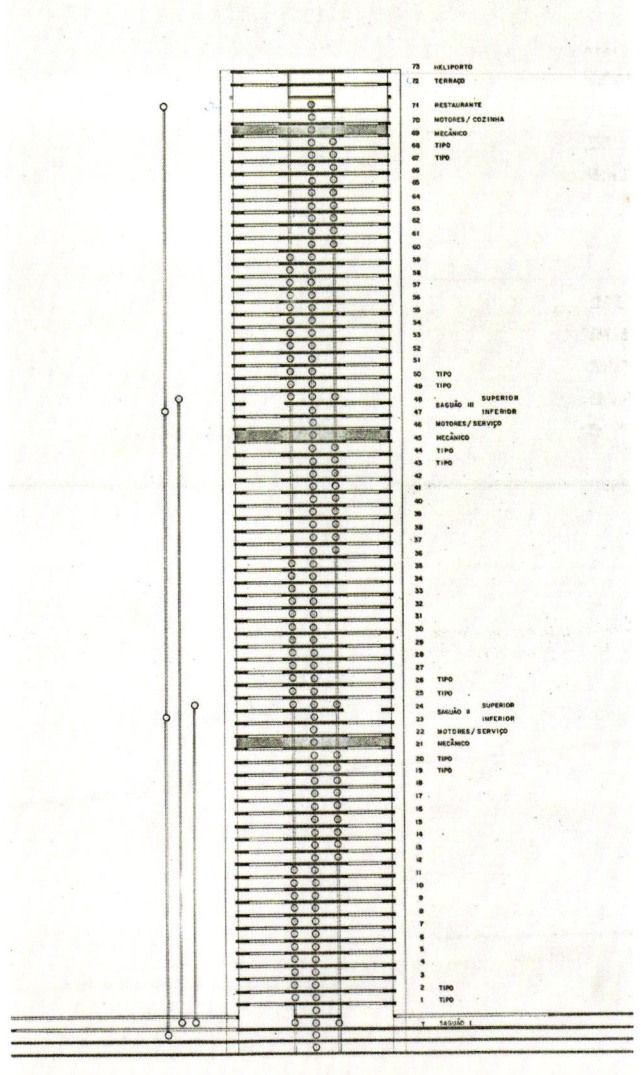

73	HELIPORTO
72	TERRAÇO
71	RESTAURANTE
70	MOTORES/COZINHA
69	MECÂNICO
68	TIPO
67	TIPO
...	
50	TIPO
49	TIPO
48	SAGUÃO III SUPERIOR
47	INFERIOR
46	MOTORES/SERVIÇO
45	MECÂNICO
44	TIPO
43	TIPO
...	
26	TIPO
25	TIPO
24	SAGUÃO II SUPERIOR
23	INFERIOR
22	MOTORES/SERVIÇO
21	MECÂNICO
20	TIPO
19	TIPO
...	
2	TIPO
1	TIPO
T	SAGUÃO I

Hotel Franstur, modelo físico, Salvador, 1972, arquitetos Pedro Paulo de Melo Saraiva, Sérgio Ficher e Arnaldo F. Paoliello

Concurso Internacional Centre Beaubourg, atual Centre Pompidou, fotomontagem, Paris, 1971, arquitetos Pedro Paulo de Melo Saraiva, Arnaldo Martino, Francisco Fuzetti e Marcos Acayaba

57. Sobre os edifícios-protótipo, ver: PEREIRA, Odon. Os projetos para o renascimento urbano; SANTA CRUZ, Selma. Propostas para uma nova cidade: São Paulo, p. 46.

res perimetrais distribuídos com precisão e prefere que o núcleo central seja circular para que a reação aos ventos seja uniforme, independentemente de sua direção. Por se tratar de um formato cartesiano obtido por intermédio de uma fórmula, seu desenho se produz com a concordância de círculos, o que simplifica seu desenho e sua produção.

Em reportagens publicadas nos jornais *O Estado de S. Paulo* e *Folha de S. Paulo*,[57] Saraiva expõe sua visão integrada de urbanismo e arquitetura, onde vincula infraestrutura urbana e edifícios-protótipo para explicar sua proposta de crescimento da cidade. Edifícios de 240 metros de altura, com 78 pavimentos totalizam 15 mil metros quadrados de área construída, equipados com elevadores para quarenta pessoas, são implantados com um plano em pontos estratégicos da cidade: nos entroncamentos viários e próximos às estações metroviárias, em posições eficientes do ponto de vista dos deslocamentos e do transporte de massa. O controle dessas implantações feito em escritório de planejamento municipal garante a ordem necessária para que não haja conflito ou aproximação entre edifícios e para que haja adensamento onde a cidade está preparada para suportá-lo. Uma proposta feita com quarenta anos de antecipação à revisão do Plano Diretor de São Paulo de 2014 que defende o mesmo, liberar o adensamento próximo ao transporte de massa existente, aumentar coeficientes de aproveitamento de imóveis e prever outorga onerosa. Uma proposta que vê na verticalização dos edifícios a possibilidade de liberar o solo, áreas verdes para benefício dos habitantes, não apenas para construir mais e assim favorecer o negócio imobiliário.

Na linha dos edifícios altos com plantas super elípticas é necessário citar a proposta para o concurso do Centre Pompidou em Paris, o Beaubourg, de 1971, em equipe com Marcos Acayaba, Arnaldo Martino, Francisco Fuzzetti, maquete de Sérgio Ficher e cálculo estrutural dos engenheiros Mário Franco e Júlio Kassoy, em que a convicção sobre a arquitetura metropolitana o faz propor uma torre de 200 metros de altura numa cidade conservadora e estimada por ter gabarito baixo e controlado. O Hotel Franstur, em Salvador, de 1972, e o Edifício Grupo Fenícia, em São Paulo, de 1978, ambos não construídos, são desdobramentos da mesma pesquisa.

A dupla atividade como arquiteto e urbanista exercida por Saraiva pode não ser evidente à primeira vista. No entanto, é admirável como ele consegue

Concurso Internacional Centre Beaubourg, atual Centre Pompidou

"A extrema verticalização vem de encontro à proposta de uma relação 3:1 entre áreas fechadas para acomodar o programa cultural e áreas descobertas para abrigar esculturas". PPMS

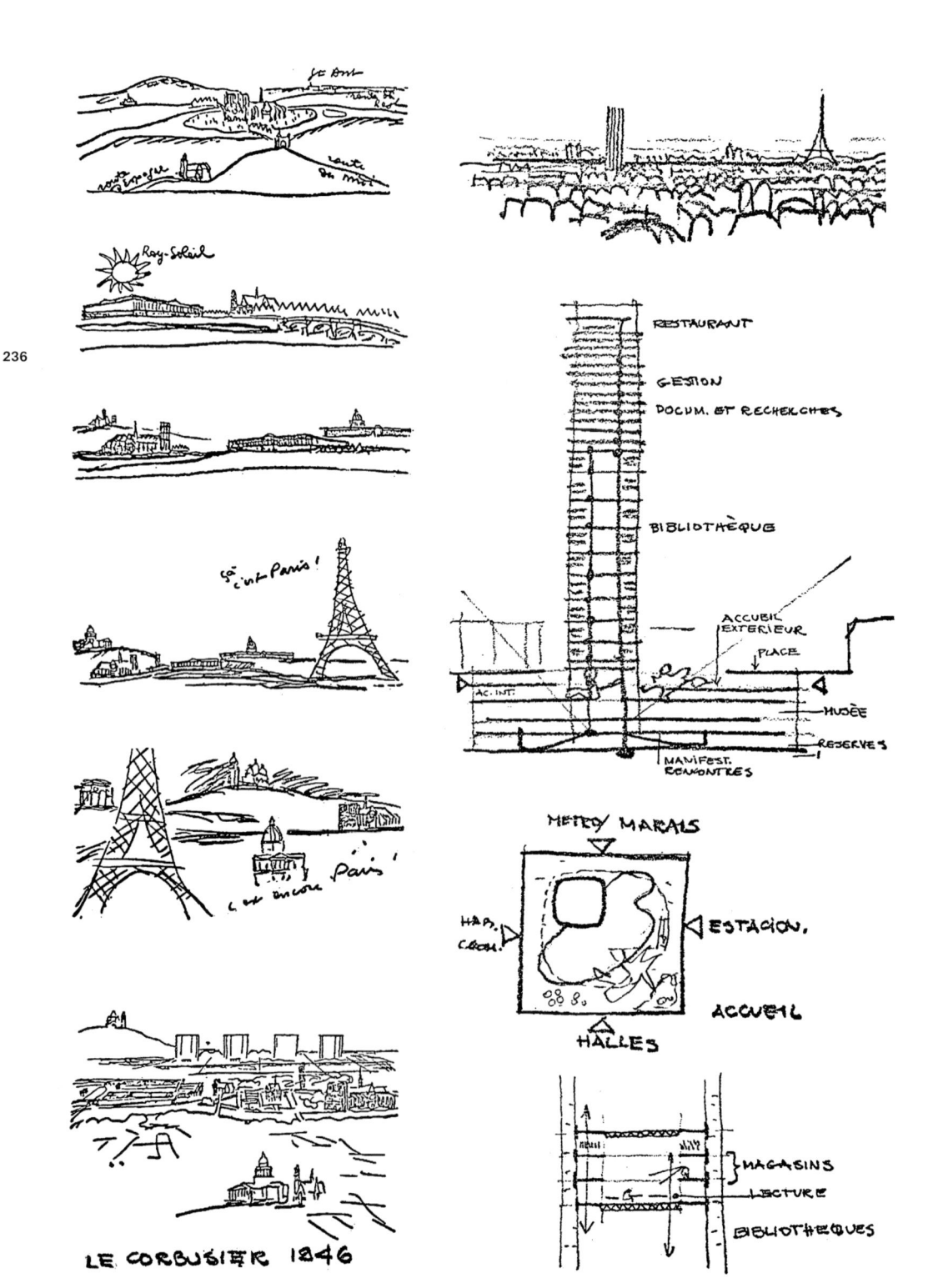

Concurso Internacional Centre Beaubourg, atual Centre Pompidou, prancha com croquis da cidade e do projeto proposto, modelo físico, Paris, 1971, arquitetos Pedro Paulo de Melo Saraiva, Arnaldo Martino, Francisco Fuzetti e Marcos Acayaba

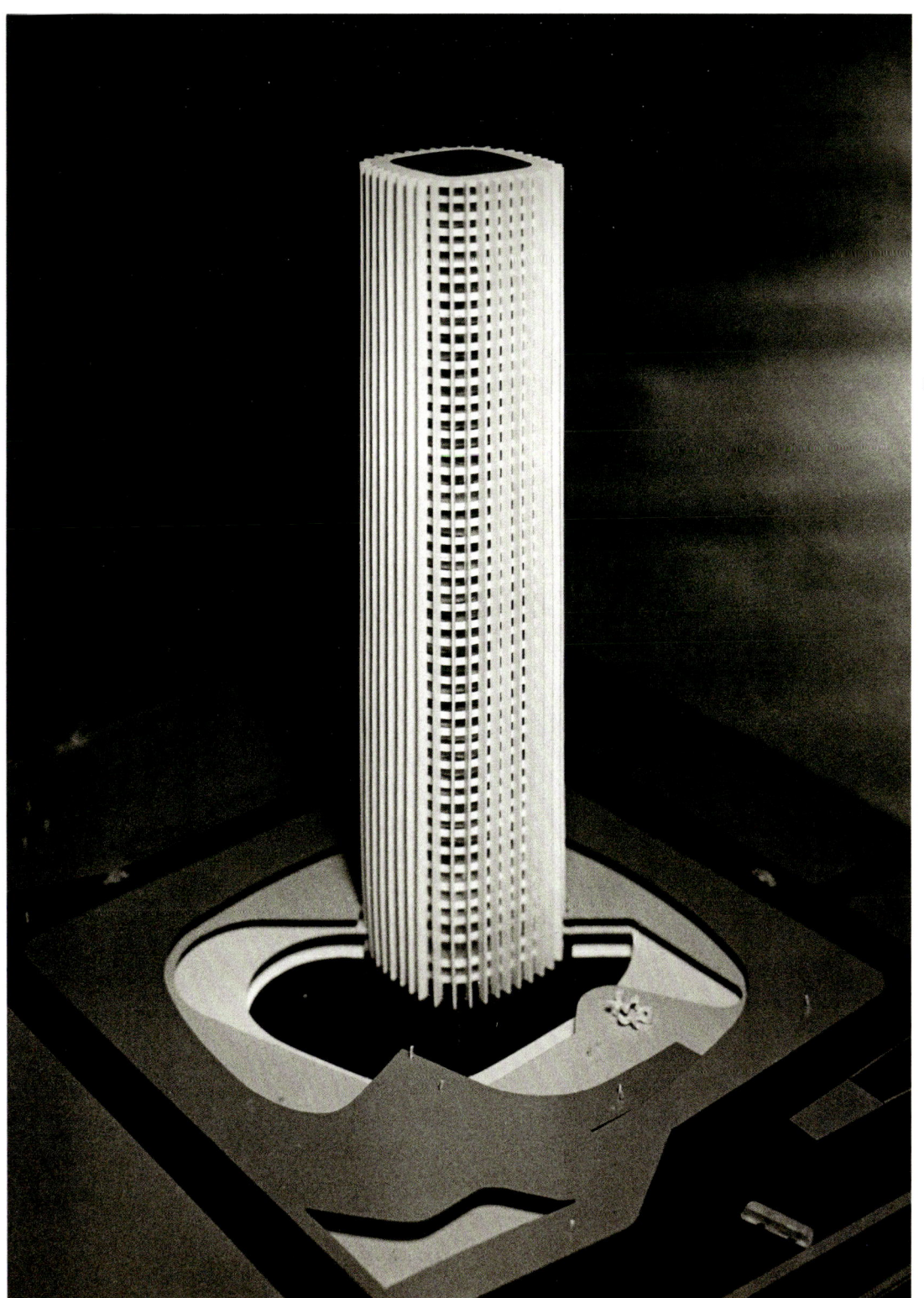

238

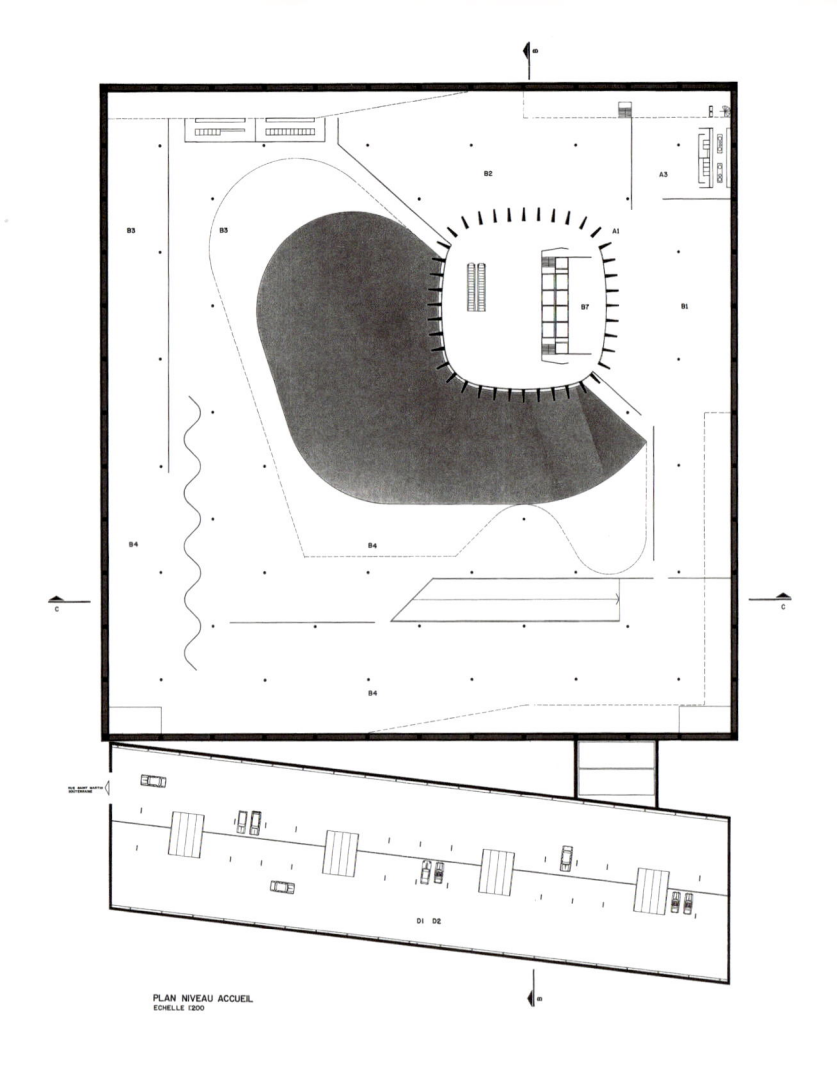

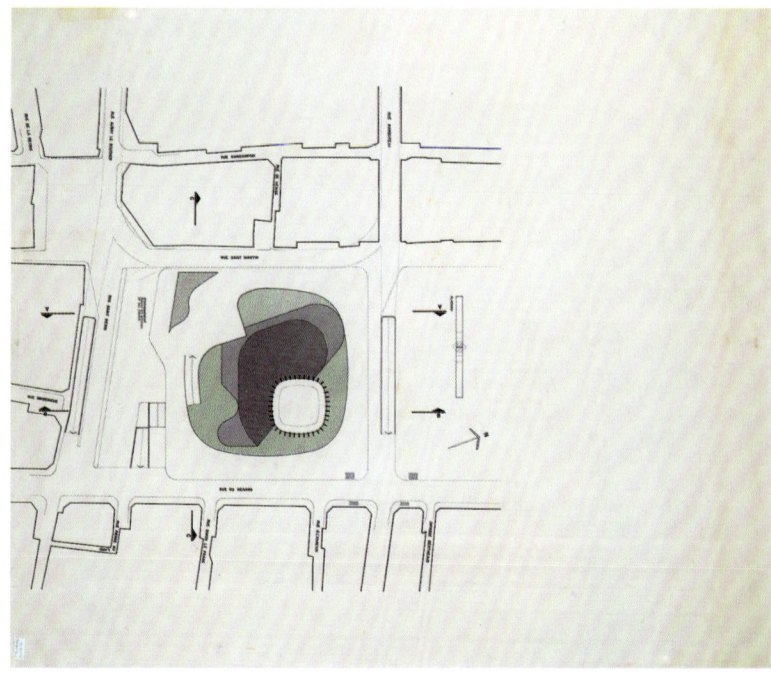

PLAN NIVEAU ACCUEIL
ECHELLE 1:200

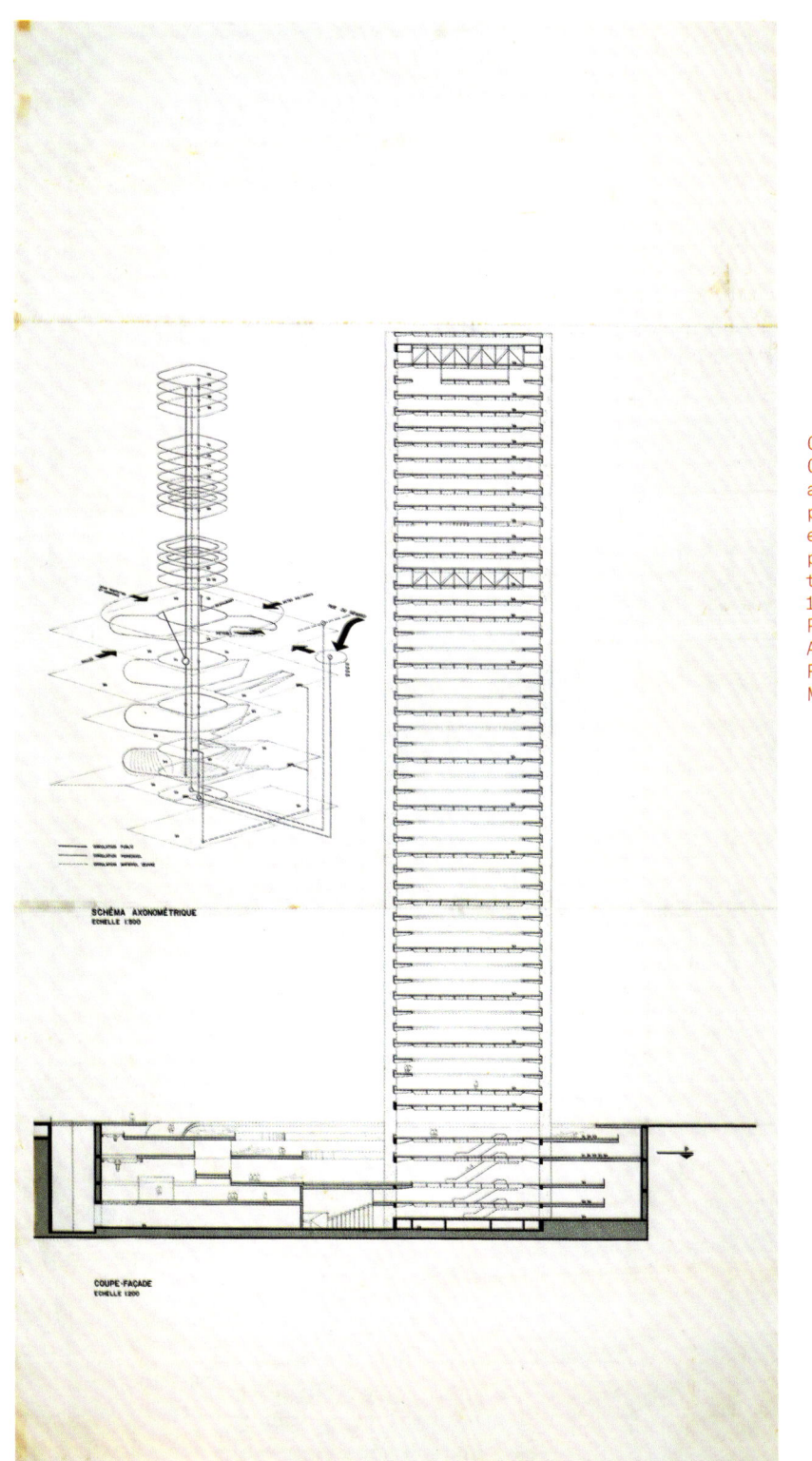

Concurso Internacional Centre Beaubourg, atual Centre Pompidou, planta do nível da entrada, implantação, perspectiva e corte transversal, Paris, 1971, arquitetos Pedro Paulo de Melo Saraiva, Arnaldo Martino, Francisco Fuzetti e Marcos Acayaba

Intervenções Urbanísticas e Arquitetônicas em Ilhabela

"Quatro projetos distintos e articulados buscam harmonia de setores voltados ao lazer, esporte, cultura e mobilidade em áreas vazias, inclusive de um aeroporto desativado". PPMS

Reurbanização da área do antigo Campo de Aviação e Marina Pública, foto aérea, Ilhabela, 2014-2015, arquitetos Pedro Paulo de Melo Saraiva, Pedro de Melo Saraiva, Fernando de Magalhães Mendonça, Vasco de Mello e Rodrigo de Mello

à esquerda

Reurbanização da área do antigo Campo de Aviação e Marina Pública, implantação, Ilhabela, 2014-2015, arquitetos Pedro Paulo de Melo Saraiva, Pedro de Melo Saraiva, Fernando de Magalhães Mendonça, Vasco de Mello e Rodrigo de Mello

à direita

Escola de Vela, vista interna e plantas térreo, mezanino e cobertura, Ilhabela, 2014, arquitetos Pedro Paulo de Melo Saraiva, Pedro de Melo Saraiva e Fernando de Magalhães Mendonça

REURBANIZAÇÃO DA ÁREA DO ANTIGO CAMPO DE AVIAÇÃO – IMPLANTAÇÃO GERAL

REURBANIZAÇÃO DA ÁREA DO ANTIGO CAMPO DE AVIAÇÃO – CORTE

LEGENDA
1 – CENTRO DE EXPOSIÇÕES
2 – ESCOLA DE VELA
3 – CENTRO DE CONVENÇÕES
4 – QUADRAS
5 – ESTACIONAMENTO
6 – QUIOSQUE

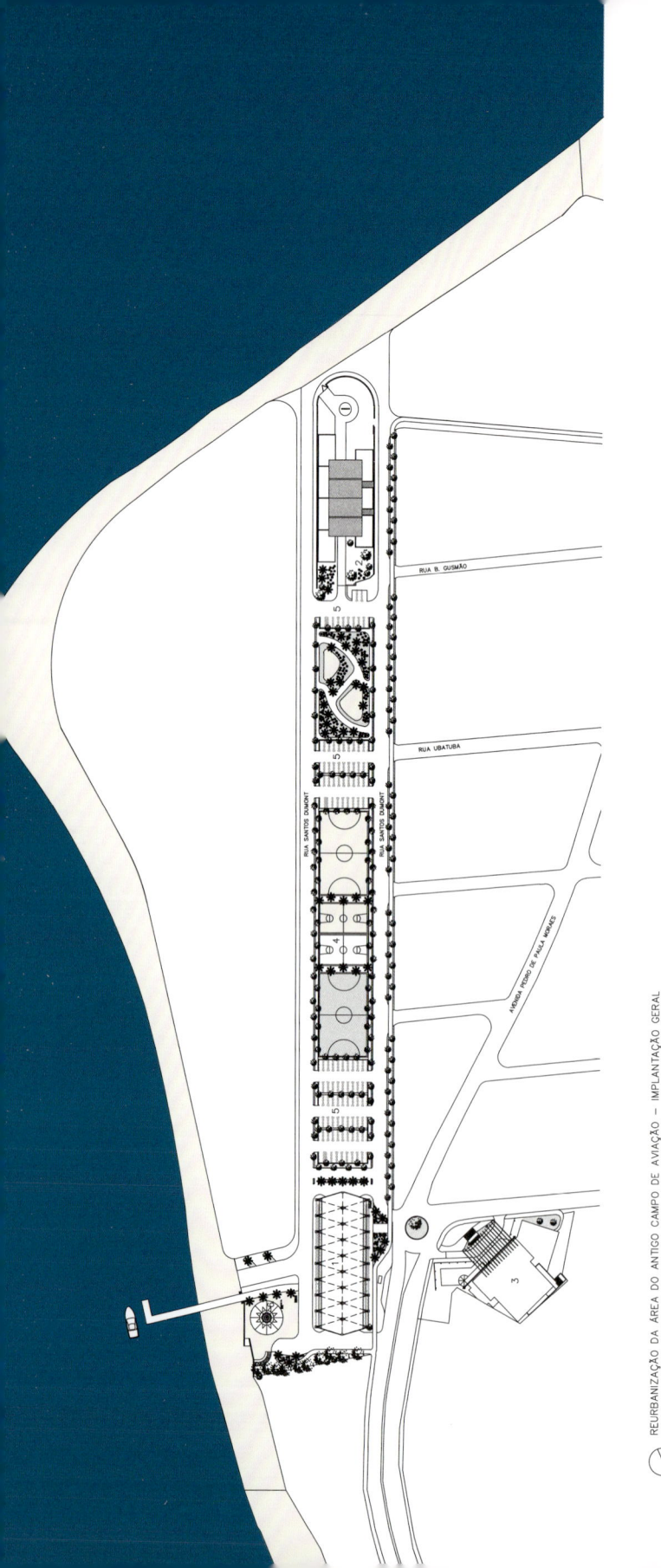

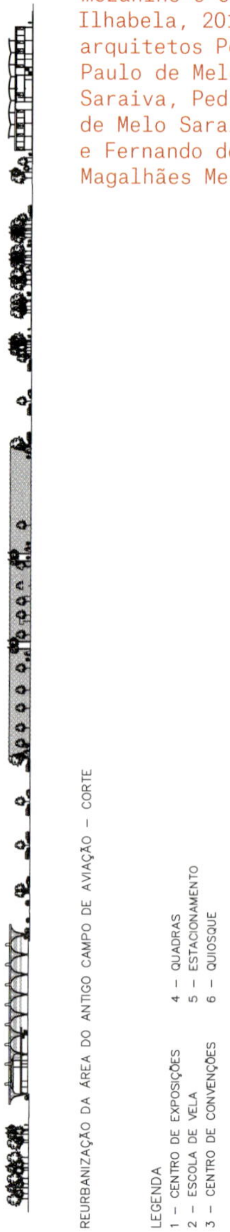

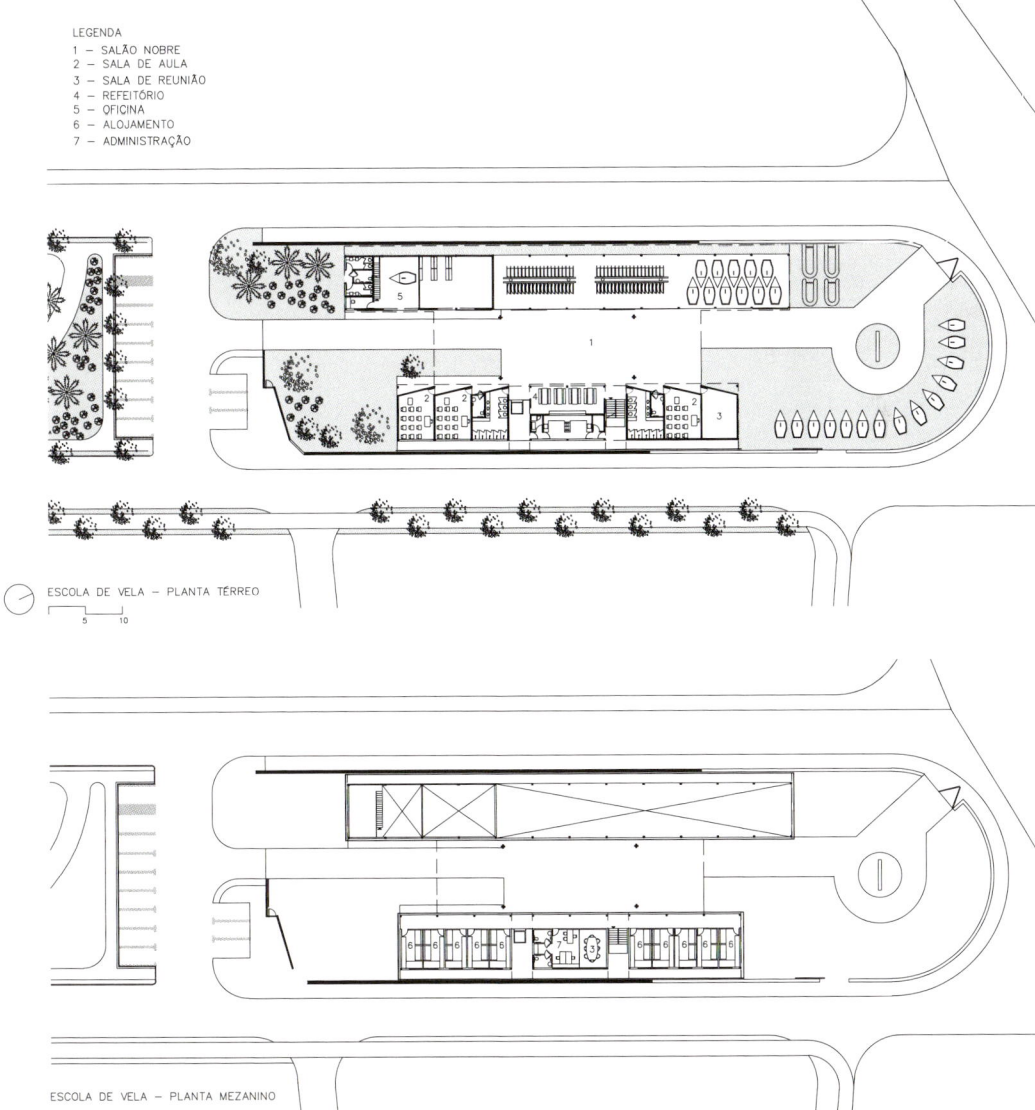

LEGENDA
1 — SALÃO NOBRE
2 — SALA DE AULA
3 — SALA DE REUNIÃO
4 — REFEITÓRIO
5 — OFICINA
6 — ALOJAMENTO
7 — ADMINISTRAÇÃO

ESCOLA DE VELA — PLANTA TÉRREO

ESCOLA DE VELA — PLANTA MEZANINO

RUA SANTOS DUMONT

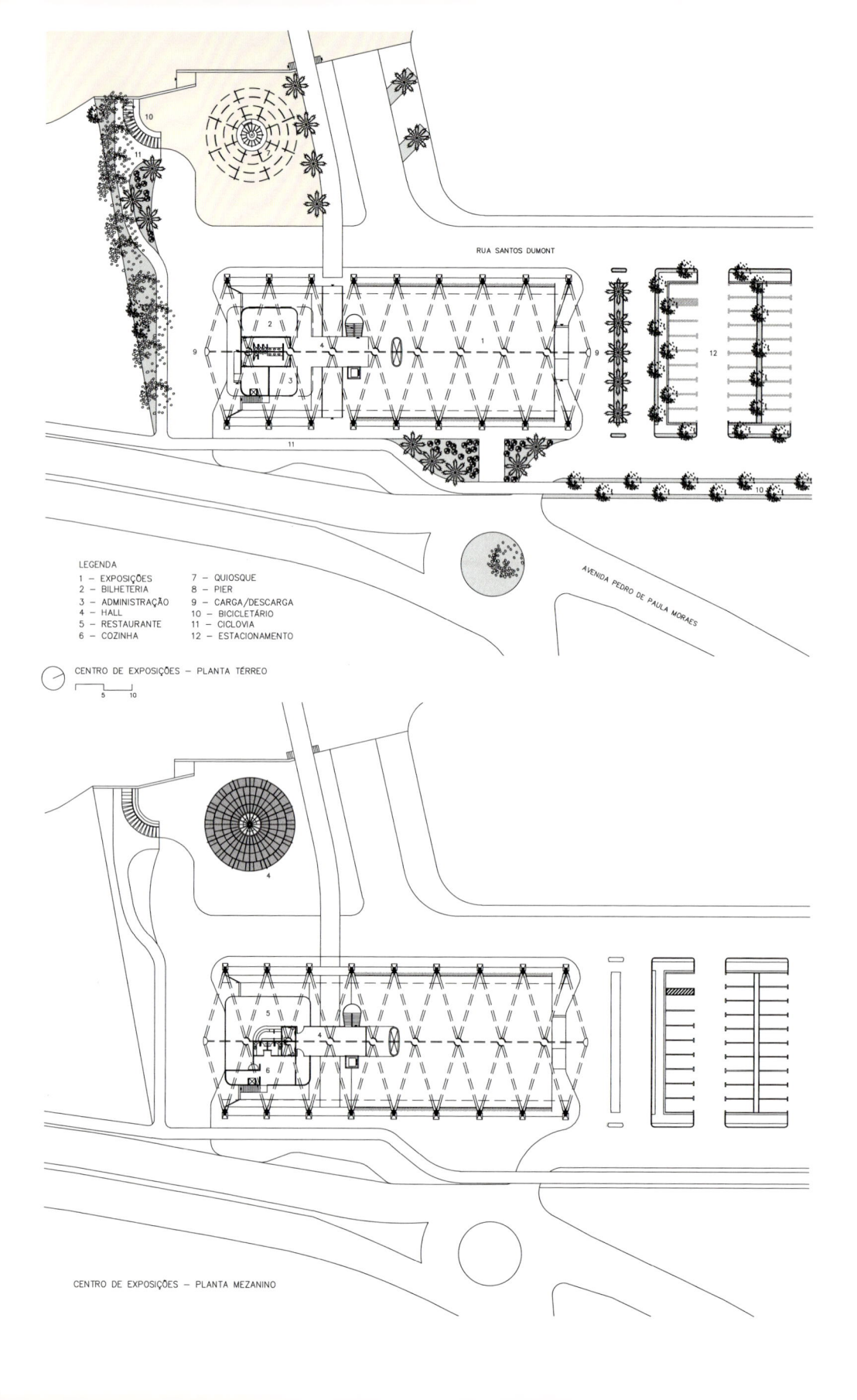

AVENIDA PEDRO DE PAULA MORAES

LEGENDA

1 — EXPOSIÇÕES
2 — BILHETERIA
3 — ADMINISTRAÇÃO
4 — HALL
5 — RESTAURANTE
6 — COZINHA
7 — QUIOSQUE
8 — PIER
9 — CARGA/DESCARGA
10 — BICICLETÁRIO
11 — CICLOVIA
12 — ESTACIONAMENTO

CENTRO DE EXPOSIÇÕES – PLANTA TÉRREO

CENTRO DE EXPOSIÇÕES – PLANTA MEZANINO

CENTRO DE EXPOSIÇÕES - PLANTA COBERTURA

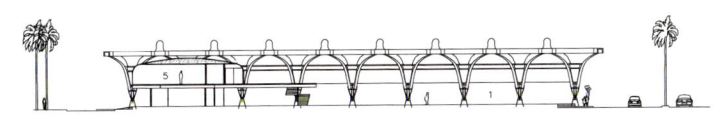

CENTRO DE EXPOSIÇÕES - CORTE LONGITUDINAL

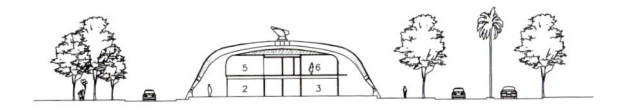

CENTRO DE EXPOSIÇÕES - CORTE TRANSVERSAL

ESCOLA DE VELA - CORTE LONGITUDINAL

ESCOLA DE VELA - CORTE TRANSVERSAL

Centro de Exposições, plantas térreo, mezanino e cobertura, cortes longitudinais e transversais, Ilhabela, 2015, arquitetos Pedro Paulo de Melo Saraiva, Pedro de Melo Saraiva, Fernando de Magalhães Mendonça, Vasco de Mello e Rodrigo de Mello

58. A proposta de Mies van der Rohe para o concurso de 1928, na Alexanderplatz de Berlim é um bom exemplo da série de edifícios em fita liberados do alinhamento para obter nova relação e apreensão dos espaços urbanos. Há diversas soluções desse tipo na década de 1950 que exploram relações transversais dos edifícios com as ruas para promover melhores valores espaciais. Apenas para registrar, vale comentar a Rua Infante Santo em Lisboa, executada em 1955, uma série de lâminas habitacionais implantadas na topografia mais elevada, sobre placas comerciais de dois pavimentos abertas para as calçadas, um notável conjunto projetado pelos arquitetos Alberto José Pessoa, Hernâni Guimarães Gandra e João Abel Carneiro de Moura Manta. Também na Avenida Estados Unidos da América, na mesma cidade, no lado norte, desenhadas por Manuel Laginha, Pedro Cid e João Vasconcelos Esteves em 1955, há lâminas habitacionais perpendiculares que demarcam praças públicas com edificações paralelas mais baixas e recuadas para usos diversos. Em Estocolmo, no bairro Norrmalm, na Avenida Sveavägen, o arquiteto Sven Markelius desenha, em 1954, o plano urbano com o conjunto Hötorget com cinco torres transversais sobre bases comerciais com passarelas e jardins nas coberturas. A esplanada proposta pelo consórcio para a Ponte Colombo Salles, no aterro de acesso reproduz essa mesma ordem moderna e urbana.

Fernando de Magalhães Mendonça, Pedro Paulo de Melo Saraiva e Pedro de Melo Saraiva

Ginásio de Tênis no Esporte Clube Pinheiros, 2012, arquitetos Pedro Paulo de Melo Saraiva, Fernando de Magalhães Mendonça, Pedro de Melo Saraiva, Edo Rocha, Sérgio Ficher e Cristiane Amaral

Complexo Multiuso Luz, modelo digital, São Paulo, 2011, arquitetos Pedro Paulo de Melo Saraiva, Pedro de Melo Saraiva, Fernando de Magalhães Mendonça, Vasco de Mello e Rodrigo de Mello

estabelecer um forte vínculo entre as decisões do responsável pelo edifício e a repercussão urbana dessas decisões na implantação e consequente repercussão urbana. No memorial do concurso para o Edifício 5ª Avenida há dois croquis que denunciam essa ambivalência. Um dos croquis mostra um grupo de edifícios implantados aleatoriamente, segundo o critério do lote isolado e incapaz de ordenar a cidade. O segundo croqui mostra uma série de edifícios laminares e perpendiculares à avenida Paulista, afastados por grandes espaços laterais, esplanadas laterais que estruturam a paisagem urbana; uma imagem que se repete no projeto físico do aterro para a ponte Colombo Salles em Florianópolis. Usa-se a imagem para reiterar a qualidade espacial do edifício proposto, mas ao extrapolar a implantação com uma série contínua de lâminas,[58] mostra que o arquiteto sujeita a implantação de seu edifício ao seu desempenho urbano. Ele é consciente da necessidade de ocupar cargos nas secretarias de planejamento para poder controlar, com a forma, as cidades. O Edifício Albar é exemplar com respeito à preocupação com a fortuna do edifício na cidade. Operar com a arquitetura moderna entendida como um formalismo, como um conjunto de relações

247

59. Pedro Paulo de Melo Saraiva – na condição de diretor de planejamento da Emurb na gestão do presidente Alberto Botti durante a administração do prefeito Miguel Colasuonno (1973-1975) – foi responsável pelas cartas-convite aos arquitetos João Carlos Cauduro e Ludovico Martino, titulares do escritório Cauduro Martino Arquitetos Associados, e à paisagista Rosa Kliass para que realizassem os projetos de comunicação visual, de mobiliário público e paisagístico da Avenida Paulista. **60.** O resultado final do concurso fechado para o Centro de Conferências de Libreville no Gabão, em 2011, foi o seguinte: 1º lugar: Work Architecture Company – WORKac; 2º lugar: Pedro Paulo de Melo Saraiva Arquitetos Associados; 3º lugar: Diller Scorfidio + Renfro; 4º lugar: Sou Fujimoto Architects; 5º lugar: Adjaye Associates. Além dos premiados, foram convidados para participar do concurso os seguintes escritórios: Ateliers Jean Nouvel, Foster + Partners, Gehry Partners, Herzog & de Meuron, OMA Office Work, Peter Zumthor Architects, Renzo Piano Building Workshop e Zaha Hadid Architects.

Edifício Albar, Higienópolis, São Paulo, 1963, arquitetos Pedro Paulo de Melo Saraiva e Maurício Tuck Schneider

formais, com arquétipos estruturais e planimétricos aptos para o ajuste em situações concretas, que devem encontrar seu sentido a cada intervenção, conquistar sua adequação no conjunto de condições a que se submete. Essa decisão, além de revelar a atenção e o sentido de oportunidade que as condições apresentam, também expõe sensibilidade com o espaço público, com a promoção urbana que a intervenção acarreta na cidade.[59]

Dentre os trabalhos recentes do escritório PPMS Arquitetos Associados, destaca-se a ampliação da Assembleia Legislativa de Santa Catarina, ainda em estágio inicial, com croquis desenhados a mão pelo arquiteto Pedro Paulo de Melo Saraiva sobre papel milimetrado. E, dando continuidade ao seu hábito profissional de desenvolver projetos em parcerias, o arquiteto, ao lado de seu filho Pedro de Melo Saraiva e de Fernando de Magalhães Mendonça, desenvolve outros projetos relevantes. Com os escritório Shundi Iwamizu Arquitetos Associados e Metro Arquitetos Associados (Martin Corullon e Gustavo Cedroni), a trinca participa em 2012 do concurso internacional para o Centro Nacional de Convenções no Gabão, classificando-se em segundo lugar.[60] Com Edo Rocha, desenvolve estudos para a reforma do Clube Pinheiros; e com Vasco de Mello, desenvolve atualmente quatro projetos em Ilhabela – escola de vela, estação intermodal, centro de exposições e marina pública.

Por fim, o projeto sobre a prancheta na avenida Tiradentes, no bairro da Luz, em São Paulo, que o escritório desenvolve em parceria com Vasco de Mello, num conjunto de terrenos e galpões arruinados em uma quadra e utilizados como estacionamento de veículos, dá continuidade à responsabilidade da arquitetura com a cidade. Com densidades crescentes, as cidades precisam de mais espaços públicos, maiores que os escassos proporcionados pela estrutura original da cidade histórica. Nesse projeto a equipe se depara com um interior de quadra, com uma área pouco aproveitada, com usos secundários, quando não, inúteis. O novo projeto vê a oportunidade de ampliar a dimensão pública ao disponibilizar os espaços abertos do miolo da quadra para usos atrativos e importantes para a cidade.

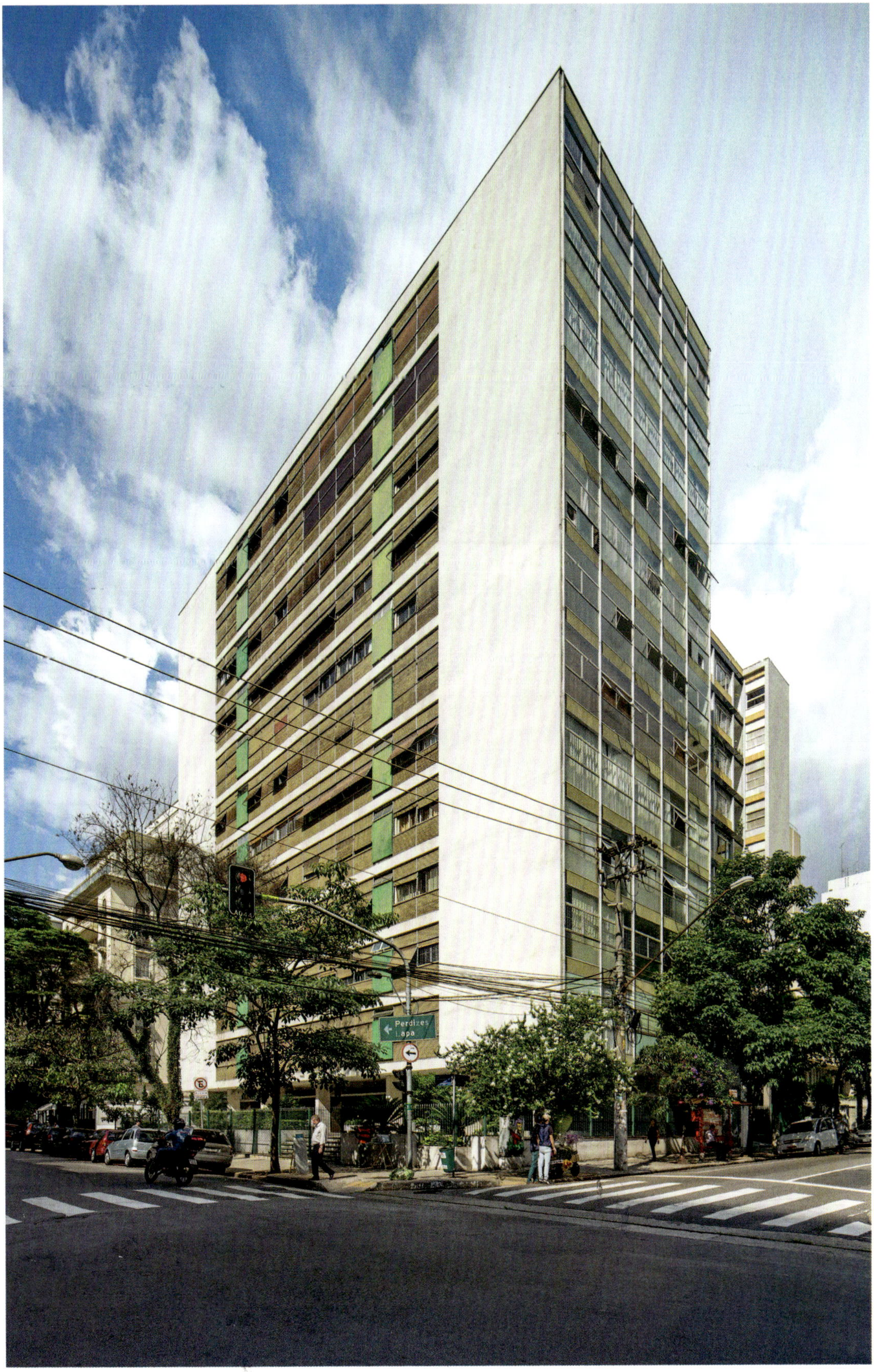
Perdizes
Lapa

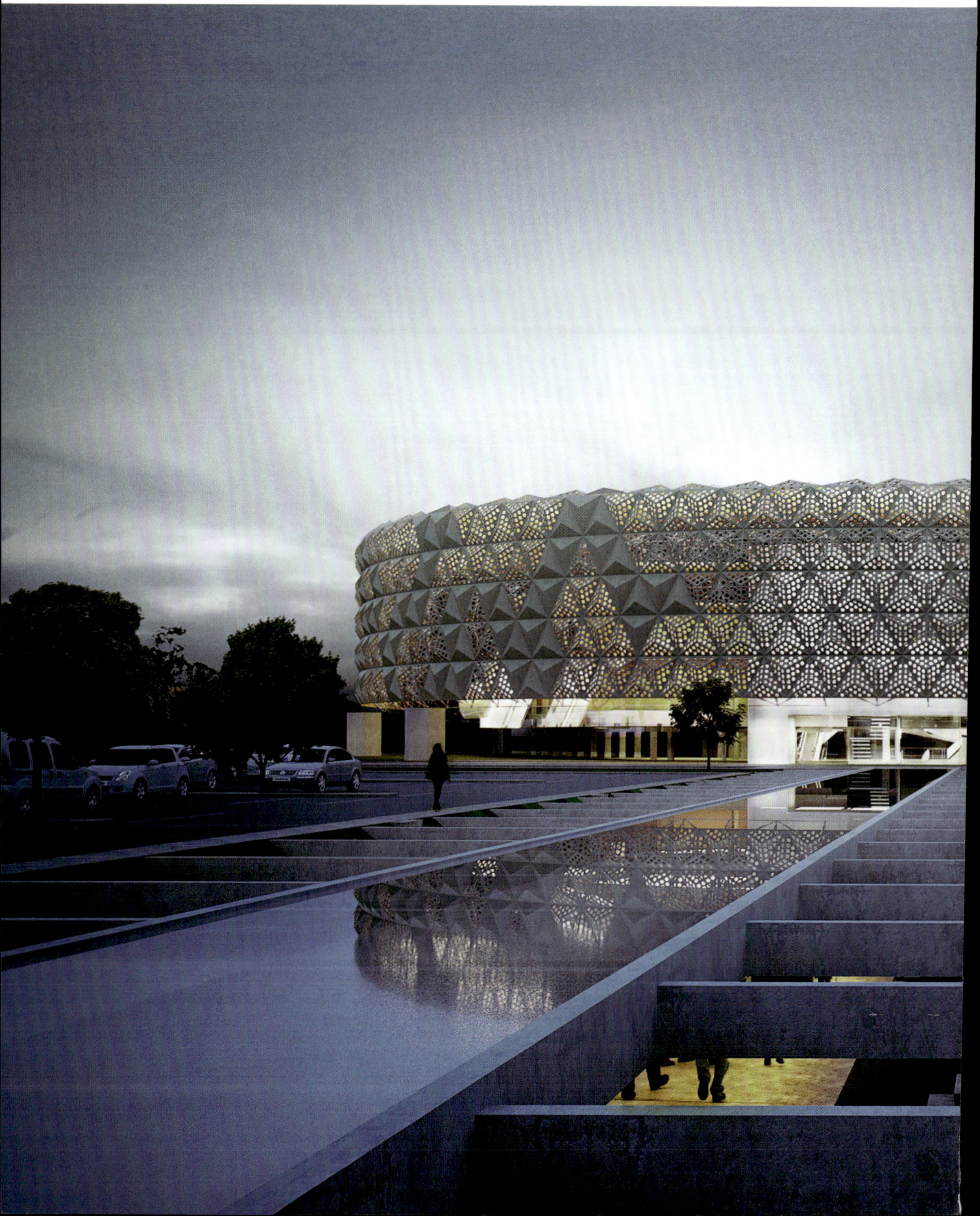

Concurso Internacional Centro de Conferências de Libreville, 2º lugar, modelo digital, Gabão, 2012, arquitetos Pedro Paulo de Melo Saraiva, Pedro de Melo Saraiva, Fernando de Magalhães Mendonça, Gustavo Cedroni, Martin Corullon e César Shundi Iwamizu

Listagem geral de projetos
preto: construído
cinza: não construído

1953
Residência Linésio Laus (pequena medalha de prata no Salão Paulista de Arte Moderna de 1954), r Felipe Schmidt, Florianópolis SC.
Residência Hercílio Pedro da Luz (1º prêmio na exposição do Diretório Acadêmico da Faculdade de Arquitetura e Urbanismo Mackenzie – Museu de Arte de São Paulo de 1954), Praia da Joaquina, Florianópolis SC.
Residência Aderbal Ramos da Silva, av Bocaiúva, Florianópolis SC.

1954
Residência de Fazenda Antônio Henrique Amaral (grande prêmio na exposição do Diretório Acadêmico da Faculdade de Arquitetura e Urbanismo Mackenzie – Museu de Arte de São Paulo de 1954), Atibaia SP.
Conjunto Habitacional Palmeiras Imperiais, edifício de apartamentos com 48 unidades, praça Getúlio Vargas, Florianópolis SC.
Hospital em Registro (com Alberto Botti e Marc Rubin, 3º lugar concurso nacional para estudantes de arquitetura; medalha de bronze no Salão Paulista de Belas Artes de 1954), Registro SP.

1955
Residência Eduardo Saddi, Praia da Enseada, Guarujá SP.

1956
Residência José Noschese, r Santa Justina (antiga r São Remígio) com r Circular do Bosque, Cidade Jardim, São Paulo SP.
Ginásio Estadual de Eldorado Paulista, Instituto de Previdência do Estado de São Paulo, Ipesp, edifício educacional, 2.000 m², Eldorado Paulista SP.

1957
Palácio da Assembleia Legislativa do Estado de Santa Catarina – Alesc, Governo do Estado de Santa Catarina, edifício institucional, 12.000 m² (com Paulo Mendes da Rocha e Alfredo Paesani, 1º lugar em concurso público nacional), praça Pereira de Oliveira, Florianópolis SC.
Plano Piloto de Brasília (com Júlio Neves, eng. Rubens Paiva e Carlos Kerr Anders, concurso público nacional), Brasília DF.

1958
Clube Atlético Paulistano, ginásio coberto e obras complementares (com Júlio Neves, 2º lugar em concurso público), r Colômbia, São Paulo SP.
Assembleia Legislativa do Rio Grande do Sul, Governo do Estado do Rio Grande do Sul, edifício institucional (com Maurício Tuck Schneider e Jorge Wilheim, 2º lugar em concurso público nacional), Porto Alegre RS.
Apartamento de Cobertura Enio Luiz Pereira, r Peixoto Gomide 493, São Paulo SP.
Edifício de Apartamentos (com Maurício Tuck Schneider), r Itacolomi, São Paulo SP.
Sede Social da Sociedade Harmonia de Tênis, edifício esportivo e de lazer (com Paulo Mendes da Rocha e Alfredo Paesani, concurso), São Paulo SP.
Edifício de Apartamentos, Construtora Stuhlberger (com Maurício Tuck Schneider), r Bela Cintra, São Paulo SP.
Edifício 5ª Avenida, Invicta S.A. Comercial e Construtora, edifício comercial, 22.500 m² (com Miguel Juliano, 1º lugar em concurso privado), av Paulista 726, São Paulo SP.
Estádio Municipal e Praça de Esportes de Santo André, Prefeitura do Município de Santo André, edifício esportivo, 48.350 m² (com Júlio Neves, 1º lugar em concurso público), av Marginal com r 24 de Maio, Santo André SP (projeto retomado em 1966; obra concluída em 1969; demolido em 2012).
Jockey Club de São Paulo, edifício esportivo e de lazer (com Paulo Mendes da Rocha e Alfredo Paesani, concurso fechado), São Paulo SP.
Residência Edgar Steinberg (com Mauricio Tuck Schneider), São Paulo SP.

1960
Residência Edgar Steinberg (com Maurício Tuck Schneider), r Nova York, Brooklin, São Paulo SP.

1961
Edifício Portofino, edifício de apartamentos, 8.700 m², av Presidente Wilson com av Senador Pinheiro Machado, Santos SP.
Edifício Portobelo, edifício de apartamentos, Santos SP.
Edifício de Apartamentos (com Maurício Tuck Schneider), av Vicente de Carvalho esquina com r Carlos Afonseca, Gonzaga, Santos SP.
Departamento de Mineralogia, Petrologia, Geologia e Paleontologia da Faculdade de Filosofia, Ciências e Letras da USP, edifício educacional, 18.000 m², Cidade Universitária, São Paulo SP.
Igreja Presbiteriana de Porto Alegre (3º lugar em concurso público nacional), Porto Alegre RS.

1962
Posto Bivalente do Instituto de Previdência do Estado de São Paulo – Ipesp, edifício de saúde e pediátrico, 400 m², Artur Nogueira SP.
Clube da Orla (com Francisco Petracco, concurso), edifício esportivo, Praia de Pitangueiras, Guarujá SP.
Residência Carlos de Toledo Abreu (com Maurício Tuck Schneider e paisagismo de Rosa Kliass), av São Gabriel, Itaim, São Paulo SP (demolida).
Edifício Sede da Confederação Nacional das Indústrias – CNI, Sesi e Senai, setor bancário Norte, edifício institucional, 25.000 m² (com Paulo Mendes da Rocha), Brasília DF (obra concluída em 1971).
Edifício Pedra Grande, edifício habitacional adaptado para escritórios e lojas, 4.000 m², av 9 de Julho 5185, São Paulo SP.
Edifício Solar do Conde, S/A Paiva Construtora, edifício de apartamentos (com José Maria Gandolfi), r Pará 241, São Paulo SP.

1963
Edifício Albar, edifício de apartamentos (com Maurício Tuck Schneider), r Albuquerque Lins 1043, São Paulo SP.
Sede Social do Clube XV de Santos, edifício esportivo e de lazer, 7.000 m² (com Francisco Petracco, 1º lugar em concurso público; menção honrosa na exposição internacional de arquitetura da X Bienal de São Paulo de 1969), av Vicente de Carvalho entre a av Washington Luiz e a r Pindorama e a r Doutor Artur Assis, Santos SP (demolida).
Edifício Cidade de Santos, conjunto comercial, 2 blocos de apartamentos e anexo (cinema) (com Francisco Petracco), av Ana Costa, Santos SP.
Conjunto Industrial Ceramus Bahia, edifício industrial, 125.288 m² (com Miguel Juliano), Camaçari BA.
Edifício Portonovo e Portovelho, edifício de apartamentos (com Francisco Petracco), Santos SP.

1964
Palácio da Assembleia Legislativa do Estado de Santa Catarina – Alesc, Governo do Estado de Santa Catarina, edifício institucional, 19.583 m² (com Paulo Mendes da Rocha e Alfredo Paesani), Aterro da Baía Sul, Ilha de Santa Catarina, Florianópolis SC.
Faculdade de Odontologia da Universidade de Santa Catarina, edifício educacional, 12.000 m², Florianópolis SC.
Paço Municipal de Santo André (com Júlio Neves, concurso público), Santo André SP.
Edifício Tamar, edifício de apartamentos (com Maurício Tuck Schneider), r Piauí 631, São Paulo SP.
Residência Mendel Aronis (com Maurício Tuck Schneider), São Paulo SP.

1965
Residência Eduardo Luiz Brogiolo, r Engenheiro Souza Campos, Campos do Jordão SP.

1966
Residência Lauro Battistotti, Florianópolis SC.
Escola Preparatória de Cadetes do Ministério da Aeronáutica, edifício educacional (com Ícaro de Castro Mello, Alfredo Paesani e Paulo Mendes da Rocha, concurso), Pirassununga SP.
Salão de Festas do Esporte Clube Sírio, edifício esportivo e de lazer, 6.055 m² (com Miguel Juliano e Sami Bussab, 1º lugar em concurso privado), av Indianópolis, São Paulo SP.
Palácio da Justiça do Estado de Santa Catarina e Fórum de Florianópolis, edifício institucional, 13.350 m² (com Francisco Petracco e Sami Bussab, 1º lugar em concurso público nacional), praça Pereira de Oliveira, Florianópolis SC.
Estádio Municipal e Praça de Esportes de Santo André, Prefeitura do Município de Santo André, edifício esportivo, 48.350 m² (com Júlio Neves, Arnaldo Martino e Antônio Sérgio Bergamin), av Marginal com r 24 de Maio, Santo André SP (projeto de 1958, 1º lugar em concurso público).

1967
Grupo Escolar do Fece, edifício educacional, 4.000 m², Presidente Prudente SP.

Residência Ruy Hülse, Pedra Grande, Florianópolis SC.
APAE, edifício educacional (concurso), r Loefgreen, São Paulo SP.
Residência Paulo Bauer Filho, Florianópolis SC.
Residência Moustafa Mourad, r Anapurus 256, São Paulo SP.
Sede da Direção Geral do Banco do Estado de Santa Catarina – Besc, 26.047,90 m² (com Sérgio Ficher e Henrique Cambiaghi Filho, 4º lugar em concurso público nacional), Florianópolis SC.
Edifício Sede da Petrobras, edifício institucional (com Paulo Mendes da Rocha, João de Genaro, Miguel Juliano e Sami Bussab, concurso), av Rio Branco, Rio de Janeiro RJ.

1968
Edifício Itajaí, edifício de apartamentos (com Maurício Tuck Schneider), r Maranhão 227, São Paulo SP.
Edifício Tânia, edifício de apartamentos (com Maurício Tuck Schneider), al Campinas 696, São Paulo SP.
Edifício de Apartamentos, r Cristiano Viana 687, São Paulo SP.
Edifício Laranjeiras, edifício de apartamentos (com Maurício Tuck Schneider), r Piauí 640, São Paulo SP.
Edifício Mirage, edifício de apartamentos (com Sami Bussab), r Sampaio Viana 391, São Paulo SP.
Edifício Boulevard, edifício de apartamentos, av 9 de Julho 5.489, São Paulo SP.
Edifício Tatiana, edifício de apartamentos (com Sami Bussab), r Oscar Porto esquina com r Rafael de Barros, São Paulo SP.
Edifício Rosa da Fonseca, edifício de apartamentos (com Sami Bussab), al Santos 1.325, São Paulo SP.
Estádio e Praça de Esportes de Curitiba, Pinheirão, edifício esportivo e de lazer (com Sérgio Ficher, Henrique Cambiaghi Filho, Arnaldo Martino e Sami Bussab, concurso público), Curitiba PR.
Sede da Indústria Eternit S.A. (com Maurício Tuck Schneider), Osasco SP.

1969
Centro de Vivência e Restaurante na Praça Maior da Universidade de Brasília – UnB, edifício de lazer, 20.000 m² (com Luiz Fisberg e Lourival Machado Rezende), Brasília DF.

1970
Conjunto Habitacional de Heliópolis, Companhia Metropolitana de Habitação de São Paulo, 5.652 unidades com 2 ou 3 dormitórios, gleba de 72 ha (com Antônio Sérgio Bergamin e Arnaldo Martino), São Paulo SP.
Estádio do Figuerense Futebol Clube, edifício esportivo, capacidade para 30.000 espectadores (com Croce, Aflalo & Gasperini), Florianópolis SC.
Residência Edmundo Xavier, r Santa Justina (antiga r São Remígio) com r Circular do Bosque, São Paulo SP.
Residência João Assis, Florianópolis SC.

1971
Projetos de 32 agências bancárias em cidades do interior do estado de São Paulo, Caixa Econômica do Estado de São Paulo S.A., edifícios bancários

(consórcio Croce, Aflalo & Gasperini, Jorge Wilheim Arquitetos Associados, Neves e Paoliello Arquitetos), Interior do Estado de São Paulo.
Hotel e Agência Bancária, Caixa Econômica do Estado de São Paulo S.A., edifício de uso misto (consórcio Croce, Aflalo & Gasperini, Jorge Wilheim Arquitetos Associados, Neves e Paoliello Arquitetos), Araraquara SP.
Edifício de Apartamentos e Agência Bancária, Caixa Econômica do Estado de São Paulo S.A., edifício de uso misto (consórcio Croce, Aflalo & Gasperini, Jorge Wilheim Arquitetos Associados, Neves e Paoliello Arquitetos), av Celso Garcia, Brás, São Paulo SP.
Edifício de Apartamentos e Agência Bancária, Caixa Econômica do Estado de São Paulo S.A., edifício de uso misto (consórcio Croce, Aflalo & Gasperini, Jorge Wilheim Arquitetos Associados, Neves e Paoliello Arquiteto), r Cardoso de Almeida, Perdizes, São Paulo SP.
Edifício de Apartamentos e Agência Bancária, Caixa Econômica do Estado de São Paulo S.A., edifício de uso misto (consórcio Croce, Aflalo & Gasperini, Jorge Wilheim Arquitetos Associados, Neves e Paoliello Arquitetos), Santo Amaro, São Paulo SP.
Edifício de Apartamentos e Agência Bancária, Caixa Econômica do Estado de São Paulo S.A., edifício de uso misto (consórcio Croce, Aflalo & Gasperini, Jorge Wilheim Arquitetos Associados, Neves e Paoliello Arquitetos), Penha, São Paulo SP.
Edifício de Apartamentos e Agência Bancária, Caixa Econômica do Estado de São Paulo S.A., edifício de uso misto (consórcio Croce, Aflalo & Gasperini, Jorge Wilheim Arquitetos Associados, Neves e Paoliello Arquitetos), Ribeirão Preto SP.
Edifícios de Apartamentos e Agência Bancária, Caixa Econômica do Estado de São Paulo S.A., edifício de uso misto (consórcio Croce, Aflalo & Gasperini, Jorge Wilheim Arquitetos Associados, Neves e Paoliello Arquitetos), São Bernardo do Campo SP.
Centre Pompidou, Beaubourg, edifício cultural (com Arnaldo Martino, Francisco Fuzetti e Marcos Acayaba, concurso internacional), Paris, França.
Ponte Colombo Salles, Escritório Catarinense de Planejamento Urbano, planejamento e desenvolvimento urbano, nova ligação Continente-Ilha de Santa Catarina, extensão total de 1.226,90 m² (consórcio Escritório Técnico J.C. Figueiredo Ferraz Ltda., Croce, Aflalo & Gasperini e Pedro Paulo de Melo Saraiva), Florianópolis SC.
Urbanização do Aterro Baia Sul da Ilha de Santa Catarina, Escritório Catarinense de Planejamento Urbano, planejamento físico do Plano de Desenvolvimento Integrado da microrregião de Florianópolis, planejamento e desenvolvimento urbano, (consórcio Escritório Técnico J.C. Figueiredo Ferraz Ltda., Croce, Aflalo & Gasperini, e Pedro Paulo de Melo Saraiva), Florianópolis SC.

1972
Clube Pinheiros, anteprojeto e plano diretor, 150.000 m² (com Sérgio Ficher, 1º lugar em concurso privado), r Tucumã, São Paulo SP.
Hotel Franstur, edifício de uso misto com 25 pavimentos, 400 apartamentos, suíte presidencial, shopping center, centro de convenções, auditório para 200 lugares, restaurantes, boate e garagem para 100 veículos, 45.000 m² (com Sérgio Ficher e Arnaldo Furquim Paoliello), Salvador BA.

1973
Escola de Administração Fazendária – Esaf, Ministério da Fazenda, edifício institucional e educacional, 32.000 m² (com Sérgio Ficher e Mayumi de Souza Lima, 1º lugar em concurso público nacional; prêmio categoria Edifício para Fins Educacionais e Culturais da Premiação IAB de 1974), Estrada de Unaí km 4, Setor das Mansões Urbanas, Brasília DF.
Edifício Capitânia, Construtora Acal – Augusto de Almeida Lima Engenharia e Construções Ltda., edifício comercial, 10.430 m² (com Sérgio Ficher e Henrique Cambiaghi), av Brigadeiro Faria Lima com av. Cidade Jardim, São Paulo SP.
Departamento Federal de Segurança Pública, edifício institucional (concurso), Brasília DF.
Laboratório Bio-Clínico, reforma, 150 m² (com Sérgio Ficher e Henrique Cambiaghi), r Peixoto Gomide 515, São Paulo SP.
Torre Protótipo, projeto experimental, São Paulo SP.
Conjunto Residencial, Inocoop-SP (com Sérgio Ficher e Henrique Cambiaghi), av Cupecê com av Intermunicipal, São Paulo SP.

1974
Edifício Acal, Construtora Acal – Augusto de Almeida Lima Engenharia e Construções Ltda., edifício comercial, 6.150 m² (com Sérgio Ficher e Henrique Cambiaghi), r Professor Arthur Ramos 183, Cidade Jardim, São Paulo SP.
Setor Militar e Urbano de Salvador, Ministério do Exército, edifício institucional (com Sérgio Ficher e Henrique Cambiaghi, 4º lugar em concurso público nacional), Salvador BA.
Edifício Sede BNDES, edifício institucional, 30.000 m² (com Sérgio Ficher e Henrique Cambiaghi, concurso público nacional), Brasília DF.
Edifício de Apartamentos, 8.096 m² (com Sérgio Ficher e Henrique Cambiaghi), r Carlos de Carvalho 144, São Paulo SP.
Praça Monumental de Aparecida, Secretaria de Planejamento do Estado de São Paulo, planejamento e desenvolvimento urbano, 55.000 m² (com Sérgio Ficher e Henrique Cambiaghi), Aparecida do Norte SP.
Condomínio Horizontal (com Sérgio Ficher e Henrique Cambiaghi, paisagismo de Nina Waisman), Chácara Flora, São Paulo SP.
Residência de praia Ilda e Mário Franco, 260 m² (com Sérgio Ficher e Henrique Cambiaghi), av Paulo Matarazzo com r Antônio Bento Amorin, Guarujá SP.
Residência Marion e Kurt Wissmann (com Sérgio Ficher e Henrique Cambiaghi), r Espanha, São Paulo SP (demolida).
Edifício Sede das Repartições Fazendárias de Fortaleza, edifício institucional (consórcio PPMS Arquitetos e Marcos Tomanik, concurso), Fortaleza CE.

1975
Construtora Acal – Augusto de Almeida Lima Engenharia e Construções Ltda., arquitetura de interiores e organização de escritórios, 350 m² (com Sérgio Ficher e Henrique Cambiaghi), r Prof. Arthur Ramos 183, 12º andar, São Paulo SP.
Caixa Econômica do Estado de São Paulo, agência, 492,80 m² (com Sérgio Ficher e Henrique Cambiaghi), r Major Pacheco, São Sebastião da Grama SP.
Prodesp, Sede Administrativa, Companhia de Processamento de Dados do Estado de São Paulo, edifício institucional, 25.000 m² (com Setsuo Kamada; consórcio PPMS Arquitetos e Setsuo Kamada, 1º lugar concorrência pública), rod BR 116 km 17, Taboão da Serra SP.
Prodesp, Unidade Regional de Bauru, Companhia de Processamento de Dados do Estado de São Paulo, edifício institucional, 2.600 m² (com Setsuo Kamada; consórcio PPMS Arquitetos e Setsuo Kamada, 1º lugar concorrência pública), r Prof. Luiz Braga com r José Salmeu, Bauru SP.
Prodesp, Unidade Regional de Campinas, Companhia de Processamento de Dados do Estado de São Paulo, edifício institucional, 3.550 m² (com Setsuo Kamada; consórcio PPMS Arquitetos e Setsuo Kamada, 1º lugar concorrência pública), av Prefeito Faria Lima, Campinas SP.

1976
Edifício Albatroz, edifício residencial com 4 apartamentos por andar (com Sérgio Ficher e Henrique Cambiaghi), r Viradouro 29, São Paulo SP.
Escritório de Advocacia Arlindo Carvalho Pinto Neto, arquitetura de interiores e organização de escritórios, 300 m² (com Sérgio Ficher e Henrique Cambiaghi), av Brigadeiro Faria Lima 1886, São Paulo SP.
Banco do Estado de São Paulo – Banespa, Agência Pamplona, 1.835 m² (com Sérgio Ficher e Henrique Cambiaghi), r Pamplona 992-1010, São Paulo SP.
Edifícios de apartamentos econômicos em São Carlos, Companhia Estadual de Casas Populares – Cecap, conjunto habitacional, 12 pavimentos, 48 unidades, 576,55 m² (com Sérgio Ficher e Henrique Cambiaghi), travessa A, lotes 1 e 2, Parque São Vicente de Paula, São Carlos SP.
Edifício de Apartamentos, av Giovanni Gronchi, São Paulo SP.
Museu Sanguszko, edifício cultural (com Sérgio Ficher), av Sumaré com r Professor João Arruda, São Paulo SP.
Edifício Sede da Light, Seção Penha, Light Serviços de Eletricidade S.A., edifício industrial, 3.357,35 m² (com Sérgio Ficher e Henrique Cambiaghi), r Coronel Rodovalho 115, São Paulo SP.

1977
Caixa Econômica do Estado de São Paulo, agência, 984,85 m² (com Sérgio Ficher e Henrique Cambiaghi), av Coronel João Gomes Martins com r José Teodoro, Martinópolis SP.
Caixa Econômica do Estado de São Paulo, agência, 616,20 m² (com Sérgio Ficher e Henrique Cambiaghi), r 15 de Novembro, Dois Córregos SP.
Caixa Econômica do Estado de São Paulo, agência, 697,20 m² (com Sérgio Ficher e Henrique Cambiaghi), Guararapes SP.
E.E.P.G. Vila Jacui, Companhia de Construções Escolares do Estado de São Paulo – Conesp, paisagismo (com Sérgio Ficher e Henrique Cambiaghi), São Miguel Paulista SP.
Central de Medicamentos – CEME, Instituto Nacional de Previdência Social – INSS, edifício industrial e de armazenagem, 5.000 m² (com Sérgio Ficher e Henrique Cambiaghi), estrada Velha da Pavuna, Rio de Janeiro RJ.
Central de Medicamentos – CEME, Instituto Nacional de Previdência Social – INSS, edifício de armazenagem, 3.000 m² (com Sérgio Ficher e Henrique Cambiaghi), r Perdões com r Perdizes e Rua Rio Pomba, Belo Horizonte MG.
Central de Medicamentos – CEME, Instituto Nacional de Previdência Social – INSS, edifício de armazenagem, 3.000 m² (com Sérgio Ficher e Henrique Cambiaghi), av Perimetral, Recife PE.
Central de Medicamentos – CEME, Instituto Nacional de Previdência Social – INSS, edifício de armazenagem, 3.000 m² (com Sérgio Ficher e Henrique Cambiaghi), r Elesbão Pinto da Luz, Florianópolis SC.
Central de Medicamentos – CEME, Instituto Nacional de Previdência Social – INSS, edifício de armazenagem, 3.000 m² (com Sérgio Ficher e Henrique Cambiaghi), r Araújo Silva, Manaus AM.
Paço Municipal da Prefeitura de Florianópolis, edifício institucional, 16.000 m² (com Sérgio Ficher e Henrique Cambiaghi, 1º lugar em concurso público nacional), Florianópolis SC.
Centro de Controle de Tráfego – CET, Secretaria Municipal de Transportes de São Paulo, edifício institucional, 6.700 m² (com Sérgio Ficher e Henrique Cambiaghi, concurso público), r Bela Cintra 387, São Paulo SP.
Cinco Residências, Companhia Comercial e Construtora Jaceguava (com Sérgio Ficher e Henrique Cambiaghi), r Baluarte com r Alvorada, São Paulo SP.

1978
Escritório Pierre e Sobrinho, arquitetura de interiores e organização de escritório (com Sérgio Ficher e Henrique Cambiaghi), r Arthur Ramos, São Paulo SP.
Caixa Econômica do Estado de São Paulo, Agência Guarujá, 1.695 m² (com Sérgio Ficher e Henrique Cambiaghi), r Benjamin Constant com r Washington, Guarujá SP.
Banco do Estado de São Paulo – Banespa, Agência Franca, 2.385,60 m² (com Sérgio Ficher e Henrique Cambiaghi), praça Nossa Senhora da Conceição 1659, Franca SP.
Banco do Estado de São Paulo – Banespa, Agência Santo André, 6.7871,60 m² (com Sérgio Ficher e Henrique Cambiaghi), r Coronel Francisco Amaro com r Senador Flaquer, Santo André SP.
Sede do Grupo Fenícia, edifício institucional, 3.775,50 m² (com Sérgio Ficher e Henrique Cambiaghi, concurso fechado), Marginal do Tietê, São Paulo SP.
Delegacia da Receita Federal de Governador

Valadares, Ministério da Fazenda, Departamento de Administração, Divisão de Obras, edifício institucional, 4.400 m² (com Sérgio Ficher, Henrique Cambiaghi e Marcos Tomanik, 1º lugar concorrência pública), av Brasil, Governador Valadares MG.
E.E.P.G. Parque Pinheiros, Companhia de Construções Escolares do Estado de São Paulo – Conesp, edifício educacional, 1.633 m² (com Sérgio Ficher e Henrique Cambiaghi), Taboão da Serra SP.
Laboratório Aviário e Laboratório de Vacinas Aviárias no Instituto Biológico da Coordenadoria da Pesquisa Agropecuária, Secretaria da Agricultura do Estado de São Paulo, edifício educacional, 826 m² (com Sérgio Ficher e Henrique Cambiaghi), São Paulo SP.
Edifício Sede dos Órgãos Fazendários de Florianópolis, Ministério da Fazenda, edifício institucional, 14.650 m² (consórcio PPMS Arquitetos e Marcos Tomanik, 1º lugar concorrência pública), Florianópolis SC.
Residência de praia Kurt Wissmann (com Sérgio Ficher e Henrique Cambiaghi), Caraguatatuba SP.
Residência de Campo Nehama e Júlio Kassoy (com Sérgio Ficher e Henrique Cambiaghi), Atibaia SP.

1979

Apartamento Marilu e Arlindo de Carvalho Pinto Neto, arquitetura de interiores e organização de escritórios, 337 m² (com Sérgio Ficher e Henrique Cambiaghi), Edifício Marquês de Castella, r Brás Cardoso com r Domingos Leme, São Paulo SP.
Usina Colombina, arquitetura de interiores e organização de escritórios, 455 m² (com Sérgio Ficher e Henrique Cambiaghi), av Torres de Oliveira 154, São Paulo SP.
Caixa Econômica do Estado de São Paulo, Agência Cravinhos, 750 m² (com Sérgio Ficher e Henrique Cambiaghi), r Tiradentes com r Prudente de Moraes, Cravinhos SP.
Banco do Estado de São Paulo – Banespa, Agência Cândido Mota, 800 m² (com Sérgio Ficher e Henrique Cambiaghi), Cândido Mota SP.
Edifício de Apartamentos, 11.595 m² (com Sérgio Ficher e Henrique Cambiaghi), r Jerônimo da Veiga com r Campos Bicudo, São Paulo SP.
Edifício Armoni, edifício de apartamentos, 10.107 m² (com Sérgio Ficher e Henrique Cambiaghi), r Barão de Capanema 366, São Paulo SP.
Edifício de Apartamentos (com Sérgio Ficher e Henrique Cambiaghi), r Ibiapinópolis com r Gabriel Monteiro da Silva, São Paulo SP.
Edifício Jaguanum, Kauffmann S.A. Empreendimentos Imobiliários, edifício de apartamentos (com Sérgio Ficher e Henrique Cambiaghi), r Wanderley 312, São Paulo SP.
Centro de Treinamento de Guarapiranga, Light Serviços de Eletricidade S.A., edifício educacional, 7.100 m² (com Sérgio Ficher e Henrique Cambiaghi), av de Pinedo 908, São Paulo SP.
Terminal Rodoviário de Passageiros, Pesquisa e Planejamento de Transporte do Estado de São Paulo – Transesp (com Sérgio Ficher e Henrique Cambiaghi), Amparo SP.

1980

Banco do Estado de São Paulo – Banespa, Agência Vila Formosa, 1.844,90 m² (com Sérgio Ficher e Henrique Cambiaghi), av Doutor Eduardo Cotching, São Paulo SP.
Banco do Estado de São Paulo – Banespa, Agência Pinheiros, 2.134,80 m² (com Sérgio Ficher e Henrique Cambiaghi), r Teodoro Sampaio 2258, São Paulo SP.
Arquivo Geral, Light Serviço de Eletricidade S.A., edifício administrativo (com Sérgio Ficher e Henrique Cambiaghi), r Vinte e Cinco de Janeiro, São Paulo SP.
E.E.P.G. Vila Albertina, Companhia de Construções Escolares do Estado de São Paulo – Conesp, edifício educacional, 1.239,33 m² (com Sérgio Ficher e Henrique Cambiaghi), Ribeirão Preto SP.
Núcleo Industrial Integrado de Paulínia, Refinaria de Paulínia – Replan, Petrobras, estudos de viabilidade, terreno de 1.000 ha (com Sérgio Ficher e Henrique Cambiaghi), Paulínia/Jaguariúna SP (divisa entre os dois municípios).
Hospital Geral de Rio Claro, Prefeitura Municipal, estudo de viabilidade, 9.000 m² (com Sérgio Ficher e Henrique Cambiaghi), Rio Claro SP.

1981

E.E.P.G. José Joaquim C. Melo Neto, Companhia de Construções Escolares do Estado de São Paulo – Conesp, edifício educacional, 1.866 m² (com Sérgio Ficher e Henrique Cambiaghi), Campo Limpo, São Paulo SP.
Biblioteca Municipal de Diadema, Prefeitura Municipal, implantação do Projeto CURA, edifício cultural, 1.250 m² (com Henrique Cambiaghi), r São Francisco de Assis, Diadema SP.
Centro Cultural de Diadema, Prefeitura Municipal, implantação do Projeto CURA, edifício cultural, 2.200 m² (com Sérgio Ficher e Henrique Cambiaghi, concurso público), r Graciosa, Diadema SP.
Complexo Esportivo Professor Hugo Ramos, Prefeitura Municipal, edifício esportivo, 12.311,10 m² (com Sérgio Ficher e Henrique Cambiaghi), Mogi das Cruzes SP.
Plano de Reurbanização dos Espaços Ferroviários, Prefeitura Municipal, planejamento e desenvolvimento urbano, 180.000 m² (com Sérgio Ficher e Henrique Cambiaghi), Araçatuba SP.
Terminal de Ônibus Urbano Intermunicipal Seletivo e Estacionamento de Veículos, Prefeitura Municipal, planejamento e desenvolvimento urbano e estudos de viabilidade, 36.000 m² (com Sérgio Ficher e Henrique Cambiaghi), São Caetano do Sul SP.
Plano de Reurbanização do Vale do Anhangabaú, Prefeitura Municipal, planejamento e desenvolvimento urbano (com Sérgio Ficher e Henrique Cambiaghi, concurso público), São Paulo SP.

1981/1983

Centros Comunitários, Prefeitura Municipal, edifício institucional, 2.150 m² (com Sérgio Ficher e Henrique Cambiaghi), Mogi Guaçu SP.

1982

Parque Residencial Cruzeiro do Sul, Inocoop, conjunto habitacional, 640 apartamentos, 45.538,10 m² (com Sérgio Ficher e Henrique Cambiaghi), estrada Itapecerica da Serra 3852, São Paulo SP.
E.E.P.G. Parque Edu Chaves, Companhia de

Construções Escolares do Estado de São Paulo – Conesp, edifício educacional, 1.525 m² (com Sérgio Ficher e Henrique Cambiaghi), Tucuruvi, São Paulo SP.
E.E.P.G. COHAB Guaianazes, Companhia de Construções Escolares do Estado de São Paulo – Conesp, edifício educacional, 1.236,20 m² (com Sérgio Ficher e Henrique Cambiaghi), São Paulo SP.
E.E.P.G. Vila Marques, Companhia de Construções Escolares do Estado de São Paulo – Conesp, edifício educacional, 1.525 m² (com Sérgio Ficher e Henrique Cambiaghi), Diadema SP.
E.E.P.G. Jardim Salete, Companhia de Construções Escolares do Estado de São Paulo – Conesp, edifício educacional, 1.450 m² (com Sérgio Ficher e Henrique Cambiaghi), Taboão da Serra SP.
E.E.P.G. Jardim Heloísa, Companhia de Construções Escolares do Estado de São Paulo – Conesp, edifício educacional, 2.351,53 m² (com Sérgio Ficher e Henrique Cambiaghi), São Paulo SP.
E.E.P.G. Tide Setúbal, Companhia de Construções Escolares do Estado de São Paulo – Conesp, edifício educacional, 2.466,63 m² (com Sérgio Ficher e Henrique Cambiaghi), São Paulo SP.
E.E.P.G. Vila União, Companhia de Construções Escolares do Estado de São Paulo – Conesp, edifício educacional, 1.474,40 m² (com Sérgio Ficher e Henrique Cambiaghi), São Paulo SP.
E.E.P.G. Vila Progresso, Companhia de Construções Escolares do Estado de São Paulo – Conesp, edifício educacional, 615,60 m² (com Sérgio Ficher e Henrique Cambiaghi), São Paulo SP.
E.E.P.G. Centro, Companhia de Construções Escolares do Estado de São Paulo – Conesp, edifício educacional, 1.474,40 m² (com Sérgio Ficher e Henrique Cambiaghi), Angatuba SP.
E.E.P.G. Jardim Herculano, Companhia de Construções Escolares do Estado de São Paulo – Conesp, edifício educacional, 550,80 m² (com Sérgio Ficher e Henrique Cambiaghi), São Paulo SP.
E.E.P.G. Vila Angelin, Companhia de Construções Escolares do Estado de São Paulo – Conesp, edifício educacional, 550,80 m² (com Sérgio Ficher e Henrique Cambiaghi), Sorocaba SP.
E.E.P.G. Santa Terezinha, Companhia de Construções Escolares do Estado de São Paulo – Conesp, edifício educacional, 958,60 m² (com Sérgio Ficher e Henrique Cambiaghi), Sorocaba SP.
E.E.P.G. Vila Elídia, Companhia de Construções Escolares do Estado de São Paulo – Conesp, edifício educacional, 2.433,76 m² (com Sérgio Ficher e Henrique Cambiaghi), São Paulo SP.
E.E.P.G. São Daniel, Companhia de Construções Escolares do Estado de São Paulo – Conesp, edifício educacional, 2.204,40 m² (com Sérgio Ficher e Henrique Cambiaghi), São Paulo SP.
Parque Municipal José Hettefleisch, Prefeitura Municipal, projeto esportivo e de lazer, 16.992,70 m² (com Sérgio Ficher e Henrique Cambiaghi), av Torres Tibagy, Guarulhos SP.
Parque Vila Augusta, Prefeitura Municipal, projeto esportivo e de lazer, 24.845,74 m² (com Sérgio Ficher e Henrique Cambiaghi), av Presidente Humberto de Alencar Castelo Branco, Guarulhos SP.
Terminal Rodoviário de Passageiros, Departamento de Estradas de Rodagens do Estado de São Paulo, 1.314,15 m² (com Sérgio Ficher e Henrique Cambiaghi), Guararapes SP.
Terminal Rodoviário de Passageiros, Departamento de Estradas de Rodagens do Estado de São Paulo, 2.307 m² (com Sérgio Ficher e Henrique Cambiaghi), Cachoeira Paulista SP.
Terminal de Metrô em Ferrazópolis, Companhia do Metrô de São Paulo, planejamento e desenvolvimento urbano (com Sérgio Ficher e Henrique Cambiaghi), São Bernardo do Campo SP.

1983
Edifício Ouro Preto/Sabará, conjunto habitacional, 272 unidades, 26.074,26 m² (com Sérgio Ficher e Henrique Cambiaghi), r Vergueiro 2.009, São Paulo SP.
Residência de praia do arquiteto, Engenho D'Água, Ilhabela SP.

1985
Edifício de Apartamentos, BNH, r Almirante Marques de Leão, Bixiga, São Paulo SP.
Residência Carvalho Pinto, Praia da Enseada, Guarujá SP.
Residência João Rossi (com João Rossi Cupoloni), Ponta do Arpoar, São Sebastião SP.
Edifício Chateau de Ville, edifício de apartamentos, r Carlos Steinen 34, São Paulo SP.

1986
Condomínio Verde Mar, Rossi Residencial, edifício de apartamentos, 18.000 m² (com José Carlos Lodovici), Guarujá SP.
Museu de Escultura e Ecologia (com Miguel Juliano e José Carlos Lodovici, concurso fechado para atual Museu Brasileiro da Escultura – MuBE), av Europa, São Paulo SP.

1987
Terminal Intermodal Barra Funda, Companhia do Metrô de São Paulo, planejamento e desenvolvimento urbano, detalhamento do projeto do arquiteto Roberto McFadden e equipe do Metro SP (consórcio PPMS Arquitetos e Escritório de Projetos Estra), São Paulo SP.
Residência Egberto Arruda Pinto, 1.000 m², r Alberto Faria, Alto de Pinheiros, São Paulo SP.

1988
Residência Arnaldo Cristiano, 1.500 m², Chácara Flora, São Paulo SP.
Reciclagem do Mercado Municipal Paulistano, Figueiredo Feraz Consultoria e Engenharia, projeto das instalações gerais, 20.000 m² (com Sérgio Ficher, Henrique Cambiaghi, José Carlos Lodovici e Carlos Henrique Vieira), Mercadão, Parque D. Pedro, São Paulo SP.

1991
Caixa Econômica Federal, agência, av de Pinedo, Guarapiranga, São Paulo SP.
Central de Processamento de Dados da Universidade Católica de Santos (com José Carlos Lodovici, concurso fechado), Santos SP.

Pavilhão Brasileiro para a Expo 92 de Sevilha, Espanha (com Sidney Meleiros Rodrigues, 2º lugar em concurso nacional), Sevilha, Espanha.

1994
Centro Cultural Diadema, edifício cultural (com José Carlos Lodovici e Marcos Toledo Lobo, concurso público), Diadema SP.
Edifício Sede do Secovi, edifício institucional (com Júlio Neves e Luigi Villavecchia, 1º lugar em concurso privado), r Luís Góes com r Doutor Bacelar, São Paulo SP.

1995
Edifício Basf do Brasil S.A., edifício institucional (com Júlio Neves e Luigi Villavecchia, concurso), Marginal Pinheiros, São Paulo SP.

1998
Proposta de reurbanização do sítio histórico e arredores e implantação de novos equipamentos urbanos e estruturas náuticas no município de Bertioga e estudos complementares de mercado e potencialidade econômico financeira, estudo de viabilidade técnica (com Fernando de Magalhães Mendonça, Pedro de Melo Saraiva e Sergio Sandler), Bertioga SP.
Complexo Turístico de Ilhabela, planejamento e desenvolvimento urbano (com Fernando de Magalhães Mendonça, Pedro de Melo Saraiva, Flávia Amorim Xavier e Arthur Riedel), Ilhabela SP.
Terceira Ponte sobre o Lago Sul, infraestrutura urbana (com Fernando de Magalhães Mendonça, Pedro de Melo Saraiva e Ricardo Kinai, concurso público), Brasília DF.

1999
Edifício Patrimonial Confea (com Fernando de Magalhães Mendonça, Pedro de Melo Saraiva e Ricardo Kinai, 2º lugar em concurso público nacional), Brasília DF.
Shinkenchiku-Sha, teatro (com Fernando de Magalhães Mendonça e Pedro de Melo Saraiva, concurso internacional), Tóquio, Japão.

2000
Monumento dos Imigrantes, edifício educacional e cultural (com Júlio Neves e Luigi Villavecchia, concurso), rod dos Imigrantes, São Paulo SP.
Sede do Crea-CE, edifício institucional (com Fernando de Magalhães Mendonça e Pedro de Melo Saraiva, concurso público nacional), Fortaleza CE.

2001
Proposta para Avenida Paulista, planejamento e desenvolvimento urbano (com Júlio Neves e Luigi Villavecchia, concurso), São Paulo SP.
Instituto de Engenharia de São Paulo, edifício educacional (com Júlio Neves e Luigi Villavecchia, concurso) São Paulo SP.

2002
Habitação a Baixo Custo, Caixa Econômica Federal (com Fernando de Magalhães Mendonça e Pedro de Melo Saraiva, concurso público).

Requalificação do Mercado Municipal Paulistano, 20.000 m² (com Fernando de Magalhães Mendonça e Pedro de Melo Saraiva; prêmio ex-aequo da Premiação IAB/SP de 2004; Prêmio Rodrigo de Melo Franco de Andrade de 2005, categoria Preservação de Bens Móveis e Imóveis, do Iphan/MinC), Mercadão, Parque D. Pedro, São Paulo SP.
Ampliação Setor Anexo Sul da Assembleia Legislativa de Santa Catarina – Alesc, edifício institucional, 11.608 m² (com Fernando de Magalhães Mendonça e Pedro de Melo Saraiva; prêmio na categoria Edificações para Fins Institucionais – Projeto IAB/SP 2002), Florianópolis SC.

2003
Salão de Festas e Garagem do Esporte Clube Pinheiros (com Fernando de Magalhães Mendonça e Pedro de Melo Saraiva, concurso privado), av Brigadeiro Faria Lima, São Paulo SP.

2004
Auditório da Assembleia Legislativa de Santa Catarina – Alesc, edifício institucional, 1.062 m² (com Fernando de Magalhães Mendonça e Pedro de Melo Saraiva), Florianópolis SC.

2005
Loja Protótipo Carla Amorim (com Fernando de Magalhães Mendonça e Pedro de Melo Saraiva), Shopping Iguatemi, São Paulo SP.
Edifício Tucumã, edifício de apartamentos, 4.750 m² (com Fernando de Magalhães Mendonça e Pedro de Melo Saraiva), r Tucumã 375, São Paulo SP.
Edifício Comendador Alberto Bonfiglioli, edifício corporativo (com Júlio Neves e Luigi Villavecchia), av Paulista com al Campinas, São Paulo SP.

2006
Edifício Armoni, ampliação de edifício de apartamentos (térreo e subsolo), 10.107 m² (com Sérgio Ficher, Fernando de Magalhães Mendonça e Pedro de Melo Saraiva), r Barão de Capanema 366, São Paulo SP.

2007
Torre São Paulo, edifício multiuso, 301.711 m² (com Fernando de Magalhães Mendonça, Pedro de Melo Saraiva, Sérgio Ficher e Edo Rocha; consórcio PPMS Arquitetos e Edo Rocha Espaços Corporativos), São Paulo SP.
Sede do Conselho Federal de Engenharia Arquitetura e Agronomia – Confea, edifício institucional, 10.141 m² (com Fernando de Magalhães Mendonça e Pedro de Melo Saraiva; prêmio destaque na 9ª Bienal Internacional de Arquitetura de São Paulo de 2011), Brasília DF.

2008
Complexo Multiuso Jockey Club de São Paulo, edifício multiuso, 280.000 m² (com Fernando de Magalhães Mendonça, Pedro de Melo Saraiva, Sérgio Ficher e Edo Rocha; consórcio PPMS Arquitetos e Edo Rocha Espaços Corporativos), São Paulo SP.

Spiral Towers, edifício multiuso, 160.000 m² (com Fernando de Magalhães Mendonça, Pedro de Melo Saraiva, Sérgio Ficher e Edo Rocha; consórcio PPMS Arquitetos e Edo Rocha Espaços Corporativos), São Paulo SP.
Pedestrian Crossing Emirates Tower, infraestrutura urbana, 3.3000 m² (com Fernando de Magalhães Mendonça, Pedro de Melo Saraiva, Sérgio Ficher e Edo Rocha), Emirados Árabes.
Sinagoga da Comunidade Shalon (com Fernando de Magalhães Mendonça, Pedro de Melo Saraiva, concurso fechado), São Paulo SP.
Desert Rose – The Green City, planejamento urbano, 1.454.715 m² (com Fernando de Magalhães Mendonça, Pedro de Melo Saraiva, Sérgio Ficher e Edo Rocha; consórcio PPMS Arquitetos e Edo Rocha Espaços Corporativos), Sharjah, Emirados Árabes.

2009
Sesc Guarulhos, edifício esportivo e cultural (com Fernando de Magalhães Mendonça e Pedro de Melo Saraiva, concurso público), Guarulhos SP.
Esporte Clube Pinheiros, plano diretor, 164.000 m² (com Fernando de Magalhães Mendonça, Pedro de Melo Saraiva, Sérgio Ficher e Edo Rocha; consórcio PPMS Arquitetos e Edo Rocha Espaços Corporativos), São Paulo SP.

2011
Complexo Multiuso Luz, conjunto multiuso com escritórios, apartamentos, hotel, lojas, cinema, praça e garagem, 80.000 m² (com Fernando de Magalhães Mendonça, Pedro de Melo Saraiva, Vasco de Mello e Rodrigo de Mello; consórcio PPMS Arquitetos e VM Arquitetos Associados), São Paulo SP.
Centro de Reabilitação de Animais Silvestres, edifício institucional e de pesquisa (com Fernando de Magalhães Mendonça, Pedro de Melo Saraiva), Bragança Paulista SP.

2012/2014
Centro de Conferências de Libreville (com Fernando de Magalhães Mendonça, Pedro de Melo Saraiva, Gustavo Cedroni, Martin Corullon e Cesar Shundi Iwamizu; consórcio PPMS Arquitetos, Metro Arquitetos Associados e SIAA Arquitetos, 2º lugar em concurso internacional), Libreville, Gabão.
Sala de Concertos e Orquestra Maestro João Carlos Martins, edifício cultural (com Fernando de Magalhães Mendonça e Pedro de Melo Saraiva), Tatuí SP.
Esporte Clube Pinheiros, novo estacionamento, novas portarias, quadras cobertas de tênis e reordenação do térreo (com Fernando de Magalhães Mendonça, Pedro de Melo Saraiva, Edo Rocha, Sérgio Ficher e Cristiane Amaral; consórcio PPMS Arquitetos e Edo Rocha Espaços Corporativos), São Paulo SP.

2014
Escola de Vela de Ilhabela, edifício educacional e de lazer (com Fernando de Magalhães Mendonça e Pedro de Melo Saraiva), Ilhabela SP.

2015
Plano de ocupação para a antiga área do Campo de Aviação (com Fernando de Magalhães Mendonça, Pedro de Melo Saraiva, Vasco de Mello e Rodrigo de Mello; consórcio PPMS Arquitetos e VM Arquitetos Associados), Ilhabela SP.
Centro de Exposições e Terminal Intermodal Marítimo (com Fernando de Magalhães Mendonça, Pedro de Melo Saraiva, Vasco de Mello e Rodrigo de Mello; consórcio PPMS Arquitetos e VM Arquitetos Associados), Ilhabela SP.
Readaptação do Centro de Convenções e Teatro Municipal (com Fernando de Magalhães Mendonça, Pedro de Melo Saraiva, Vasco de Mello e Rodrigo de Mello; consórcio PPMS Arquitetos e VM Arquitetos Associados), Ilhabela SP.
Marina Pública Municipal (com Fernando de Magalhaes Mendonça, Pedro de Melo Saraiva, Vasco de Mello e Rodrigo de Mello; consórcio PPMS Arquitetos e VM Arquitetos Associados), Ilhabela SP.
Ampliação da Assembleia Legislativa de Santa Catarina – Alesc (Anexo Oeste), Florianópolis SC.

Referências bibliográficas

ACAYABA, Marlene Milan; FICHER, Sylvia. *Arquitetura moderna brasileira*. São Paulo, Projeto, 1982.
ANDRADE, Mário de. Brazil Builds. *Folha da Manhã*, São Paulo, 23 mar. 1944. Apud verbete "Escola carioca" da Enciclopedia Itaú Cultural <http://enciclopedia.itaucultural.org.br/termo8816/escola-carioca>.
ANELLI, Renato; GUERRA, Abilio; KON, Nelson. *Rino Levi, arquitetura e cidade*. São Paulo, Romano Guerra, 2001.
Aqui já estão gastando dinheiro com a nova Capital. *Jornal da Tarde*, São Paulo, 14 fev. 1980, p. 26.
Arquitetura: Pedro Paulo de Melo Saraiva. *Suplemento SSC*, Especial Troféu "O barriga-verde". Blumenau, 11 jun. 1977, p. 3.
BARROS, Paulo. A capital no caldeirão da urbanização. *O Estado*, Florianópolis, 20 set. 1981, p. 21.
BORSOI, Acácio Gil; BRITTO, Alfredo; CONDE, Luiz Paulo; ANDRADE, Carlos Fernando; ROBERTO, Márcio; SARAIVA, Pedro Paulo de Melo; TEIXEIRA COELHO, José. Guggenheim-Rio de Janeiro: museu é questionado por arquitetos e profissionais de cultura (entrevista). *Projeto Design*, n. 276, São Paulo, fev. 2003, p. 16-19.
BRAGA, Rubem. Lucio Costa estreia em literatura, fazendo urbanismo. Caderno B. *Correio da Manhã*, Rio de Janeiro, 24 mar. 1957.
BRUAND, Yves. *Arquitetura contemporânea no Brasil*. São Paulo, Perspectiva, 1981.
BUCCI, Angelo; PUNTONI, Alvaro; VILELA, José Oswaldo; DENTE, Edgar; PUNTONI, Pedro. A polêmica de Sevilha e os premiados no concurso do pavilhão do Brasil [Entrevista a Suzana Barelli]. *Projeto*, n. 139, São Paulo, mar. 1991, p. 62-63.
BUSSAB, Sami; SARAIVA, Pedro Paulo de Melo. Esporte Club Sírio, SP. *CJ Arquitetura*, n. 3, Rio de Janeiro, nov./dez./jan. 1973/1974, p. 63.
BUSSAB, Sami; SARAIVA, Pedro Paulo de Melo. Esporte Club Sírio, SP. *Projeto e Construção*, n. 12, São Paulo, nov. 1971, p. 10-19.
CARVALHO, Evelyn. Livre de pilares. Estrutura confere leveza à fachada e permite vão livre à sede do Confea. *Arquitetura & Aço*, n. 28, Rio de Janeiro, nov. 2011, p. 26-27.
Centre Du Plateau Beaubourg. *Architecture Mouvement Continuitè*, n. 23, Paris, 1971.
CJ Arquitetura, n. 3, Rio de Janeiro, nov./dez./jan. 1973/1974, p. 63.
Clube da Orla – projetos apresentados. *Acrópole*, ano 25, n. 300, São Paulo, out. 1963, p. 352-353. Disponível em <www.acropole.fau.usp.br/edicao/300>.
Concurso Público Edifício Sede do Governo Municipal de Florianópolis, arquitetos Pedro Paulo de Melo Saraiva, Sergio Ficher, Henrique Cambiaghi Filho. *Arquiteto*, n. 45, p. 14-15 (s/local; s/data).
COSTA, Lúcio; EL-DAHDAH, Farès; SARAIVA, Pedro Paulo de Melo; LAGO, André Correa; FINOTTI, Leonardo; PORTO, Cláudia Estrela; FREITAS, Conceição; GOROVITZ, Matheus; LARA, Fernando; XAVIER, Alberto; OTTONI, Décio. Depoimentos: Brasília 50 anos. *Arquitetura e Urbanismo – AU*, ano 25, n. 192, São Paulo, mar. 2010, p. 58-63. Com o título "Profissionais ligados à arquitetura dão seus depoimentos sobre a cidade que completa meio século de vida", disponível em <http://au.pini.com.br/arquitetura-urbanismo/192/artigo163891-1.aspx>.
Cresce o campo para os arquitetos brasileiros. *O Estado de S. Paulo*, São Paulo, 26 set. 1973, p. 8.
Críticas à pressa para a nova Capital. *Folha de S. Paulo*, São Paulo, 14 fev. 1980, p. 11.
Emiliana viu em sociedade... *A Tribuna*, Santos, 28 abr. 1963, p. 7.
ESPALLARGAS GIMENEZ, Luis. *Cidade moderna e superquadra*. 8º Seminário Docomomo Brasil, Cidade moderna e contemporânea: síntese e paradoxo das artes. Rio de Janeiro, Docomomo Brasil, 2009 <www.docomomo.org.br/seminario%208%20pdfs/077.pdf>.
FALCETA JUNIOR, Walter. *Mercado Municipal de São Paulo – 70 anos de cultura e sabor*. São Paulo, Abooks, 2004.
FERRAZ, Geraldo. Concurso de ante-projetos para as instalações do Club Atlético Paulistano. *Habitat*, n. 47, São Paulo, mar./abr. 1958, p. 16-26.
FERRAZ, Geraldo. Falta o depoimento de Lucio Costa. *Diário de São Paulo*, São Paulo, 01 fev. 1948.
Florianópolis. Uma ligação urbanística com o continente. *O Dirigente Construtor*, São Paulo, vol. 8, n. 8, São Paulo, jun. 1972, p. 14-23.
FOLGATO, Marisa. Mercadão será reformado sem fechar as portas. *O Estado de S. Paulo*, São Paulo, 9 ago. 2003, p. C1.
FUÃO, Fernando Freitas. Sevilha e a Expo 92: duas realidades contrapostas. *Projeto*, n. 138, São Paulo, fev. 1991, p. 20-21.
GENNARI, Massimo; CELLE, Lucia; MANFRONI, Mario (Org.). Architettura in Brasile 1925-1977/Architecture in Brazil 1925-1977. *Domus*, n. 578, Milão, jan. 1978. (Alesc; Esporte Clube Sírio; Esaf)
GFAU. Plano Piloto para humanas, entrevista Pedro Paulo de Melo Saraiva. In VIGGIANI, Alice; CARVALHO, Amanda; LEAL, André; SABATIER, Estevão; DELEU, Gabriela; PIANCA, Guilherme; TSCHIPTSCHIN, Ilana; NAKEL, Laura; STRAUSS, Luisa; FERNANDES, Maíra; PAIVA, Nídia; ALVES, Taís. *Programa: corredor das humanas – a poesia que poderia ter sido e que não foi*, p. 12-19.
Guarantã constrói sede da Prodesp. *Folha de S. Paulo*, São Paulo, 6 ago. 1976, p. 96.
GUERRA, Abilio; SARAIVA, Pedro Paulo de Melo; JACQUES, Paola Berestein; MAHFUZ, Edson; RIBEIRO, Ana Clara Torres. Como aumentar a participação dos cidadãos na discussão sobre espaços urbanos? (debate). *Arquitetura e Urbanismo – AU*, ano 21, n. 153, São Paulo, dez. 2006, p. 16-17.
Heliópolis: proposta para construção industrializada. *O Dirigente Construtor*, vol. 7, n. 3, São Paulo, jan. 1971, p. 16-22.
INSTITUTO DE ARQUITETOS DO BRASIL – DEPARTAMENTO SÃO PAULO. *Arquitetura e desenvolvimento nacional: depoimentos de arquitetos paulistas*. São Paulo, Pini, 1979.
KAMADA, Setsuo; SARAIVA, Pedro Paulo de Melo. Flexibilidade de uso e ampliações sem interferências no projeto e no trabalho. *Projeto*, n. 16, São Paulo, nov. 1979, p. 47-53.
KARMAN, Jarbas. Considerações sobre os projetos premiados no "I Concurso Universitário de

Planejamento de Hospitais". *IPH – Hospital de Hoje*, vol. 1, 4° trimestre 1955, p. 10-32.
KUSANO, Kazumi. A herança do oriente. *AU – Arquitetura e Urbanismo*, ano 4, n. 18, São Paulo, jun./jul. 1988, p. 62-66.
LACERDA, Mariana. Varanda metálica. Plataforma metálica permitiu a criação de praça de alimentação no Mercado Municipal de São Paulo: novos usos para um dos mais simbólicos prédios históricos da cidade. *Arquitetura & Aço*, n. 10, Rio de Janeiro, jun. 2007, p. 27-31.
LAMBERT, Phyllis (Org.). *Mies in America*. Montreal/Nova York, Canadian Centre for Architecture/Whitney Museum, 2001.
LE CORBUSIER; JEANNERET, Pierre. *Oeuvre Complète 1910-1929*. 8ª edição. Zurich, Editions d'Architecture, 1965.
LIMA, Ana Gabriela; ZEIN, Ruth Verde. Pedro Paulo Melo Saraiva, Florianópolis, Brasil, 1933. Documento. *AU – Arquitetura e Urbanismo*, ano 18, n. 116, São Paulo, nov. 2003, p. 45-49.
MARQUES, Ricardo. Pavilhão do Brasil: abrindo o jogo. *AU – Arquitetura e Urbanismo*, ano 7, n. 35, São Paulo, maio 1991, p. 62-73.
MENDONÇA, Fernando de Magalhães. *Pedro Paulo de Melo Saraiva. 50 anos de arquitetura*. Orientador Carlos Leite de Souza. Dissertação de mestrado. São Paulo, FAU Mackenzie, 2006.
MENGOZZI, Federico. A cidade se embeleza. *Época*, n. 272, São Paulo, 4 ago. 2003, p. 10-12.
MINDLIN, Henrique. *Modern Architecture in Brazil*. Rio de Janeiro/Amsterdam, Colibris, 1956.
MORI, Hiromichi. Architectural Works around São Paulo after Brasilia. *The Kokusai-Kentiku – The International Review of Architecture*, vol. 34, n. 6, Tóquio, jun. 1967, p. 46-68.
MOTTA, Flávio L. *Roberto Burle Marx e a nova visão da paisagem*. 3ª edição. São Paulo, Nobel, 1986, p. 144.
MOURA, Eride. Intervenção no Esporte Clube Pinheiros (ECP). Edo Rocha Arquitetura e PPMS Arquitetos Associados, São Paulo, SP, 2009/2015. *AU – Arquitetura e Urbanismo*, ano 30, n. 255, São Paulo, jun. 2015, p. 34-39.
NEVES, Júlio; SARAIVA, Pedro Paulo de Melo. Estádio Municipal de Santo André. *Acrópole*, ano 20, n. 238, São Paulo, ago. 1958, p. 474-476. Disponível em <www.acropole.fau.usp.br/edicao/238>.
O arquiteto cada vez mais presente na cidade. *Construção São Paulo*, ano 27, n. 1406, São Paulo, 20 jan. 1975, p. 22-28.
O Dirigente Construtor, São Paulo, vol. 8, n. 5, São Paulo, jul. 1977.
O grande espetáculo da arquitetura moderna. O Brasil no século XXI. *Manchete*, ano 15, n. 797, Rio de Janeiro, 29 jul. 1967, p. 74-95.
OKANO, Taís Lie; SARAIVA, Pedro Paulo de Melo (Orientador). Centro Cultural Sacomã. *Projeto Design*, n. 306, São Paulo, ago. 2005, p. 101.
OLIVEIRA, Silvana Rodrigues de. A cartuxa de Santa Maria de las Cuevas. *Projeto*, n. 138, São Paulo, fev. 1991, p. 24-33.
PAESANI, Alfredo S.; ROCHA, Paulo A. Mendes da; SARAIVA, Pedro Paulo de Melo. Projeto para a Assembleia Legislativa do Estado de Santa Catarina. *Acrópole*, ano 20, n. 232, São Paulo, fev. 1958, p. 129-133. Disponível em <www.acropole.fau.usp.br/edicao/232>.
Para um contato maior. *Tempo*, n. 3, São Paulo, Esporte Clube Pinheiros, dez. 1972, p. 5-8.
Pavilhão do Brasil na Expo 70. *Acrópole*, ano 30, n. 361, São Paulo, maio 1969, p. 13. Disponível em <www.acropole.fau.usp.br/edicao/361>.
Pedro Paulo de Melo Saraiva, Cambiaghi e Ficher Arquitetos Associados SC Ltda. *Arquitetura brasileira*. São Paulo, Associação Brasileira dos Escritórios de Arquitetura, s/d, p. 46-47.
Pedro Paulo de Melo Saraiva. Cinco décadas de boas lições para a arquitetura brasileira. *Consulte Arte e Decoração*, ano 20, n. 55, São Paulo, 2010, p. 56-60.
PEREIRA, Odon. Os projetos para o renascimento urbano. *O Estado de S. Paulo*, São Paulo, 7 maio 1973, p. 4.
Premiação. *Arquitoto*, n. 20, São Paulo, jan. 1975, p. 12-13.
Programa completo em 12 m². *AU – Arquitetura e Urbanismo*, ano 20, n. 139, São Paulo, out. 2005, p. 12.
Projeto brasileiro ganha segundo lugar no Gabão. *AU – Arquitetura e Urbanismo*, ano 27, n. 225, São Paulo, dez. 2012, p. 14-15.
Revista de Engenharia Mackenzie, ano 42, n. 132, São Paulo, fev./mar. 1957.
Revista Sírio, n. 239, São Paulo, fev. 2012, capa.
ROCHA, Paulo Mendes da. Edifícios escolares: comentários. *Acrópole*, ano 32, n. 377, São Paulo, set. 1970, p. 35. Disponível em <www.acropole.fau.usp.br/edicao/229>.
ROMBOLI, Magali. Os diálogos de Pedro Paulo de Melo Saraiva. *Consulte Arte e Decoração*, ano 14, n. 38, São Paulo, 2005, p. 46-49.
SABBAG, Haifa Yazigi. A estrutura como expressão da arquitetura. *Projeto Design*, n. 278, São Paulo, abr. 2003, p. 24-27. Disponível em <https://arcoweb.com.br/projetodesign/artigos/artigo-a-estrutura-como-expressao-da-arquitetura-01-04-2003>.
SANTA CRUZ, Selma. Propostas para uma nova cidade: São Paulo. *O Estado de S. Paulo*, São Paulo, 24 jun. 1973, p. 46.
SANTOS, Alexandre dos. *Resgate da obra residencial de Pedro Paulo Melo Saraiva: estrutura formal e tectonicidade*. 10º Seminário Docomomo Brasil, Arquitetura Moderna e Internacional: conexões brutalistas 1955-75. Curitiba, Docomomo Brasil, 2013 <www.docomomo.org.br/seminario%2010%20pdfs/OBR_65.pdf>.
SARAIVA, Pedro Paulo de Melo. Centro de vivência, UnB, Brasília, DF. *Projeto*, n. 42, São Paulo, jul. 1982, p. 121.
SARAIVA, Pedro Paulo de Melo. Concurso público de anteprojetos de arquitetura para o edifício patrimonial do Confea – Brasília, 2º prêmio. *Se...*, n. 3, São Paulo, dez. 2001, FAU Mackenzie, p. 59-63.
SARAIVA, Pedro Paulo de Melo. Depoimento sobre Vilanova Artigas. *Pós – Revista do programa de Pós-graduação em Arquitetura e Urbanismo da FAUUSP*, n. 18, São Paulo, dez. 2005, p. 24-27. Disponível em <www.revistas.usp.br/posfau/article/download/43416/47038>.
SARAIVA, Pedro Paulo de Melo. Edifício de apartamentos em Santos. *Acrópole*, ano 26, n. 310, São Paulo, set. 1964, p. 37-39. Disponível em <www.

acropole.fau.usp.br/edicao/310>.

SARAIVA, Pedro Paulo de Melo. Escola de Administração Fazendária de Brasília. *CJ Arquitetura*, ano 2, n. 7, Rio de Janeiro, 1985, p. 72-82.

SARAIVA, Pedro Paulo de Melo. Escola de Administração Fazendária, Brasília, DF. *Projeto*, n. 42, São Paulo, jul./ago. 1982, p. 111.

SARAIVA, Pedro Paulo de Melo. Longo bloco horizontal concentra programas. *Projeto Design*, n. 309, São Paulo, nov. 2005, p. 34.

SARAIVA, Pedro Paulo de Melo. Mercado Municipal paulistano será revitalizado e terá área gastronômica; projeto de reciclagem. *Projeto Design*, n. 275, São Paulo, jan. 2003, p. 86.

SARAIVA, Pedro Paulo de Melo. Paço Municipal, Florianópolis, SC. *Projeto*, n. 42, São Paulo, jul. 1982, p. 132.

SARAIVA, Pedro Paulo de Melo. Pavilhão para internos de um hospital. *Habitat*, n. 22, São Paulo, 1955, p. 14.

SARAIVA, Pedro Paulo de Melo. Residência de praia. *Acrópole*, ano 18, n. 208, São Paulo, jan. 1956, p. 152-153. Disponível em <www.acropole.fau.usp.br/edicao/208>.

SARAIVA, Pedro Paulo de Melo. Residência em Florianópolis. *Acrópole*, ano 18, n. 211, São Paulo, abr. 1956, p. 274-275. Disponível em <www.acropole.fau.usp.br/edicao/211>.

SARAIVA, Pedro Paulo de Melo. Tradição recuperada; projeto de restauração. *AU – Arquitetura e Urbanismo*, ano 19, n. 128, São Paulo, nov. 2004, p. 42-51.

SARAIVA, Pedro Paulo de Melo. Uma obra para beneficiar o transporte diário de 100 mil pessoas; projeto de arquitetura. *Construção São Paulo*, n. 1826, São Paulo, fev. 1983, p. 12-20.

SARAIVA, Pedro Paulo de Melo; BUSSAB, Sami. Salão de festas. *Acrópole*, ano 28, n. 333, São Paulo, out. 1966, p. 28-30. Disponível em <www.acropole.fau.usp.br/edicao/333>.

SARAIVA, Pedro Paulo de Melo; CAMBIAGHI FILHO, Henrique. Reciclado, o velho mercadão. *AU – Arquitetura e Urbanismo*, ano 5, n. 21, São Paulo, dez./jan. 1988/1989, p. 34-47.

SARAIVA, Pedro Paulo de Melo; et. al. Governo vai formar técnicos na nova escola. *Construção em São Paulo*, n. 1339, São Paulo, 8 out. 1973, p. 4-7.

SARAIVA, Pedro Paulo de Melo; FICHER, Sérgio; CAMBIAGHI FILHO, Henrique. Concurso público edifício sede do governo municipal de Florianópolis. *Arquiteto*, n. 45, São Paulo, abr. 1977, p. 14-15.

SARAIVA, Pedro Paulo de Melo; FICHER, Sérgio; CAMBIAGHI FILHO, Henrique. Agência Pamplona do Banco do Estado de São Paulo. *Construção São Paulo*, n. 1849, São Paulo, jul. 1983, p. 22.

SARAIVA, Pedro Paulo de Melo; FICHER, Sérgio; CAMBIAGHI FILHO, Henrique. Edifício Acal. *Construção São Paulo*, n. 1841, São Paulo, maio 1983, p. 13.

SARAIVA, Pedro Paulo de Melo; FICHER, Sérgio; CAMBIAGHI FILHO, Henrique. Edifício Capitânea. *Construção São Paulo*, n. 1833, São Paulo, mar. 1983, p. 17.

SARAIVA, Pedro Paulo de Melo; FICHER, Sérgio; CAMBIAGHI FILHO, Henrique. Residência Kurt Wissmann. *Construção São Paulo*, n. 1829, São Paulo, fev. 1983, p. 20.

SARAIVA, Pedro Paulo de Melo; FICHER, Sérgio; CAMBIAGHI FILHO, Henrique. Em terreno plano, uma casa em meios planos. *Casa & Jardim*, n. 291, Rio de Janeiro, abr. 1979, p. 28-33.

SARAIVA, Pedro Paulo de Melo; FICHER, Sérgio; CAMBIAGHI FILHO, Henrique; KLIASS, Rosa Grena. Edifício sede do governo municipal, Florianópolis, SC. *Projeto*, n. 2, São Paulo, abr./maio 1977, p. 14-15.

SARAIVA, Pedro Paulo de Melo; FICHER, Sérgio; CAMBIAGHI FILHO, Henrique; KLIASS, Rosa Grena. Edifício Sede do Governo Municipal, Florianópolis, SC. *Módulo*, n. 46, Rio de Janeiro, jul./ago./set. 1977, p. 70-75.

SARAIVA, Pedro Paulo de Melo; FISBERG, Luiz; REZENDE, Lourival Machado. Centro de Vivência. *Acrópole*, ano 31, n. 369-370, São Paulo, jan./fev. 1970, p. 36-37. Disponível em <www.acropole.fau.usp.br/edicao/369>.

SARAIVA, Pedro Paulo de Melo; GANDOLFI, José Maria. Solar do Conde (1962/1965). *Monolito*, n. 19, São Paulo, fev./mar. 2014, p. 122-125.

SARAIVA, Pedro de Melo; KAMADA, Setsuo. Como foi executado o edifício da Prodesp. *Construção São Paulo*, n. 1599, São Paulo, out. 1978, p. 20-21.

SARAIVA, Pedro Paulo de Melo; KAMADA, Setsuo. Edifício sede da Prodesp. *Construção São Paulo*, n. 1841, São Paulo, maio 1983, p. 15.

SARAIVA, Pedro Paulo de Melo; KAMADA, Setsuo. O prédio que concentrará as atividades da Prodesp; projeto de arquitetura. *Construção São Paulo*, n. 1466, São Paulo, mar. 1976, p. 6-8.

SARAIVA, Pedro Paulo de Melo; LOPES, Emmanuel Prado; MENDONÇA, Fernando de Magalhães. Restaurierung des Stadtmarkts in São Paulo. *Outlook Building Perspectives*, n. 5. Frankfurt am Main, maio 2006, p. 28-31.

SARAIVA, Pedro Paulo de Melo; NEVES, Júlio; MARTINO, Arnaldo; BERGAMIN, Antônio Sérgio. Estádio Municipal de Santo André: um concurso retomado. *AC – Arquitetura e Construção*, vol. 1, n. 2, São Paulo, dez. 1966, p. 52-57.

SARAIVA, Pedro Paulo de Melo; PETRACCO, Francisco. Concurso de anteprojetos para a sede do Club XV – 1º prêmio. *Acrópole*, ano 25, n. 294, São Paulo, maio 1963, p. 167-169. Disponível em <www.acropole.fau.usp.br/edicao/294>.

SARAIVA, Pedro Paulo de Melo; ROCHA, Paulo Mendes da; PAESANI, Alfredo. O projeto do Palácio Barriga Verde. *Projeto Design*, n. 333, São Paulo, nov. 2007, p. 62-63.

SARAIVA, Pedro Paulo de Melo; SARAIVA, Pedro de Melo; MENDONÇA, Fernando de Magalhães; KINAI, Ricardo; KAYO, Noemi Yassue; RËUSS, Cláudio Thomas; CEDRONI, Gustavo Martins; CRUZ, Vera Ilce Monteiro da Silva. Perfis metálicos, cobre e telas solares definem visual high tech; projeto de arquitetura. *Finestra Brasil*, ano 5, n. 19, São Paulo, out./nov./dez. 1999, p. 112-113.

SARAIVA, Pedro Paulo de Melo; SCHNEIDER, Maurício Tuck. Projeto para edifício de apartamentos. *Acrópole*, ano 20, n. 229, São Paulo, nov. 1957, p. 22-23. Disponível em <www.acropole.fau.usp.br/edicao/229>.

SARAIVA, Pedro Paulo de Melo; SCHNEIDER, Maurício Tuck. Tamar (1964). *Monolito*, n. 19, São Paulo, fev./mar. 2014, p. 141.

SARAIVA, Pedro Paulo de Melo; SILVA, Miguel Juliano. Edifício 5ª Avenida. *Acrópole*, ano 22, n. 255, São

Paulo, jan. 1960, p. 88-91. Disponível em <www.acropole.fau.usp.br/edicao/255>.

SAYEGH, Simone. A trama e os planos. Sede Confea. PPMS Arquitetos Associados, Brasília, DF, 199/2010. *AU – Arquitetura e Urbanismo*, ano 26, n. 206, São Paulo, maio 2011, p. 32-39.

SAYEGH, Simone. Viagem pela história. Entrevista com Pedro Paulo de Melo Saraiva. *AU – Arquitetura e Urbanismo*, ano 24, n. 185, São Paulo, ago. 2009, p. 70-72.

SCHNEIDER, Maurício Tuck; SARAIVA, Pedro Paulo de Melo. Edifício de apartamentos. *Acrópole*, ano 26, n. 310, São Paulo, set. 1964, p. 42-43. Disponível em <www.acropole.fau.usp.br/edicao/310>.

SCHNEIDER, Maurício Tuck; SARAIVA, Pedro Paulo de Melo. Projeto de uma residência. *Acrópole*, ano 20, n. 239, São Paulo, set. 1958, p. 503. Disponível em <www.acropole.fau.usp.br/edicao/239>.

SCHNEIDER, Maurício Tuck; SARAIVA, Pedro Paulo de Melo. Residência no Brooklin. *Acrópole*, ano 22, n. 259, São Paulo, abr. 1960, p. 166-167. Disponível em <www.acropole.fau.usp.br/edicao/259>.

SCHNEIDER, Maurício Tuck; SARAIVA, Pedro Paulo de Melo. Residência no Itaim. *Acrópole*, ano 24, n. 283, São Paulo, jun. 1962, p. 231-233. Disponível em <www.acropole.fau.usp.br/edicao/283>.

SEGAWA, Hugo. Pavilhão do Brasil em Sevilha: deu em vão. *Projeto*, n. 138, São Paulo, fev. 1991, p. 34-42

Será em concreto aparente a nova sede do Clube XV. *O Estado de São Paulo*, São Paulo, 28 abr. 1963, p. 10.

SERAPIÃO, Fernando. Com uma obra caracterizada pela técnica construtiva de concreto armado. Entrevista com Pedro Paulo de Melo Saraiva. *Projeto Design*, n. 295, São Paulo, set. 2004, p. 4-6.

SERAPIÃO, Fernando. Entrevista: Pedro Paulo de Melo Saraiva. *Projeto Design*, n. 295, São Paulo, set. 2004, p. 4-6. Disponível em <http://arcoweb.com.br/projetodesign/entrevista/pedro-paulo-de-melo-saraiva-essa-arquitetura-20-09-2004>.

SERAPIÃO, Fernando. Pedra Grande, um marco oculto na cidade. *Projeto Design*, n. 303, São Paulo, maio 2005, p. 94-97.

SERAPIÃO, Fernando. Pedra Grande, um marco oculto na cidade. *Projeto Design*, n. 303, São Paulo, maio 2005, p. 94-97.

SERAPIÃO, Fernando. Plataforma de aço flutua dentro de edifício revitalizado. Revitalização de Mercado Municipal. *Projeto Design*, n. 297, São Paulo, nov. 2004, p. 46-57.

SERAPIÃO, Fernando. PPMS Arquitetos Associados. Auditório dialoga com projeto da década de 1960. Ampliação da Assembléia Legislativa de Santa Catarina. *Projeto Design*, n. 333, São Paulo, nov. 2007, p. 56-65.

SERAPIÃO, Fernando. Qualidade e diversidade da produção são destaques em concorrida edição. *Projeto Design*, n. 276, São Paulo, fev. 2003, p. 27-42.

SERAPIÃO, Fernando. Técnica a serviço da eficiência evidencia expressão arquitetônica. PPMS Arquitetos Associados. Edifício institucional, Brasília. *Projeto Design*, n. 373, São Paulo, mar. 2011, p. 48-55.

SUMNER, Anne Marie. A história do Ceplan começou com... Entrevista com Pedro Paulo de Melo Saraiva. *Pós – Revista do Programa de Pós-Graduação em Arquitetura e Urbanismo da FAUUSP*, n. 29, São Paulo, jun. 2011, p. 264-267. Disponível em <www.revistas.usp.br/posfau/article/view/43734/47356>.

TEPERMAN, Sérgio. Oito autores à procura de um personagem. *AU – Arquitetura e Urbanismo*, ano 5, n. 23, São Paulo, abr./maio 1989, p. 40-48.

Troféu "O barriga-verde". A grande festa de Santa Catarina. *Manchete*, ano 25, n. 1316, Rio de Janeiro, 9 jul. 1977, p. 110-111.

Troféu "O barriga-verde". *Presença*, s/n, Blumenau, nov. 1977, p. 17-22.

Uma nova Florianópolis. Símbolo do desenvolvimento de Santa Catarina. *Revista do Sul*, ano 29, n. 225, Rio de Janeiro, maio 1974, p. 13-14.

VASCONCELLOS, Grace Abrahão Souza de Frias. *A arquitetura de Pedro Paulo de Melo Saraiva: 1954 a 1975 e o Edifício 5ª Avenida*. Orientadora Eneida de Almeida. Dissertação de mestrado. São Paulo, Universidade São Judas Tadeu, jun. 2012.

VIGGIANI, Alice; CARVALHO, Amanda; LEAL, André; SABATIER, Estevão; DELEU, Gabriela; PIANCA, Guilherme; TSCHIPTSCHIN, Ilana; NAKEL, Laura; STRAUSS, Luísa; FERNANDES, Maíra; PAIVA, Nídia; ALVES, Taís. *Programa: corredor das humanas – a poesia que poderia ter sido e que não foi*. São Paulo, GFAU/FAU USP, out. 2009.

WILHEIM, Jorge. O concurso (e escândalo) de Santo André. *Acrópole*, ano 20, n. 237, São Paulo, jul. 1958, p. 3-4. Disponível em <www.acropole.fau.usp.br/edicao/237>.

X Bienal: Exposição de Arquitetura. Edifício para fins de recreação. Menções. *Acrópole*, ano 31, n. 366, São Paulo, out. 1969, p. 29. Disponível em <www.acropole.fau.usp.br/edicao/366>.

ZANCHETTA, Diego. Reforma vai trocar piso e iluminação do Mercadão. *O Estado de S. Paulo*, São Paulo, 22 nov. 2011, C6.

ZEIN, Ruth Verde. Arquitetura em exposição: Sevilha 92. *Projeto*, n. 138, São Paulo, fev. 1991, p. 19-33.

ARQUITETURA BRASILEIRA

COORDENAÇÃO GERAL
Abilio Guerra
Renato Anelli
Silvana Romano Santos

INSTITUTO LINA BO E P. M. BARDI
Sonia Guarita do Amaral
diretora-presidente
Alberto Mayer
Anna Carboncini
Giuseppe d'Anna
Lucien Belmonte
Renato Anelli
diretores

ROMANO GUERRA EDITORA
Abilio Guerra
Silvana Romano Santos

Pedro Paulo de Melo Saraiva, arquiteto

AUTOR
Luis Espallargas Gimenez

COORDENAÇÃO EDITORIAL
Abilio Guerra
Silvana Romano Santos

ASSISTÊNCIA EDITORIAL
Fernanda Critelli
Caio Sens

ENSAIO FOTOGRÁFICO
Eduardo Costa
Joana França
Jorge Hirata
Leonardo Finotti
Marcos Pfiffer
Nelson Kon

PROJETO GRÁFICO
Marise De Chirico

DIAGRAMAÇÃO
Flora Canal

PRODUÇÃO GRÁFICA
Jorge Bastos / Motivo

PESQUISA
Luis Espallargas Gimenez
Pedro de Melo Saraiva
Abilio Guerra
Fernanda Critelli
Leandro Leão Alves

PREPARAÇÃO E REVISÃO DE TEXTO
Juliana Kuperman
Abilio Guerra

DESENHOS CAD
Fernanda Critelli
Escritório PPMS

PRODUÇÃO CULTURAL
Eloisa Mara

SUPORTE ADMISTRATIVO
Joyce M. Santos dos Reis

GRÁFICA
Pancrom

PATROCÍNIO
Conselho de Arquitetura e Urbanismo de São Paulo – CAU/SP

AGRADECIMENTOS
André Marques, Andrés Otero, Artur Rozestraten, Biblioteca FAU Mackenzie (Paola D'Amato), Biblioteca FAU USP (Dina Uliana, Eliana de Azevedo Marques), Carlos André Spagat, Centro Histórico e Cultural Mackenzie (Luciene Aranha, Helen Altimeyer, Ingrid Souza, Fabiana Silva), Daniele Pisani, Dilson Pereira, Eduardo Costa, Esporte Clube Sírio, IAB/SP (Emerson Fioravante), Francisco Petracco, GFAU USP, Gilberto Belleza, Henrique Cambiaghi, IPH (Paulo Mauro M. de Aquino), Jorge Hirata, Iphan (Luiz Philippe Torelly), Leogildo Lino, Lucio Gomes Machado, Paulo Mendes da Rocha, Pedro Gorski, Pedro Kok, Prodesp (Carlos Barreira, Paulo Marques, Maria Clara Lopes, Rafaela Demori Bretanha, Leonardo Racickas e diretoria executiva), Rosa Artigas, Sami Bussab, Sérgio Ficher, Vallandro Keating, Valter Caldana

O arquiteto Pedro Paulo de Melo Saraiva agradece especialmente Pedro de Melo Saraiva, Murilo Pirajá Martins, Roberto Simon e Setsuo Kamada (*in memoriam*)

A reprodução ou duplicação integral ou parcial desta obra sem autorização expressa do autor e dos editores se configura como apropriação indevida dos direitos intelectuais e patrimoniais do autor.

© Luis Espallargas Gimenez

Direitos para esta edição
Romano Guerra Editora
Rua General Jardim 645 conj. 31
01223-011 São Paulo SP Brasil
+ 55 11 3255.9535
rg@romanoguerra.com.br
www.romanoguerra.com.br

Instituto Lina Bo e P. M. Bardi
Rua General Américo de Moura 200
05690-080 São Paulo SP Brasil
+ 55 11 3744.9902
institutobardi@institutobardi.com.br
www.institutobardi.com.br

Printed in Brazil 2016
Foi feito o depósito legal

E77p   Espallargas Gimenez, Luis
Pedro Paulo de Melo Saraiva: arquiteto. / Luis Espallargas Gimenez; coordenação editorial, Abilio Guerra e Silvana Romano Santos - São Paulo: Romano Guerra Editora, 2016.
           272 p.; 24 cm. – (Arquitetura Brasileira)

           Inclui referências bibliográficas
           ISBN 978-85-88585-49-2

1. Saraiva, Pedro Paulo de Melo. 2. Arquiteto. 3. Projetos arquitetônicos. I. Guerra, Abilio, (ed.). II. Santos, Silvana Romano (ed.). III. Título.

CDD – 720.981

CRÉDITOS DE IMAGENS

FOTÓGRAFOS
André Marques p. 167
Andrés Otero p. 222-223, 224, 231
Cristiano Mascaro p. 8-9
Eduardo Costa p. 70, 73
Fernando Magalhães Mendonça p. 10-11, 162 (abaixo)
Joana França p. 12-13, 56-57, 57, 58 (acima; abaixo), 58-59, 60-61, 61, 65
João Walter Toscano p. 20
Jorge Hirata p. 108-109, 112, 113
Leonardo Finotti p. 55 (direita), 84-85, 86, 87, 88-89, 89 (abaixo), 105, 161, 164, 165, 196, 208, 209, 212, 213, 215, 249
Luis Espallargas Gimenez p. 219 (acima)
Marcelo Scandaroli p. 226-227
Marco Yamin p. 243
Marcos Piffer p. 128, 152-153, 158, 158-159
Mário Franco p. 176, 177, 181
Nelson Kon p. 134-135, 136, 137, 138, 139, 140, 141, 144-145, 191, foto capa
Pedro de Melo Saraiva p. 58 (meio), 224-225, 227
Pedro Kok p. 198, 202
Pedro Vannucchi p. 247 (acima)

ACERVOS
Acervo Esporte Clube Sírio p. 93, 100-101
Acervo IAB-SP p. 22 (abaixo), 23 (abaixo)
Acervo Paulo Mendes da Rocha p. 4-5, 104, 106, 107
Acervo PPMS Arquitetos Associados p. 2-3, 14, 22 (acima), 23 (acima), 24, 42-43, 43, 44-45, 45, 51, 53, 55 (esquerda), 64, 66, 67, 68-69, 69, 72-73, 74, 74-75, 76, 77, 78-79, 83, 89, (acima), 98, 99, 102 (acima), 114, 115, 116-117, 118, 119, 120, 131, 132, 146, 147, 150-151, 154, 155, 156-157, 157, 162 (acima), 163, 168, 170, 171, 172-173, 173, 174, 175, 178, 179, 182-183, 184, 185, 186, 187, 193, 195, 199, 200-201, 203, 204-205, 206, 207, 210-211, 211, 215 (acima), 218-219, 219 (abaixo), 220, 221, 225 (acima), 233, 234, 236, 237, 238, 239, 240-241, 246, 247 (abaixo), 250-251
Acervo Prodesp p. 142, 143
Centro Histórico e Cultural Mackenzie p. 122, 123, 124

REVISTAS
AC – Arquitetura e Construção p. 270-271
Acrópole p. 33, 35, 37, 94-95, 95, 102 (meio e abaixo), 127, 192-193
Época p. 266-267
Esporte Clube Sírio p. 96, 96-97, 100
International Review p. 80
IPH p. 18-19
Manchete p. 6-7
O Dirigente Construtor p. 38-39, 268-269

JORNAL
O Estado p. 40

DESENHOS
Bruno Padovano p. 53
Daniel Corsi e Daniel Hirano p. 247
Marcos Toledo Lobo p. 186, 187
Paulo Caruso p. 272
Ricardo Canton p. 248-249
Vallandro Keating p. 38-39, 44-45, 45, 114-115, 116-117

DESENHOS EM CAD
p. 62, 63, 70, 71, 90, 91, 98, 110, 111, 148, 149, 166, 169, 180, 188, 189, 228, 229, 230, 242, 243, 244, 245

TIPOGRAFIAS
Atlas Grotesk
Atlas Typewriter

p. 266-267

MENGOZZI, Federico. A cidade se embeleza. *Época*, n. 272, São Paulo, 4 ago. 2003, p. 10-12.

p. 268-269

"Florianópolis. Uma ligação urbanística com o continente", *O Dirigente Construtor*, 08/06/1972

p. 270-271

Estádio Municipal de Santo André, *AC – Arquitetura e Construção*, Santo André, 1966, arquitetos Pedro Paulo de Melo Saraiva e Júlio Neves (demolido)

p. 272

Caricatura de Pedro Paulo de Melo Saraiva, desenho de Paulo Caruso

450 ANOS

A cidade se embeleza

A região centr[al] será uma d[as] mais beneficiad[as] pelos nov[os] projetos [de] reformulaç[ão]

FEDERICO MENGOZZI

Quem quiser contar as ações e os eventos propostos para os festejos dos 450 anos de fundação de São Paulo, no próximo ano, vai ter de usar bem mais que os dedos das mãos e dos pés. Entre projetos aprovados ou por aprovar, que o calendário ainda está aberto, há centenas de atos, manifestações e iniciativas previstas para 2004.

Uma delas é simbólica. No próprio dia 25 de janeiro, data do aniversário da cidade, a sede da prefeitura troca de lugar – sai do Palácio das Indústrias, transformado em Museu da Cidade no mesmo dia, e vai para o chamado Banespinha, numa das pontas do Viaduto do Chá, em pleno centro histórico.

Outras idéias estão para ganhar corpo. A remodelação do complexo Parque Dom Pedro II–Palácio das Indústrias–Mercado Municipal, uma das principais obras do Programa de Reabilitação do Centro, por exemplo, já tem dinheiro em caixa para ser realizada. Para concretizar o projeto, a prefeitura lançou mão de US$ 100 milhões disponibilizados pelo Banco Interamericano de Desenvolvimento para uma ação do próprio BID – o Programa Monumenta, de recuperação de áreas urbanas degradadas em várias partes do planeta.

Não é à toa que boa parte dos planos de reformulação da cidade esteja concentrada na região central. Imagina-se que o processo de revitalização do Centro, além de embelezar pontos turísticos, possa também rever-

LEVEZA Os traços do projeto de Oscar Niemeyer já têm 50

ter o processo de esvaziamento do lugar. Entre 198[0 e] 2000, 30% dos moradores – cerca de 33 mil pessoa[s –] saíram dali para outros locais da cidade.

Entre as inúmeras modificações, as novidades no ba[ir]ro devem incluir ainda melhoria na iluminação públi[ca], que tornará as ruas mais claras, o restauro da Esta[ção] da Luz, onde funcionará o primeiro centro de referên[cia] da língua portuguesa no Brasil, da Biblioteca Mário [de] Andrade, da Casa da Marquesa de Santos, do Beco do [Pin]to e do edifício Martinelli, além da reurbanização da[...]

REFORMA
O arquiteto Pedro Paulo projetou o novo interior do Mercado Municipal

ARQUITETURA Fachada do Mercado da Cantareira tombada pelo Patrimô

PROJETO Remodelação prevê centro gastronômico com seis restaura

HOJE Barracas de frutas, peixes, queijos, frios, frutas secas e outras

praças da Sé, da República e Roosevelt e das obras do Corredor Cultural. Uma pequena parte dessas reformas poderá contar com os R$ 300 mil doados por Milão, que desde 1962 é cidade-irmã de São Paulo.

Nem todos os planos para reformar São Paulo, entretanto, têm muita chance de vingar. A construção de uma torre com mais de 1.100 metros de altura faz parte de um grupo de iniciativas que dificilmente sairão do papel. A idéia ambiciosa é concentrar todas as antenas de transmissão de rádio, TV e telefonia existentes na Avenida Paulista em um só ponto. Até agora, porém, não existe dinheiro para erguer a torre – que teria o dobro do tamanho da CN Tower, em Toronto, Canadá, a maior do mundo.

No total, cerca de 270 projetos foram apresentados ao comitê para receber o logotipo, e o caráter de oficial, do aniversário. Todos distribuídos em cinco grupos. O de obras organizará intervenções no Centro, Bexiga, Ibirapuera e Paulista. O Grande Prêmio Brasil de Fórmula 1 e a SP Fashion Week, por exemplo, terão edições especiais e fazem parte do conjunto de eventos tradicionais. Competições entre as subprefeituras entram na lista como eventos locais. Já as audições, os concursos e as exposições, como a mostra *SP 450-Paris*, promovida pelo Instituto Tomie Ohtake, farão parte dos eventos especiais. No dia do aniversário, a rave São Paulo Não Dorme começará às 20 horas do dia 24 de janeiro e terminará às 8 do dia seguinte, quando ocorrerá uma grande parada na Avenida 23 de Maio.

As festividades começam neste ano, aproveitando datas como Dia

PROJETOS E OBRAS

FLORIANÓPOLIS
UMA LIGAÇÃO URBANÍSTICA COM O CONTINENTE

O projeto completo da ligação introduz todo um sistema viário em Florianópolis, criando condições de rápida comunicação entre a ilha e o continente, além de orientar um processo de descentralização urbana. Duas estruturas autônomas cruzarão a baía Sul, despejando o tráfego em faixas litorâneas, que receberão aterro hidráulico e urbanização

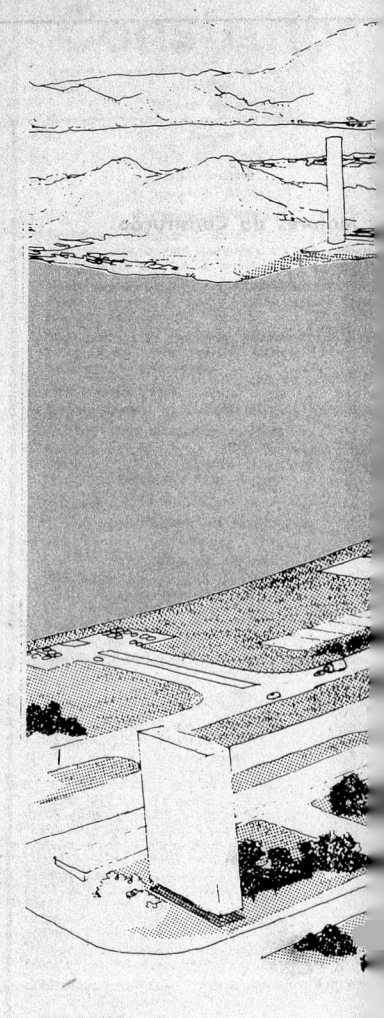

Não se pode dizer que Florianópolis, SC, vai ganhar apenas uma nova ligação, em substituição à velha e saturada ponte Hercílio Luz. A preocupação principal do projeto da nova ligação é integrar a ilha ao continente, através de sistema viário expresso, que também oriente o crescimento da cidade.

O projeto global da nova ligação prevê duas pontes, com quase 1,1 km de extensão, aterros hidráulicos nas duas margens e urbanização desses aterros. Ele é de autoria do consórcio formado pelo Escritório Técnico J. C. de Figueiredo Ferraz — Croce, Aflalo & Gasperini Arquitetos Associados — arq. Pedro Paulo de Melo Saraiva. Orçadas em cerca de Cr$ 80 milhões, as obras estão em fase inicial, sob responsabilidade da Construtora Norberto Odebrecht S.A. Comércio e Indústria, do Grupo Odebrecht, de Salvador, BA. A Companhia Brasileira de Dragagem encarrega-se dos aterros hidráulicos.

Para se ter uma idéia da sua importância, basta dizer que no período 1969-1970 passaram pela antiga ponte Hercílio Luz cerca de 18 mil veículos diários. Esses números são significativos para uma cidade de 180 mil habitantes, principalmente quando se sabe que as estimativas de tráfego da ponte Rio-Niterói acusam 10 mil veículos diários em 1972. Além disso as projeções da população de Florianópolis atingem 400 mil habitantes na próxima década. Poder-se-ia, pois, esperar para breve um colapso no desenvolvimento da cidade, caso não fosse providenciada a nova ligação.

Ponte condenada — Não bastas as pesquisas de tráfego, o acidente 15 de dezembro de 1967 com a Pleasant Bridge, sobre o Rio Ohio, Estados Unidos, tornou mais claro urgência de outra ligação.

O sistema empregado naquela ponte era idêntico ao da Hercílio Luz, ponte pênsil suspensa por pares de barras rígidas, articuladas nas extremidades e pares vizinhos por meio de tirantes de aço. A ponte norte-americ ha 213 m de vão, contra mais de 0 m da brasileira.

Após 40 anos de uso a Point Pleasant Bridge ruiu bruscamente, levando consigo 31 veículos e matando 45 pessoas. O laudo técnico apontou como causa do desastre a ruptura na extremidade de uma barra, por ação combinada do esforço adicional, provocada pelo atrito no pino, e a perda de resistência por fadiga do aço, submetido à ação de 10^6 a 10^7 ciclos.

Respondendo a uma consulta, os engenheiros que faziam a peritagem da ponte acidentada responderam ser impossível determinar o grau de segurança oferecido atualmente pela ponte Hercílio Luz.

Integração urbana — O crescimento da cidade tem-se verificado em maior escala na ilha. É que os colonizadores se detiveram nela em função da fortaleza militar ali instalada. Posteriormente, a presença de imigrantes, o aparecimento da indústria e a expansão da cidade provocaram a ocupação de faixa litorânea do continente.

A ilha manteve suas atividades administrativas, comerciais e sociais, enquanto que o outro lado se definia por bairros industriais e uma população de nível médio. Desta forma, ilha e continente assumiram características distintas, exigindo relacionamento entre as partes, a fim de que todas as funções da cidade fossem preenchidas.

Antes de se chegar à solução final escolhida para a ponte, mais de uma alternativa foi estudada, tendo sempre em vista proporcionar a maior integração urbana possível.

A hipótese de lançar outra ponte ao lado da antiga, no ponto mais estreito da baía, foi deixada de lado, primeiro porque a profundidade ali é grande, acarretando problemas quanto às fundações. Além disso, o tráfego seria orientado para o centro comercial da ilha, já bastante congestionado e sem possibilidades de expandir-se.

Outra opção era passar pela baía Norte, mas por ali não se conseguiria o grau de integração desejado. Já pela baía Sul, seria possível implantar

estádio municipal de s[a]
um concurso retoma[do]